"十二五"职业教育国家规划教材

经全国职业教育教材审定委员会审定

高职高专连锁经营类精品系列教材

连锁经营管理原理与实务

（第三版）

施玉梅　主编

于　爽　冉　娟　副主编

科学出版社

北　京

内 容 简 介

本书系统而详尽地介绍了连锁经营的基本概念、工作流程、总部运营管理、连锁企业核心技术及连锁行业发展的最新成果,主要包括连锁经营基础知识、特许经营及其加盟模式、连锁企业采购管理、连锁企业物流管理、连锁企业信息技术的运用、连锁企业商品管理、连锁企业门店营运管理、连锁企业顾客服务、连锁企业门店开发和选址、连锁企业组织结构设计、连锁企业人力资源管理等内容。

本书可作为高职高专连锁经营管理、市场营销、物流管理、工商管理等相关专业的必修课教材,也可作为本科院校经济管理类专业的选修课教材,还可作为连锁企业经营管理和工作人员培训、学习的参考书。

图书在版编目(CIP)数据

连锁经营管理原理与实务/施玉梅主编. —3 版. —北京:科学出版社,
2019.11(2024.2 修订)
("十二五"职业教育国家规划教材·高职高专连锁经营类精品系列教材)
ISBN 978-7-03-063314-9

Ⅰ. ①连… Ⅱ. ①施… Ⅲ. ①连锁经营-经营管理-高等职业教育-
教材 Ⅳ. ①F717.6

中国版本图书馆 CIP 数据核字(2019)第 255516 号

责任编辑:任锋娟 / 责任校对:赵丽杰
责任印制:吕春珉 / 封面设计:东方人华平面设计部

斜学出版社 出版
北京东黄城根北街 16 号
邮政编码:100717
http://www.sciencep.com

三河市骏杰印刷有限公司 印刷
科学出版社发行 各地新华书店经销

*

2012 年 7 月第 一 版 2024 年 2 月第十三次印刷
2014 年 8 月第 二 版 开本:787×1092 1/16
2019 年 11 月第 三 版 印张:18
字数:433 000
定价:47.00 元
(如有印装质量问题,我社负责调换〈骏杰〉)
销售部电话 010-62136230 编辑部电话 010-62135397-2015(VF02)

版权所有,侵权必究

第三版前言
Foreword

随着新业态、新思维、新模式的出现，信息技术的广泛运用及电子支付手段的兴起，连锁经营行业也得到迅猛发展。《连锁经营管理原理与实务》第二版已出版五年多，这期间我国零售业、服务业、餐饮业等发生了翻天覆地的变化。特许经营体系越来越多，涉足行业越来越广；大型连锁经营企业积极拓展网络市场，努力寻求与大型网络零售企业的战略合作，以改善传统实体连锁门店客流下降的不利局面，借助电子商务技术实现线上线下的双向引流。连锁经营把现代工业化大生产的原理运用于越来越多的行业，通过经营活动的标准化、专业化和简单化实现企业的规模效益。我国连锁经营行业的蓬勃发展使其对连锁经营管理人才的需求也与日俱增，这就需要高职院校肩负起培养连锁经营企业一线人才的重要任务。

为适应新形势的需要，从 2018 年年初开始，编者就启动了本书的编写工作。尽管是第三版，但编者修订的内容并不少。编者在广泛收集国内外各类最新资料的基础上，结合我国连锁经营行业的发展现状，对教材的结构体系进行了适当调整，增加了项目二"特许经营及其加盟模式"，删除了第二版中的项目一"零售基础知识"和项目十二"财务管理"，使教材的内容更加合理，与其他相关课程的学习更加匹配。编者还对本书的案例进行了全面更新，其大多选自近几年的行业发展信息，很多案例由编者自行收集整理。

教育是国之大计、党之大计。培养什么人、怎样培养人、为谁培养人是教育的根本问题。育人的根本在于立德。本书坚持全面贯彻党的教育方针，落实立德树人根本任务，培养德智体美劳全面发展的社会主义建设者和接班人；坚持为党育人、为国育才，着力全面提高人才自主培养质量。本书立足于连锁企业的职业岗位对连锁经营知识和应用能力的需要，针对高职院校连锁专业人才培养的目标和要求，以项目—任务形式构建教材的内容体系，将以传授知识为主的传统教学理念，转变为以解决问题、完成任务为主的多维互动式的教学理念，夯实学生的理论基础，强化实践技能，提高职业能力。在内容上，本书设置了较多的拓展阅读、案例分析、项目实训，以帮助学生更好地理解和掌握知识点。每个项目后都有自测题，供学生及时检测自己的学习效果。为方便教师教学和学生自学，本书还配套了教学辅助资源——连锁零售课程教学平台（www.lsjygl.com）。从该网站中，读者可以持续性地获得以下教学辅助资源：与教材内容配合的完整的教学课件，与时俱进的行业发展动态与信息，及时更新的各种案例资料、网络教学资源，海量的教学图片和视频资料，与教学配套的单元作业及试题库，实验实训的图片及设计，重点行业网站及企业网站的友情链接。丰富的教学资源使本课程的教学形式更加多元化，教学效果更好。

本书由扬州市职业大学施玉梅担任主编，保定职业技术学院于爽和新疆农业职业技术学院冉娟担任副主编，扬州工业职业技术学院焦世奇参与了编写工作。本书具体的编写分工如下：项目一、项目二、项目四、项目五、项目九、项目十一由施玉梅编写；项目三、项目七由于爽编写；项目六、项目十由冉娟编写；项目八由焦世奇编写。此外，施玉梅做了本书的结构设计、统稿等工作。参与编写的人员全部来自连锁经营管理教学的第一线，教学经验丰富，与连锁企业有广泛而深入的联系和交流。

编者在本书的编写过程中参阅了大量的相关著作、教材、网络资料，吸收和借鉴了同行的相关研究成果，并得到很多连锁经营企业的大力支持和帮助，在此谨向相关人士表示衷心的感谢！

由于编写时间仓促，加之编者水平有限，书中不足之处在所难免，敬请广大读者批评指正。

第一版前言

Foreword

连锁经营作为一种现代经营方式和管理制度，是商业领域的一次重大变革。它把现代工业化大生产的原理运用于现代流通业，努力实现流通活动的标准化、专业化、统一化和简单化，从而实现规模效益。自 20 世纪 80 年代末连锁经营传入我国，迄今 30 多年的发展使我国连锁经营取得了令人瞩目的成就，呈现出了前所未有的繁荣局面。但与发达国家相比，我国的连锁业无论是在销售规模、行业市场集中度上，还是在信息化管理水平、物流技术上都存在着较大的差距，有待进一步发展。行业的发展离不开专业人才，随着我国连锁行业的快速发展，其对连锁经营管理人才的需求也日益增加，而培养和造就连锁经营企业一线所需的大量管理和技术人才的任务主要由高职院校完成。

为了适应连锁经营的进一步发展，培养高素质、高技能的连锁经营管理型人才，编者根据多年的教学经验编写了本书。本书立足于连锁企业的职业岗位对连锁经营知识和应用能力的需要，针对高职高专经济管理类专业人才的特点和人才培养目标的要求，以提高学生整体素质为基础，以培养学生技能为主线，确立专业课程和教学内容的新体系，充分反映了本学科的海内外最新知识和研究成果，并结合实际工作的需要，以必需、够用为原则，注重实用性。在编写的体系上，本书的每一章均设置了引例和分析案例，以帮助学生更好地理解和掌握知识点。在编写的顺序上，采用的是先理论后实务的顺序。同时，本书还做到了理论知识和实务操作的有机结合，并适当增加图、表和实训操作等内容，强化知识的应用性、可操作性和高等职业院校的教育特色。

全书共 12 章，由扬州市职业大学施玉梅任主编，保定职业技术学院于爽和新疆农业职业技术学院冉娟任副主编。其中，第 1 章、第 2 章、第 5 章、第 6 章、第 9 章由施玉梅编写；第 3 章、第 10 章由冉娟编写；第 4 章、第 11 章由于爽编写；第 7 章由南宁职业技术学院钟苹编写；第 8 章、第 12 章由扬州工业职业技术学院焦世奇编写。全书由施玉梅统稿并整理定稿。参加编写的人员均来自连锁经营教学的第一线，教学经验丰富，和连锁企业有着广泛而深入的联系和交流。

编者在编写本书的过程中参阅了大量相关资料，吸收和借鉴了同行的相关研究成果，在此谨向相关作者表示衷心的感谢！由于编写时间仓促，编者水平有限，书中难免有疏漏之处，敬请读者提出宝贵意见，以便我们进一步修订，使之日臻完善。

编　者

2012 年 3 月

目 录
Contents

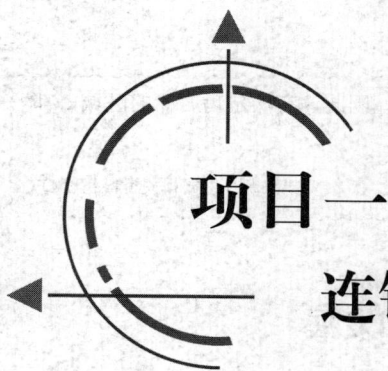

项目一

连锁经营基础知识

项目一课件

案例导入

沃尔玛多年蝉联世界500强榜首

连续多年稳坐世界 500 强榜首的沃尔玛之所以这么成功，是因为其制定了一系列差异化战略，以及拥有明确的目标市场与定位。沃尔玛由美国零售业的传奇人物山姆·沃尔顿于 1962 年在美国阿肯色州创立。经过 50 多年的发展，沃尔玛在全世界 27 个国家开设了 10 000 多家门店，下设 69 个品牌，员工数量 220 多万人。

沃尔玛的大型连锁超市都采取低价经营策略，并提出了"天天平价、始终如一"的口号，努力实现价格比其他商家更低廉的承诺。沃尔玛的与众不同之处在于其严谨的采购态度、完善的发货系统和先进的存货管理系统，这也促成了其成本和价格更低廉。

1．雷厉风行，顾客第一

零售企业要在顾客心中树立品牌形象，仅靠质优价廉的商品是不够的，因为顾客还希望在购物的同时享受细致、热情的服务。沃尔玛正是考虑到这一点，从顾客的角度出发，以其超一流的服务吸引着大批顾客。沃尔玛把超一流的服务看成自己至高无上的职责。在很多沃尔玛店内悬挂着这样的标语：①顾客永远是对的；②顾客如有错误，请参看第一条。这是顾客至上原则的一个生动写照。

2．自有品牌，勇创一流

沃尔玛一直在中国市场积极开发和推广"自有品牌"，并已覆盖食品、家居用品、服装、鞋类等"质优价更优"的自有商品。自有品牌的生产厂家都经过严格的审核和产品检测，确保每件商品都拥有领先同类品牌的优良品质；同时，自有品牌商品均由生产厂家直接生产，省去了中间环节，使售价比同类商品更具竞争力。

3．选址严格，力争最优

沃尔玛对店面的选址有着一套严格的要求：①项目 1.5 千米范围内常住人口达到 10 万，2 千米范围内常住人口达到 15 万；②须临近城市交通主干道（至少是双向四车道）；③商圈内人口年龄结构以中青年为主，收入水平不低于当地平均水平；④有一定面积的广场。因此，有沃尔玛店面的区域，都具有极高的潜力及投资价值。

（资料来源：根据相关资料整理。）

任务一　连锁经营的起源和发展

【知识目标】　熟悉连锁经营的起源和发展条件，了解国内外连锁经营的发展历程。

【能力目标】　掌握连锁经营的基本理论和方法，培养识别连锁企业类型和相关活动的能力。

【素质目标】　加深对连锁经营的深入了解和学习兴趣，为后续学习内容奠定基础。

一、连锁经营的起源和发展条件

1. 直营连锁

美国是连锁经营的起源国，也是目前世界上连锁经营最发达的国家。1859 年，世界公认的第一家直营连锁店——大西洋和太平洋茶叶公司在美国纽约建立了两家茶叶店，目的是集中直接购买、减少中间环节、分散销售。这种经营方式十分有效。1865 年，该公司连锁分店发展到 25 家，1880 年达到 100 家。精明的商人们很快被这种成功的模式所吸引，20 世纪之前，类似的连锁店已经在珠宝、家具、药品、鞋帽等众多行业出现。

连锁经营产生后不久即传入欧洲，1862 年，英国第一家连锁店股份企业——无酵母面包公司在伦敦宣告成立；法国兰斯经济企业联合会于 1866 年创办了法国第一家连锁集团。连锁经营在亚洲出现得相对较晚，亚洲最早的直营连锁店出现在第二次世界大战前的日本，并于 20 世纪 60 年代得到迅速发展，日本三越、高岛屋、大丸、伊势丹等著名的百货公司都是通过连锁经营迅速成长起来的。

连锁经营的产生一方面是适应生产和消费发展的需要，另一方面也是商业激烈竞争的结果。一些大商店为了扩大规模、取得竞争优势，千方百计扩大连锁网络，形成了一定程度的垄断性商业组织，而这些连锁组织的形成又反过来加剧了商业化的集中。美国中小企业管理局的统计和研究结果表明，美国零售业集中程度的提高正是由零售业大力发展连锁店所致，如著名的西尔斯百货、沃尔玛等都是通过在全球发展连锁店形成了今天这样庞大的跨国连锁系统。这种垄断性商业组织的出现加剧了市场竞争，也催生了新的连锁经营形式。

2. 特许经营

特许经营组织源于美国，其首创者是美国的胜家缝纫机公司。1865 年，胜家缝纫机公司为推出新产品，率先尝试以特许经营方式建立分销网络，结果成功地打开了零售市场，使人们初步看到了特许经营的魅力。但直到 20 世纪初，随着美国可口可乐、百事可乐及众多汽车厂商采用特许经营方式扩展销售网络，这种经营模式才得到迅速发展。随着美国麦当劳和肯德基取得成功，特许经营成为20世纪70年代以来发展最快的连锁方式，其发展速度开始超越直营连锁和自由连锁，并迅速在世界各地推广。

3．自由连锁

自由连锁组织源于美国。20世纪初，在全国性直营连锁店的冲击下，中小企业为了生存，先是游说政府禁止连锁店扩张，后又以连锁店的发展会带来大量的失业和破产为由，劝告消费者不要到连锁店购物。在这些措施都失败之后，中小企业意识到，为了生存必须联合起来，像连锁店一样联购分销才有出路。于是，不甘遭受灭顶之灾的中小企业为了与大型企业分庭抗礼，在市场上争得一席之地，纷纷采取自由连锁方式，通过共同进货来降低进货成本，以期赢得价格上的优势。

第一家自由连锁组织出现于1887年。当时，美国130家食品零售商共同投资兴办了一家联合批发公司，为出资的成员提供企业服务，实行联购分销、统一管理，各成员企业仍保持各自的独立性。其后自由连锁不断发展，到1955年，美国自由连锁的销售额终于超过了直营连锁，成为第二大商业连锁形式。20世纪六七十年代是自由连锁发展的鼎盛时期，自由连锁在欧美各国保持优势地位的同时，在日本等亚洲国家也得到迅猛发展，其发展速度远远高于同期直营连锁的发展速度。日本从20世纪60年代开始推行零售业连锁化政策，并有组织地对自由连锁进行培育、强化。到1982年，日本自由连锁店的门店数达5.08万家，占全日本零售店铺总数的3.1%，营业额占日本全社会零售总额的9%，其发展速度远超同期直营连锁的发展速度。

纵观世界各国连锁经营的产生和发展，其必须具备以下条件才能够得以顺利发展和壮大：①以社会稳定为保障；②以相对发达的市场经济为前提；③有较为完善的交通运输网络和便利的交通工具；④有发达的通信网络；⑤有科学技术的强有力支持；⑥总部能提供管理、制度和品牌的支持；⑦消费者消费水平提高，消费观念转变。

二、国内外连锁经营的发展历程

（一）国外连锁经营的发展

美国、欧洲、日本是当今世界经济发达的国家和地区，连锁经营这一新型的商业模式在这些地区都得到了较早的发展，但在不同的国家之间也呈现出不同的特点。

1．美国——连锁经营的领头羊

1859年，美国诞生了世界上第一家近代连锁店——大西洋和太平洋茶叶公司。在以后的160年里，连锁经营从零售业开始，拓展到餐饮、酒店、房地产、汽车销售、教育培训等几十个行业，带来了零售业的"第二次革命"。从全球范围看，美国连锁经营的发展始终充当着领头羊的角色。迄今为止，美国仍然是世界上连锁经营发展极具领先地位的国家。美国的连锁经营发展经历了4个阶段。

（1）创立阶段（19世纪中叶至20世纪50年代）

在这一阶段里，美国的连锁经营经历了萌芽、成长和回落3个时期。1859年，美国第一家连锁店成立以后，有不少连锁企业相继开张，经营品种也逐步扩大，但到第一次世界大战时期，其数量也不过 2000 多家，可以说是连锁经营的萌芽期。到了 20 世纪 20 年代以后，美国的连锁经营进入了成长期，掀起了一轮发展高潮，到 1930 年，美国已有 11% 的零售企业采取了连锁经营的组织形式，连锁企业的销售额占到零售总额的 32%。1930～1950 年，美国的连锁经营进入了回落期，其主要原因有两点：一是受到 20 世纪 30 年代世界经济大萧条和第二次世界大战的影响；二是在这段时期，连锁经营以"商品-商标型连锁"为主要形式，而在经营管理制度上没有统一。

（2）"黄金"阶段（20 世纪 50～80 年代）

20 世纪 50～80 年代是连锁经营发展的高速发展阶段。第二次世界大战以后，由于美国高速公路网的建成、计算机技术的普及运用，再加上各种业态的兴起，尤其是 20 世纪 30 年代超级市场（以下简称超市）诞生以后，自我服务的销售方式很快被引入到连锁店，形成并扩展为遍布全美国各地区、各行业的连锁超市、连锁仓储店、连锁折扣店等，连锁经营和各种业态的融合促使美国的连锁经营发展迅猛，并逐渐步入成熟、规范的轨道。

（3）发展创新阶段（20 世纪 80 年代至 21 世纪初）

20 世纪 80 年代之后，美国连锁经营迈入了现代连锁加盟时代，即第三代连锁加盟时期。连锁经营进入了全面开拓和渗透时期。此时，连锁经营的优势已被人们认识，信息科技的发展和新业态的出现带给连锁经营新一轮的发展机遇。连锁经营已不再局限于零售业和餐饮业等传统行业，开始向非食品零售业、酒店业、旅游业、不动产业、租赁业、健身美容业、教育业、商业服务业、医药业、眼镜业、保健品业等领域渗透。连锁加盟模式的快速发展是现代连锁经营的开始。

（4）全球化和科技化阶段（21 世纪初至今）

十几年来，随着科技的进步、信息高速公路的建设，国家与国家之间的经济交往日益密切。在全球经济一体化的浪潮中，连锁经营也进入了全球化时代。美国连锁巨头凭借雄厚的资金、成熟的技术、现代化的经营理念拓展到了海外市场。美国连锁行业的国际化，不仅推动了商业经营的技术进步，也在全球范围内传播新的生活方式和商业文化。这种文化包括：①消费时尚——连锁店创造了一种遍布全球的消费时尚；②平等人格——连锁店提供的是同等服务、同种商品、同样价格；③现代节奏——快速服务、快速消费；④简洁明快——连锁店的外观设计、内部装潢等既不断推陈出新又令人赏心悦目。这一切都推动了世界文明的发展。

2．欧洲——连锁经营的跟随者、竞争者

欧洲在世界经济中占据着非常重要的地位，国民生产总值和美国不相上下。欧洲连锁经营的起步略晚于美国，由于欧洲的市场经济在发展模式、发展进程等方面与美国相比有比较显著的差别，连锁经营在欧洲的发展带有浓厚的欧洲经济和文化色彩。

（1）英国

英国最早的连锁店是 1862 年成立的伦敦无酵母面包公司，另一个起步较早的连锁店是托马斯·利普顿于 1876 年发展起来的食品连锁店——利普号。英国的连锁经营在二十世纪六七十年代发展较快，逐步形成了巨大的垄断销售网，其营业额、就业人员等在英国整个零售业中占有举足轻重的地位。20 世纪 90 年代，英国的连锁经营发展日渐成熟，并不断发展壮大。1996 年，英国的食品市场已由连锁店控制，其中 5 家规模较大的食品连锁零售企业的市场占有率已达 50%以上。从业态上看，英国的连锁超市、连锁店已成为连锁发展的主流，连锁经营的规模不断扩大，有些发展成为国际性连锁企业。例如，创立于 1894 年的玛莎百货是全球百货业的领导者和现代管理的典范，其经营的圣米高品牌产品畅销世界各地，并于 1977 年获得"英国女王出口奖"。于 1929 年在英国伦敦创立的特易购公司是全球知名零售企业之一。2004 年，特易购公司耗资 1.4 亿英镑（约合人民币 21 亿元）收购中国台湾顶新集团旗下的乐购超市，并进入中国大陆市场，之后不断增持股份并实现控股。在中国努力耕耘了近 10 年之后，2013 年 8 月，特易购公司与中国本土大型零售商华润创业合作成立合资公司，以出售乐购超市大部分股份的形式撤出了中国市场。

（2）法国

在欧洲，法国的连锁经营发展仅次于英国，其主要特点包括：一是中小型连锁店数目占多数，零售商业网点密度大、规模小；二是大型连锁店在总营业额中占较大比重。在法国，大型连锁店数目虽然不多，但营业额所占比重却很大，所以在整个零售业具有举足轻重的地位。创建于 1856 年的法国春天百货集团，从 20 世纪 60 年代开始创设大众商场，开展特约连锁，形成多业态连锁的局面。成立于 1959 年的家乐福是法国最大的国际性连锁企业。1963 年，家乐福创立了一种新的零售业态——大卖场面对消费者，并以连锁经营的形式在法国国内扩张，开创了新的零售理念。1973 年，家乐福开始涉足海外市场，在西班牙开设第一家大卖场。1995 年，家乐福成功地开设了当时中国规模最大的超级购物广场——北京创益家店，产生了深远的影响。其"开心购物家乐福""一站式购物"等理念得到了广大消费者的青睐和厚爱。家乐福的连锁门店遍布世界 30 多个国家，连续多年成为排名仅次于美国沃尔玛的世界第二大商业零售巨头。除此之外，法国著名的连锁企业还有欧尚集团、英特玛特集团、卡西诺公司等，这些企业的排名均在全球零售 50 强之列。

（3）德国

20 世纪 80 年代以来，连锁经营已成为德国普遍的商业企业组织形式，经营规模也越来越大。麦德龙是德国最大的商业集团，其经营业态有现购自运、百货店、大卖场、自助式卖场、超市等。在全球零售百强中，麦德龙的销售额连续多年排名全球第三位。阿尔迪是德国最大的以经营食品为主的连锁折扣店，以薄利多销的经营理念驰名世界，该公司的售价一般比超市低 30%。进入 21 世纪，德国的连锁经营加快了发展速度，世界零售百强企业排名中 2001 年仅有一家企业进入前 10 名，到了 2005 年，已有 2 家企业进入前 10 名、4 家企业进入前 20 名。

（4）荷兰

创建于 1887 年的阿霍德是荷兰最大的连锁企业，主营食品饮料和药品批发，兼营食品生产，主要业态有现购自运、便利店、药店、专业店、大型综合超市等。

3．日本——世界连锁经营的快速成长者

相对于欧美国家来说，日本连锁经营发展较晚。20 世纪 60 年代，连锁经营的组织形式从西方传入日本。1963 年，日本第一家现代意义上的连锁店——"不二家"西式糕点连锁店创立。虽然日本连锁经营出现的时间较晚，但发展的速度很快。日本的连锁商业伴随着经济的复苏和迅猛发展得以快速成长。至今，日本的连锁店已成为日本流通业中一种重要的经营形式。

日本的连锁经营虽然从欧美引进，但在发展过程中融入了自己的消费特征和特色，形成了自己的发展特点。①自由连锁与特许经营相结合。日本最初引入的连锁经营方式是自由连锁，但在发展过程中，传统的自由连锁在经营管理统一性上有所欠缺，于是大企业的经营者们便开始吸收特许经营的某些方式。此外，一些特许店的投资者希望摆脱限制，扩大经营的自由度，发展个性化经营，于是特许经营开始吸收自由连锁的某些做法，从而使日本的连锁经营出现了自由连锁与特许经营交融的趋势。②区域性连锁店发展迅速。日本的特许经营企业在扩大规模发展连锁店时，不再以单个店铺或拥有不动产的个人作为发展对象，而是更多考虑对方的资金、经营能力及其在区域的影响力，把一些规模较小的地区性连锁店转变为特许店，达到企业扩张和提高市场份额的目的。日本的连锁企业还致力于发展区域性连锁店，把目标市场定位于某一个或某几个特定区域。这是因为，区域性的连锁经营容易做到集中化、统一化和标准化，降低管理成本。另外，区域性连锁经营可以用较小的单体规模来发展，深入到居民住宅区，便于与社区居民建立感情纽带。

▌拓展阅读

2019 年 2 月，德勤会计师事务所发布了《2019 年度全球零售商力量报告》。根据 2017 财年（截至 2018 年 6 月的财政年度）全球各大零售商公开的数据，这份榜单上的全球前 250 大零售商在 2017 财年的总营业收入为 4.53 万亿美元，绝大多数是连锁企业，其中前十大零售商营业收入之和为 1.43 万亿美元，占总营业收入的 31.6%。（法国的家乐福要求不要被列入名单，中国的阿里巴巴集团没有被作为零售企业列入本名单）。表 1-1 所示为榜单中的世界连锁零售商排名 60 强。

表 1-1　世界连锁零售商排名 60 强

排名	公司名称	创始国	2017 财年零售营业收入/亿美元	零售类别	开店国家/地区数
1	沃尔玛	美国	5003.43	大卖场/大型购物中心/大型超市	29
2	好市多	美国	1290.25	现购自运/仓储会员店	12
3	克罗格	美国	1189.82	超市	1
4	亚马逊	美国	1185.75	无店铺	14
5	施瓦茨集团	德国	1117.66	折扣店	30
6	家得宝	美国	1009.04	家装	4
7	沃博联	美国	991.15	药店/药房	10
8	奥乐齐	德国	982.87	折扣店	18
9	CVS 健康	美国	793.99	药店/药房	3
10	Tesco	英国	739.61	大卖场/大型购物中心/大型超市	8

续表

排名	公司名称	创始国	2017 财年零售营业收入/亿美元	零售类别	开店国家/地区数
11	阿霍德德尔海兹（原为阿霍德）	荷兰	723.12	超市	10
12	塔吉特	美国	718.79	折扣百货商店	1
13	永旺	日本	700.72	大卖场/大型购物中心/大型超市	11
14	劳氏	美国	686.19	家装	3
15	艾柏森	美国	599.25	超市	1
16	欧尚	法国	586.14	大卖场/大型购物中心/大型超市	14
17	艾德卡	德国	574.84	超市	1
18	柒和伊控股	日本	518.89	便利店	19
19	REWE Combine	德国	497.13	超市	11
20	京东	中国	490.88	无店铺	1
21	西农集团	澳大利亚	487.48	超市	4
22	Woolworths Limited	澳大利亚	428.91	超市	3
23	Casino Guichard-Perrachon S.A.	法国	426.31	大卖场/大型购物中心/大型超市	27
24	百思买	美国	421.51	电子产品专营	4
25	Centres Distributeurs E.Leclerc	法国	415.35	大卖场/大型购物中心/大型超市	6
26	麦德龙	德国	409.61	现购自运/仓储会员店	15
27	宜家集团/英格卡控股	荷兰	374.26	其他专营	29
28	英佰瑞	英国	366.11	大卖场/大型购物中心/大型超市	2
29	The TJX Companies,Inc.	美国	358.65	服装、鞋类专营	10
30	Loblaw Companies Limited	加拿大	351.47	大卖场/大型购物中心/大型超市	6
31	Publix Super Markets, Inc.	美国	348.37	超市	1
32	路威酩轩	法国	332.89	其他专营	70
33	ITM Developpement International	法国	318.53	超市	4
34	苹果公司/苹果零售店	美国	305.00	电子产品专营	19
35	Inditex, S.A.	西班牙	288.91	服装、鞋类专营	95
36	苏宁	中国	278.01	电子产品专营	2
37	梅西	美国	248.37	百货商店	5
38	H.E. Butt Grocery Company	德国	246.00	超市	2
39	Migros-Genossenschafts Bund	瑞士	245.29	大卖场/大型购物中心/大型超市	4
40	Ceconomy AG	德国	244.34	电子产品专营	15
41	Mercadona, S.A.	西班牙	236.83	超市	2

续表

排名	公司名称	创始国	2017财年零售营业收入/亿美元	零售类别	开店国家/地区数
42	达乐	美国	234.71	折扣店	1
43	H&M	瑞典	231.91	服装、鞋类专营	69
44	Coop Group	瑞士	225.17	超市	7
45	威廉莫里森	英国	224.26	超市	1
46	Dollar Tree, Inc.	美国	222.46	折扣店	2
47	X5 Retail Group N.V.	俄罗斯	221.91	折扣店	1
48	Systeme U, Centrale Nationale	法国	216.07	超市	2
49	Group Adeo SA	法国	208.86	家装	13
50	屈臣氏	中国	200.39	药店/药房	24
51	PJSC "Magnit"	俄罗斯	193.81	便利店	1
52	科尔士	美国	190.95	百货商店	
53	Empire Company Limited	加拿大	189.46	超市	1
54	Meijer, Inc.	美国	189.00	大卖场/大型购物中心/大型超市	1
55	Jeronimo Martins，SGPS, S.A.	葡萄牙	183.46	折扣店	2
56	迅销	日本	168.15	服装鞋类专营	21
57	西尔斯控股	美国	167.02	百货商店	2
58	全食超市	美国	160.30	超市	3
59	盖璞	美国	158.55	服装、鞋类专营	46
60	来德爱	美国	158.33	药店/药房	1

（资料来源：http://www.linkshop.com.cn/web/archives/2019/418940.shtml.）

（二）我国连锁经营的发展

经过 160 年的发展，连锁经营在西方国家已经成为商业和服务业普遍采用的组织形式。20 世纪 80 年代后期，连锁经营传入中国。连锁经营在我国的发展大致可分为 3 个时期。

1. 我国连锁经营的初始期

我国连锁经营的初始期为 20 世纪 80 年代末至 90 年代中期。1990 年年底，东莞市糖烟酒公司创办了我国第一家连锁超市——美佳超市。1991 年，上海出现了第一家连锁企业——联华超市，这是我国第一家真正意义上的超市。1991 年，北京市西城区副食品公司创办了北京第一家连锁点——希福连锁店，随后，希福连锁店加盟"好邻居"，开创了我国连锁企业兼并的先河。1993 年，上海华联商厦投巨资涉足超市业，6 家连锁分店——华联超市在同一天开业。

我国第一家快餐连锁企业是 1991 年由上海新亚集团创办的上海新亚快餐食品有限公司，该公司是我国第一家上市的连锁公司。同期，一些名牌老字号也加入了连锁行列，如北京全聚德、天津狗不理等。国际知名的麦当劳、肯德基等快餐连锁店也大举进入中国市场，这些连锁店的出现及初期运作的极大成功，带动了我国各地特别是沿海开放城市商业零售业和服务业连锁经营的全面推广。

2. 我国连锁经营的成长期

我国连锁经营的成长期为 1995～2000 年。1995 年 3 月，国务院下属政府部门在上海召开了全国部分省市连锁商业座谈会，会议特别强调连锁经营是我国流通领域的一场革命，连锁经营在我国社会主义市场经济体制下具有重要意义和广阔前景。1995 年 6 月，原国内贸易部在成立了全国连锁店指导小组的基础上，发布了《全国连锁经营发展规划》，加大政府扶持力度和宏观指导，这标志着我国连锁经营的发展进入了一个新阶段。1995 年和 1996 年，世界零售连锁经营巨头沃尔玛、家乐福、麦德龙、万客隆等分别在深圳、北京、上海、广州开店，它们在进入中国市场的同时，带来了先进的连锁经营理念和管理经验，促进了我国连锁企业以更快速度向更多领域和业态发展。1998 年以后，我国连锁经营的超市、百货店、便利店、仓储商场占连锁企业交易额的 60%以上，全国有上千家连锁企业、数万个营业网点。在我国零售业十强的企业排名中，绝大多数都是连锁零售企业。

3. 我国连锁经营的发展期

我国连锁经营的发展期是从 2001 年开始至今，其中前 5 年中国连锁百强企业的平均门店数增长率超过 50%，年增长率在 30%以上，连锁企业销售额的增长已远远高于社会商品零售总额的增长。2004 年，北京的连锁经营也发展到一定规模，国美、华联、物美、王府井等连锁集团均成为中国连锁百强企业。根据中国连锁经营协会提供的数据，2006 年"中国连锁百强"销售额达到 8552 亿元，同比增长 25%，大大高于社会消费品零售总额 13.7%的增幅；门店总数达到 69 100 个，同比增长 25%，剔除个别企业超常规发展因素，数据调整后门店总数增长 26%，与销售规模增幅基本持平；营业总面积达到 5170 万平方米，同比增长 16%；员工人数达到 204 万人，同比增长 31%。2005 年以后，我国连锁经营的相关法律法规进一步健全和完善，连锁经营发展的步伐逐渐迈向健康、有序、稳定的发展之路。

随后几年，连锁经营向多行业发展。家电、药品、家居、建材、服装等新的专业连锁店不断涌现。在家电销售领域，国内家电销售巨头苏宁易购、国美电器等业绩不俗；在药品零售领域，中国海王星辰、北京同仁堂、湖北同济堂、重庆桐君阁等企业表现出色，并呈现出迅速扩张的发展势头。在经济快捷型酒店中，连锁经营方式也得到运用和发展，如家、汉庭、格林豪泰、速 8 等经济型酒店不断涌现，并以连锁经营的方式实现快速扩张，抢占我国经济型酒店市场的份额。

拓展阅读

中国知名连锁快捷酒店如表 1-2 所示。

表 1-2 中国知名连锁快捷酒店

酒店品牌	品牌介绍
如家	创立于 2002 年，2006 年 10 月在美国上市，中国经济型酒店行业的领袖品牌；如家酒店集团旗下拥有如家快捷酒店、和颐酒店两大品牌
7 天	创立于 2005 年，2009 年 11 月 20 日在美国纽约证券交易所上市
汉庭	2008 年 2 月正式成立，是国内第一家多品牌的经济型连锁酒店品牌
格林豪泰	2004 年 11 月创立的一家全外资国际连锁酒店集团
锦江之星	创立于 1996 年，是国内知名的快捷酒店品牌
莫泰 168	创立于 2002 年的一家连锁经济型酒店集团
尚客优	香港尚客优酒店连锁管理集团于 2009 年开始在内地运营该酒店品牌
速 8	全球最大的经济型连锁酒店之一，是温德姆酒店集团旗下品牌
宜必思	由雅高创始人创立于 1974 年，是雅高集团第二大主要酒店连锁品牌

（资料来源：根据相关资料整理。）

拓展阅读

2018 年中国连锁百强的前 50 名企业如表 1-3 所示。

表 1-3 2018 年中国连锁百强前 50 名

序号	企业名称	2018 年销售额（含税）/万元	销售增长率/%	2018 门店总/个	门店增长率
1	苏宁易购集团股份有限公司	33 675 700	38.4%	11 064	183.3%
2	国美零售控股有限公司	13 818 365	-10.1%	2122	32.3 %
3	华润万家有限公司	10 125 379	-2.3%	3192	0.9%
4	康成投资（中国）有限公司（大润发）	9 590 000	0.5%	407	6.3%
5	沃尔玛（中国）投资有限公司	8 048 950	0.3%	441	0.0%
6	永辉超市股份有限公司	7 676 773	17.4%	1275	58.2%
7	北京居然之家家居新零售连锁集团有限公司	7 100 000	13.1%	303	35.9%
8	重庆商社（集团）有限公司	6 748 882	13.3%	413	-2.4%
9	中石化易捷销售有限公司	6 200 000	19.0%	27 259	5.8%
10	联华超市股份有限公司	4 922 938	-2.9%	3371	-1.5%
11	物美科技集团有限公司	4 834 371	1.9%	1055	11.8%
12	家乐福（中国）管理咨询服务有限公司	4 746 375	-4.7%	302	-5.9%
13	长春欧亚集团股份有限公司	4 536 925	6.9%	140	5.3%
14	步步高集团	3 901 253	5.2%	686	6.4%
15	武汉武商集团股份有限公司	3 830 546	2.1%	88	0
16	银座集团	3 744 251	5.1%	377	2.7%
17	王府井集团股份有限公司	3 404 203	1.0%	53	-5.4%

续表

序号	企业名称	2018年销售额（含税）/万元	销售增长率/%	2018门店总/个	门店增长率
18	中百控股集团股份有限公司	3 324 353	0.1%	1255	11.1%
19	石家庄北国人百集团有限责任公司	3 054 528	1.8%	69	1.5%
20	银泰商业（集团）有限公司	2 990 907	30.5%	63	23.5%
21	大商股份有限公司	2 792 470	-10.8%	144	-2.7%
22	天虹商场有限公司	2 767 135	4.5%	250	11.6%
23	利群集团股份有限公司	2 653 669	6.5%	533	9.9%
24	家家悦控股集团股份有限公司	2 592 670	7.9%	738	8.4%
25	烟台振华商业集团	2 512 229	2.6%	151	16.2%
26	红星美凯龙控股集团有限公司	2 481 753	23.8%	325	22.6%
27	中国石油销售公司（昆仑好客）	2 450 000	28.9%	19 700	3.7%
28	郑州丹尼斯百货有限公司	2 383 801	9.0%	450	4.7%
29	金鹰国际商贸集团（中国）有限公司	2 353 474	13.6%	32	0
30	屈臣氏中国	2 341 500	10.3%	3608	10.3%
31	锦江麦德龙现购自运有限公司	2 130 000	4.9%	94	2.2%
32	文峰大世界连锁发展股份有限公司	1 939 602	-5.6%	587	-22.0%
33	江苏五星电器有限公司	1 915 000	6.4%	607	25.9%
34	山东潍坊百货集团股份有限公司	1 893 000	4.7%	670	-1.5%
35	茂业国际控股有限公司	*1 847 168	5.6%	57	-5.0%
36	宜家（中国）投资有限公司	1 836 007	3.8%	26	8.3%
37	世纪华联超市连锁（江苏）有限公司	1 798 001	15.0%	4269	7.2%
38	北京迪信通商贸股份有限公司	1 764 172	-5.8%	1639	-5.2%
39	东莞市糖酒集团美宜佳便利店有限公司	1 680 912	37.3%	15 559	33.5%
40	新华都购物广场股份有限公司	1 557 935	1.2%	143	-1.4%
41	供销大集集团股份有限公司	*1 534 346	-46.6%	235	-11.7%
42	百盛商业集团有限公司	*1 519 461	-4.8%	46	-2.1%
43	永旺（中国）投资有限公司	1 493 246	6.0%	104	14.3%
44	合肥百货大楼集团股份有限公司	1 487 300	-6.5%	255	11.8%
45	武汉中商集团股份有限公司	1 423 263	0.1%	61	22.0%
46	北京京客隆商业集团股份有限公司	1 414 484	-0.4%	206	-4.2%
47	上海盒马网络科技有限公司（盒马鲜生）	*1 400 000	300.0%	149	396.7%
48	卜蜂莲花	1 373 452	7.9%	116	19.6%
49	北京华联综合超市股份有限公司	*1 356 654	-1.5%	160	2.6%
50	江苏华地国际控股集团有限公司	1 353 280	3.9%	89	12.7%

注：1. 数字前面带*的为估值。

2. 50强统计采用销售规模（或营业收入）口径，包括线上及线下含税销售额（或营业收入）。

2018年连锁百强销售规模为2.4万亿元，同比增长7.7%，占社会消费品零售总额的6.3%，比上年增长0.3个百分点。连锁百强门店总数13.8万个，同比增长16.0%。去除便利店门店因素（含苏宁小店），百强门店增速为9.1%，与上年持平。连锁百强销售额的增长部分得益于全渠道业务的积极拓展。2018年，百强线上销售业务增长55.5%，增幅超过全国线上商品零售增幅一倍以上。去除线上销售占比较高的苏宁、国美、盒马鲜生等企业，百强企业线上销售额平均占比达到 2.6%，比上年提高 0.8 个百分点，其中超市业态占比为 1.9%，比上年提高 0.6 个百分点。

作为快消品零售的主力业态，大型超市普遍面临坪效下降、盈利能力趋弱的困局，增长乏力。国际零售品牌在导入全渠道零售方面不遗余力，沃尔玛将京东到家扩展到 250 多家门店，宜家与微信合作推出"宜家家居快闪店"，高鑫零售引入阿里淘鲜达项目。

在连锁百强各业态中，便利店增速遥遥领先。2018 年，便利店百强企业销售规模同比增长 21.1%，门店数量增长 18.0%，新增门店 11 944 个，占百强新增门店总数的 62.5%。加盟是便利店门店拓展扩张的主要方式。2018 年百强新增门店的加盟店占比超过三分之二，加盟店的平均投资回报期为 23.3 个月。移动互联技术为便利店的日常管理提供了有效工具。

（资料来源：中国连锁经营协会。）

任务二　连锁经营概述

【知识目标】　掌握连锁经营的内涵和"3S"原则，了解连锁经营与传统商业经营的区别。
【能力目标】　培养以现代化大生产的理念和经营方式从事商业的经营和发展的能力。
【素质目标】　能够运用连锁经营的理论和原理分析连锁企业的经营活动。

▌拓展阅读

永和豆浆在中国大陆的连锁发展之路

永和豆浆的渊源要追溯到 20 世纪 50 年代初期。当时，一群远离家乡的退役老兵迫于生计，聚集在台北与永和间的永和中正桥畔，搭起经营快餐早点的小棚，磨豆浆、烤烧饼、炸油条，渐渐形成了一片供应早点的摊铺。因为这些老兵手艺地道，磨出的豆浆新鲜营养、香浓可口，做出的烧饼、油条色泽金黄、松软酥脆，以豆浆为代表的永和地区的各种小吃店声名远播，传遍台湾。永和豆浆的创始人林炳生是从小喝着永和老兵的豆浆、吃着永和老兵的烧饼和油条长大的。为了将永和豆浆的品牌发扬光大，林炳生决心以工厂化作业方式让豆浆的质量有保证，用品牌来经营这一产品。

在开拓大陆市场之初，永和豆浆以快餐连锁店的形式进入大陆市场。随着我国经济的发展，人民物质生活水平的提高，人们不再只满足于温饱的生活环境，而是越来越讲究生活的质量，如用餐时注重用餐环境、食物营养的搭配、饮食的健康卫生状况等。如果每 30 万人口设一家标准店，全中国可设 4300 多家永和豆浆，平均每店每年营业额达 200 万～400 万元，预估可创造百亿元的市场消费量，其市场发展潜力可见一斑。1999 年，永和豆浆在上海设立了永和豆浆加盟总部及直营店，确立了以大陆为战略中心的地位，为永和豆浆连锁店拓展全球网络奠定了坚实的基础。

永和豆浆在初期的两年时间主要以自主开店为主，积累连锁经营形式的经验和研发产品，创建品牌；两年之后，当品牌有了一定的知名度，并且形成规范的操作和管理手册之后，将主要以吸引加盟为主。进入一个新城市的时候，采用自主经营第一家模范店的方式在当地达到示范的效果，吸引加盟商的加入。

连锁加盟模式成功的关键在于先建直营店，再以加盟形式铺开；在于既能连起来，又能锁得住；在于产品的标准化和一致化是连锁加盟企业的核心工作。这一切都取决于要建立永和豆浆特有的可复制性的规范模式和作业流程，通过统一的作业规程保持永和豆浆每家门店产品、服务的高度一致性，将复杂的烹调工作分解成简单的几个步骤，将生产流程细化、定型化，严格按程序操作。例如，永和豆浆的油条，每个师傅都要到区域总部做统一的技术培训。而且油条的前处理都是一样的，送到各个加盟店都是已经做好的半成品。一根油条的重量是多少，它的成型标准如何、油温是多少摄氏度，它要转翻多少次等，从半成品变成最终的成品，都有严格而又标准的作业流程。作业标准化策略的核心是作业岗位标准化，即在连锁系统作业流程中，各工作岗位上的业务活动尽可能简单、简化、标准、规范，便于掌握，利于操作。一般由总部制作一个简明扼要的员工操作手册，使所有员工均依手册的规定完成各自的工作。为了让每家店遵循同一流程，区域总部要进行专门的培训。每一个油条工都要在总部培训学习，最终实现标准化操作。

（资料来源：http://www.lsjygl.com/lsjygl/newview.asp?id=214.）

一、连锁经营的内涵

连锁经营是一种商业化的组织形式和经营制度，一般是指经营同类商品或服务的若干个分散的单位，以一定的形式组成一个联合体，通过在整体规划下的专业化分工及在此基础上所实施的集中化管理和标准化运作，使复杂的商业活动简单化，以取得规模效益的一种联合组织行为的经营方式。

中国连锁经营协会在 1997 年发布的《连锁店经营管理规范意见》中指出，连锁店指经营同类商品、使用统一商号的若干门店，在同一总部的管理下，采取统一采购或授予特许权等方式，实现规模效益的经营组织形式。在国际连锁经营协会及西方各国政府的规定中，通常把经营 11 家以上商店的零售业或餐饮业的组织称为连锁店。

当今世界，连锁经营的商业形式不再局限于零售业和餐饮业，它已经深入服务业的很多领域，如教育培训、房产中介、酒店旅馆、服装干洗、美容健身、家居装修等多个行业。国外对连锁店数量的规定，也不再是从经营上划分是否属于连锁经营的标志。因为从管理学的角度看，当一个店铺发展到 10 家以上时，就会带来管理方面的根本变化，必须采用与单独企业经营不同的管理模式。当店铺数量少于 10 家时，经营成本无法下降很多，连锁经营的规模效益优势也很难体现出来。然而有些企业在创办连锁企业的初期，就严格按照连锁经营的要求来经营，并获得快速发展；而有些企业，尽管门店很多，却仍然各自为政，独立经营，没有形成整体效应。因此，划分连锁经营的标志不完全看门店的数量，而是其经营管理的特点是否符合连锁经营的内涵。

二、连锁经营的实质

连锁经营的实质是把现代化大生产的原理应用到传统商业经营中，以改变传统的小商业经营模式，努力实现流通活动的标准化、专业化、统一化和简单化，从而达到提高效率、实现规模效益的目的。连锁经营的实质具体表现在以下 4 个方面。

1．企业识别系统的统一

企业识别系统的统一是连锁经营最低层次的统一，是企业外在形象的统一。企业识别系统是指企业所有暴露给公众的直观印象，主要包括连锁企业的招牌、标志、商标、标准色、标准字、装潢、外观、卖场布局、商品陈列、包装材料、员工服装、标志卡等。这种企业识别系统的统一有利于消费者识别和购买连锁企业各门店的商品，更重要的是有利于让消费者认同企业，对企业产生深刻印象。但连锁企业仅仅做到外在形象的统一还远远不够，必须有内在的统一做支撑，才能经营发展得长久和健康。

2．商品和服务的统一

商品和服务的统一是连锁企业经营内容的统一，是满足同一目标顾客的营销方式的统一。为了达到整体经营效果，使消费者对连锁企业产生信赖感，连锁企业各门店所经营的商品都是经过总部精心策划和精挑细选出来的，是按照消费者需求而确定的最佳的商品组合，并不断更新换代；所提供的服务也是经过总部统一规划、统一设定标准和统一管理的，消费者无论何时何地到任何一家门店，都可以享受到连锁企业门店所提供的整齐划一的商品和服务，从而增强消费者的满意度和忠诚度。

3．经营管理的统一

经营管理的统一是连锁企业内部管理模式的统一，是制度层面的统一。连锁企业必须在经营战略和策略上实行集中管理，即由总部统一规划，制定规范化的经营标准，并下达给各门店认真执行；各门店必须遵从总部所颁发的规章制度，实行标准化、制度化、系统化的管理模式。目前对于连锁企业而言，经营管理的统一集中体现在连锁企业的营运手册上。例如，麦当劳的营运手册非常细化和完整，从岗位职责到员工岗位操作方法就有多个部分，对各个岗位员工的各项工作都提出了详细的规范和要求，构成了其统一经营管理的连锁体系。

4．经营理念的统一

经营理念的统一是连锁企业全体员工观念和行为的统一，是文化层面的统一。连锁企业的经营理念是指该企业的经营宗旨、经营哲学、价值观念和中长期战略，是其全部经营管理活动的依据。连锁企业无论拥有多少门店，都必须持有一个共同的经营理念，包括企业发展连锁经营的目的、企业赖以生存的基础、企业对消费者和社会的贡献标准、企业的使命等。连锁企业只有经营理念完全统一了，才能将各门店联结在一起，不断发展。

以上4个统一是由低到高相互衔接在一起的。如果只有店名和店貌的统一而无商品和服务的统一，那就只有连锁经营的"形"而无连锁经营的"神"。如果没有经营理念的统一，各个门店虽然招牌形象相同，但却各自为政、独立经营，则连锁企业根本无法实现商品和服务的统一，即使统一也只能是短暂的，或者根基不牢固。连锁企业只有拥有了经营理念的统一，才能自下而上地形成各门店、各管理层及全体员工自觉遵守、统一的经营管理制度，将企业的经营战略完全贯彻下去，并始终如一地形成企业长期的经营特色，最终实现现代化大生产与商业经营规模化及消费者需求多元化的有机结合。

三、连锁经营的基本特征

微课：连锁经营的内涵和实质

（一）组织网络化

网络化是连锁经营的前提条件。从业务营运角度来分析，连锁企业的多门店组织形式的实质是网络化经营。连锁企业通过对上游企业的控制建立供货网络，通过门店扩张控制终端市场，并通过信息网络将两者有机地连接起来。

1．销售网络化

为实现连锁经营的盈亏平衡，连锁企业要求构成销售网络的连锁门店的数量要达到一定规模。如果连锁门店的数量达不到基本规模，就无法实现规模效益，建立竞争优势。此外，连锁企业的形象对吸引消费者具有极为重要的作用，而树立企业形象的基本途径就是门店的销售服务，门店数量越多则企业形象的影响力越强。而且，门店数量越多、销售量越大，对上游供应商的吸引力也越强，就越能获得上游企业的支持和配合。

2．供货网络化

构成供货网络的基本要素有统一采购、集货备货、流通加工、补货管理和配送。这些活动不仅能够确保商品质量和持续不断的商品供应，还能创造利润。首先，集中、统一进货能避免和减少分散采购时普遍存在的不经济行为，以降低进货成本。其次，以大规模的销售网络为交易条件，可以获得巨额的"通道利润"，如上架费、广告费、促销费、条码费、新品费、堆头费等。实行产销一体或品牌定制，能在维持低价销售的前提下实现高毛利和高利润。通过提高供货网络的效率，能够减少商品库存，加快商品周转，提高现金流量的利用效率，为连锁企业创造丰厚的利润。

3．信息网络化

信息网络化是确保销售网络和供货网络协调和平衡的关键。供货网络的一切活动都必须以高效率的销售网络的信息反馈为导向，即以信息流指导商流与物流。管理大规模的供货网络和销售网络必须采用现代化的信息技术，否则就难以实现高效率的信息反馈。另外，原始的信息必须经过系统分析才能有效地发挥作用。

（二）经营规模化

经营规模化是连锁经营的核心内容。连锁企业的多店铺分布体系，是一种规模化、集团化的商业经营形式，它由企业总部及多个在总部控制下、经营业态相同的分店构成。由于连锁企业实行联购分销，采购进货由总部负责，各分店负责商品销售，庞大的经营规模可以最大限度地降低进货成本，占据销售市场，创造巨大的经济效益。连锁企业的规模化具体表现在以下几个方面。

1. 采购规模化

连锁企业在采购时采取集中采购的方式。集中采购时的采购数量巨大，所以议价能力强，可与供应商讨价还价，获得低价进货的优势；同时，集中采购较单店独立采购可减少采购人员和采购次数，从而降低直接采购成本。连锁企业通过批量进货的集中采购方式降低了进货成本，进而降低商品的销售价格以吸引顾客，不断扩大市场份额。

2. 物流规模化

在集中采购的基础上设置仓库，要比单店独立存储更节约仓储面积，可以根据各店的不同销售情况实现合理库存；通过总部集中配送可以选择最佳的运输路线，充分利用运输工具及时运送，避免门店商品库存过多或出现缺货现象。

3. 营销规模化

由于连锁门店遍布整个区域、全国乃至全世界，连锁企业总部可以利用地方性、全国性或地域性的电台、电视台、报刊等进行广告宣传，而连锁促销的广告费用也可以分摊到多家门店，因此平均促销的成本并不高，这一点是单店难以做到的。整体促销有利于企业形成遍布各地的售后服务体系，极大地方便了各地区的顾客，形成多店提供统一服务的经营格局和服务竞争优势。

4. 研究、开发、培训规模化

相对于单店而言，连锁企业在有关技术研究开发、员工培训等方面的费用可以在众多的门店之间分摊，还可以共享计算机系统、商品陈列、防盗等一系列技术，并可以建立自己的专职培训部门，同时企业开发研究的成功模式可在整个连锁体系内推广，因此享有连锁经营带来的研究、开发、培训方面的规模优势。利用连锁企业无形资产价值、管理水平和社会影响力，可以实现资源共享，降低单位商品销售的其他投入成本，如单位商品的广告费、新技术专利费、设备研制和购买费、信息资源开发费、经营管理费等。

（三）管理规范化

管理规范化是连锁经营的基本保证。连锁企业均有完整、系统的公司制度用来规范企业的运营，整个企业在职能划分、工作流程、人力资源开发与管理、服务要求等方面都有制度和考核标准。连锁企业严格按照相关制度运行，规范化特点非常突出。

1. 规范化的分工与合作

连锁企业由总部、配送中心、分店3个部分组成。三者的分工非常明确：总部负责整个公司的战略规划、服务指导和监督调控，为连锁门店的经营活动提供必要条件；配送中心专门负责商品的库存、流通加工、转运、配送等物流作业；各分店专门进行销售现场的商品管理和销售，为顾客提供相关服务等工作。这3个组成部分各司其职、各尽其责，严格执行工作制度，相互协调又互不越权，体现出部门分工制度的规范化。在企业内部人员分工方面，由于整个企业系统庞大而复杂，为提高工作效率，企业制定了简明扼要的操作手册，要求其内部各个岗位的工作人员严格按照操作手册进行操作，从而使连锁企业的一切工作都有规范的标准可以遵循。

2．规范的工作流程

在工作流程方面，总部制定的规章制度严格规范着企业运转的各个工作环节，从总部的采购、订货到配送中心的配送货品，再到各分店的商品销售，整个工作程序都必须严格按照总部拟定的工作流程及工作制度来完成。连锁企业各门店提供的统一的商品和服务都根源于连锁总部规范化的工作制度。这些规范化的制度保证了消费者无论在哪一家分店都可以购买到同样价格和质量的商品，享受同样的服务。

3．规范的招聘、培训和考核

连锁企业人力资源部门在开发和管理上也表现出规范化的特点。连锁企业对其内部工作人员的选拔、培训、任用及管理等方面也都有规范可以遵循。例如，世界各地的肯德基员工都使用全世界通用的规范化教材进行培训，从而保证了消费者在全世界任何一家肯德基，都能享受到肯德基员工统一、优质而规范的服务。

四、连锁经营的"3S"原则

连锁经营之所以能在激烈的竞争中迅速发展，是因为它适应社会化大生产的要求，实现了商业活动的标准化、专业化和简单化（即"3S"原则），从而获得其他商业形式无可比拟的经济效益。

1．标准化

标准化（standardization）是连锁企业为了适应市场竞争的需要，一切工作都按规定的标准去做。通常连锁企业的管理标准化主要表现在商品、服务的标准化和企业整体形象的标准化上。当企业将各个环节的标准制定出来以后，每一个部门、门店、员工都应按照统一的标准执行。在具体执行中，连锁企业标准化的工作主要包括以下 3 个步骤。

1）科学制定各项作业标准和管理标准。连锁企业通过作业研究、数据采集、定性与定量分析等方法制定出既简便易行又节约人力、物力的标准化工作规范，使所有工作都按标准去做。这些标准包括企业整体形象标准化，商品、服务标准化，生产、服务设施和操作工艺标准化，作业流程标准化，考核评估标准化等。

2）通过严格的培训让员工掌握各项标准。连锁企业制定出科学的标准后，在此基础上编写详尽的营运手册，并作为培训员工的依据。通过严格、系统的培训，每个员工都能完全掌握手册的标准内容并加以实施。

3）通过严格的管理保证标准化的实施。在一个由总部和众多门店构成的庞大体系中，标准化的贯彻实施靠的是严格的管理和监督，否则标准化就会流于形式。许多连锁企业设立了督导员这一岗位，其职责就是到各个门店去检查、评价营运过程是否按标准实施，同时也给予相应指导。也有连锁企业采取"神秘顾客"的方式，让监督者以普通顾客的身份出现在门店，亲身体验服务并对门店进行考核。

当然，标准的制定并不是一劳永逸的，而应随着时代的进步和条件的变化不断更新。只有通过门店的实践和探索，以及总部的研究开发，以不懈的努力来改善连锁店的营运标准，标准化才不会使工作僵化。因此，标准化效果的取得靠的是严格的管理和监督、长期地坚持标准及不断地改善标准。

拓展阅读

麦当劳经营的标准化

麦当劳的第一本操作手册有 15 页，不久之后的第二本扩展到 38 页，1958 年后的第三本多达 75 页。在操作手册中可以查到麦当劳所有的工作细节。在第三本操作手册中，麦当劳开始教加盟者进行公式化作业：如何追踪存货，如何准备现金报表，如何准备其他财务报告，如何预测营业额，如何制定工作进度表等。甚至可以在手册中查到如何判断盈亏情况，了解营业额中有多大比例用于雇用人员、用于进货，又有多少是办公费用。每个加盟者在根据手册计算出自己的结果后，可以与其他加盟店的结果进行比较，这样就便于立即发现问题。麦当劳操作手册的撰写者不厌其烦，尽可能对每一个细节加以规定，这正是操作手册的精华所在。也正因如此，麦当劳经营原理才可以被快速地全盘复制。

每个麦当劳餐厅都有一个金黄色"M"形的双拱门标志，以红色和黄色为主。根据统计，最适合人们从口袋里掏出钱的高度是 92 厘米，因此，麦当劳的柜台高度设计以 92 厘米为标准。每家麦当劳餐厅店内的布局基本一致：壁柜全部离地，装有中央空调；厨房用具全部是标准化的，如用来装袋用的"V"形薯条铲，可以大大加快薯条的装袋速度，用来煎肉的贝壳式双面煎炉可以将煎肉时间减少一半；所有薯条采用"芝加哥式"炸法，即预先炸 3 分钟，再临时炸 2 分钟，从而令薯条更香、更脆；与汉堡包一起卖出的可口可乐，据测在 4℃时味道最甜美，于是全世界麦当劳的可口可乐温度统一规定保持在 4℃。

（资料来源：根据相关资料整理。）

---

2. 专业化

专业化（specialization）是指连锁企业的经营必须在整体规划下进行专业分工，在分工的基础上实行集中管理，从而将工作特定化和进一步专业化，追求独特和卓越，开发、创造出独具特色的技巧及系统。这种专业化既表现在总部与各门店及配送中心的专业分工，也表现在各个环节、岗位、人员的专业分工，使采购、销售、仓储、商品陈列、财务、促销、经营决策等各个领域都有专人负责。专业化具体体现在以下 3 个方面。

1）从职能划分看，总部的职能是管理，门店的职能是销售。总部重点研究企业的经营技巧，直接指导门店的经营，这就使门店摆脱了过去靠经验管理的影响，大大提高了经营水平。并且，连锁总部统一开发的经营技巧可以广泛应用于各个门店，使所有门店的经营管理水平普遍提高，获得技术共享效益，同时分担技术开发的成本。

2）职能部门的业务分工体现出专业化的特征。例如，物流中心负责商品的储存和配送；财务部负责收、付款业务及对现金流的管理；信息部负责各种信息的收集、传递、分析和信息流管理。不同职能部门的设置是连锁企业专业化分工的组织保证。

3）从岗位分工看，连锁企业根据需求，通过招聘或内部培训获得必要的人才，再根据他们的经历、能力、学历将其分配到合适的作业程序上。专业化就是把一个人放在他最擅长的岗位上，做到人尽其才，使整个系统内的人力资源配置处于良好状态，这样工作效率也会越来越高，每项工作花费的时间和成本也会越来越低。

3. 简单化

简单化（simplification）是指将作业流程尽可能地化繁为简，创造任何人都能轻松且快速熟悉作业的条件。连锁经营强调简单化并不意味着减少作业环节，而是去掉不必要的环节和内容，减少经验因素对经营的影响。连锁经营扩张讲究的是全盘复制，不能因为门店数量的增加而出现紊乱。连锁系统整体庞大而复杂，必须将财务、货源供求、物流、信息管理等各个子系统简明化，去掉不必要的环节和内容，以提高效率，实现"人人会做，人人能做"。为此，连锁企业要制定出简明扼要的操作手册，精简不必要的过程，以较少的资源付出获得较大的经济效益。

┃ 拓展阅读

炸薯条的作业流程

西式连锁快餐厅通常将各项工作流程很好地实现简单化和标准化。下面以炸薯条的作业流程为例展示其标准化作业流程。

1）用标准化容器舀起一勺生薯条。

2）用手将容器上凸出的薯条抹掉，此时容器里的薯条数量即为标准重量。

3）将薯条倒入油槽，此时油温已经按标准设定好。

4）按下油槽工作的时间控制开关，开始炸薯条。

5）听到时间提示音后，用漏勺将薯条捞起。

6）将漏勺抖一下，抖掉勺中的油。

7）将炸好的薯条倒入恒温箱中。

（资料来源：根据相关资料整理。）

五、连锁经营与传统商业经营的区别

连锁经营是商业领域的一次革命性突破，它的出现和发展将传统"手工作坊"式的小商业真正转变为现代意义上的大商业。连锁经营与传统商业经营方式有着显著的区别，具体体现在以下4个方面。

（1）经营方式

连锁经营是资源整合后的规模经营，而传统商业经营是灵活多变的特色经营。具体表现如下：①集中采购的规模优势可以增强议价能力，降低采购成本，并减少采购人员和次数；②物流配送的规模优势可以节省储存空间，减少物流成本并避免门店缺货；③整体促销的规模优势可以分摊整体促销的费用，减少促销成本的支出；④研发培训的规模优势可以减少培训成本支出，提高培训质量。

（2）管理方式

连锁经营是以制度为中心的规范管理，传统商业经营是以人为中心的经验管理。连锁企业的规范化、标准化、制度化经营消除了经验管理的随意性，也避免了个人因素对连锁企业的运营可能造成的危害。传统商业经营尽管也强调规范化并制定一些制度，但这种规范化是因人而异的，其管理是不稳定的、不连贯的。

（3）组织形式

网络化的连锁组织可以快速渗透市场，而传统单店市场辐射范围有限。网络组织形式既有规模经营的各种优势，又有分散经营及小店的渗透优势。另外，网络组织形式天生具有扩张效应，一方面能广泛吸引合作者，另一方面随着规模的扩大，内部产生组织学习优势，可以推广各门店成功的经验。

（4）管理手段

连锁经营可借助现代化信息技术进行精细化管理。连锁经营从选择供应商、订货储存、配送、补货到会计记录、统计汇总、制作各种报表，几乎离不开计算机。现代信息技术的应用又为连锁企业整合资源、获取规模效益提供了必要条件；传统的单店由于受到信息技术成本的制约，管理水平难以提高。

连锁经营与传统商业经营的比较如表 1-4 所示。

表 1-4　连锁经营与传统商业经营的比较

项目	连锁经营	传统商业经营
优势	① 资源整合，获取规模效益 ② 形象、商品、服务统一，易于维持消费者的忠诚度 ③ 网络化组织带来迅速扩张 ④ 采用现代管理技术，实现精细化管理 ⑤ 制度化规范管理，消除人为因素的影响	① 门店自主性强、主动性高，能调动管理者的积极性 ② 门店具有高度的灵活性，能随时根据消费者需求变化调整经营战略 ③ 管理层级少，沟通容易，能迅速做出决策 ④ 特色经营，能弥补市场空缺
劣势	① 门店独立性有限，缺乏灵活性，难以完成满足当地消费市场特殊性的需求 ② 门店无法单独核算，盈利水平难以体现，影响员工的积极性 ③ 容易出现总部与门店沟通不足和决策延误现象	① 辐射有限，难以获得规模效益 ② 粗放型管理为主 ③ 经验管理为主，容易受个人因素的影响 ④ 规模小，难以吸引消费者和合作者

任务三　连锁经营的基本模式

【知识目标】　掌握连锁经营 3 种商业模式的定义、特征和使用范围。

【能力目标】　根据连锁企业的经营方式和特点识别连锁企业的经营模式。

【素质目标】　运用连锁经营模式的理论综合分析连锁企业的经营状况并提出建议。

拓展阅读

加盟转直营——连锁企业品牌建设新思路

加盟转直营是一种战略选择，可以避免连锁体系的失控，结合其自身的特点统一调动与分配资源、统一决策、统一开发和整合渠道。在新技术产品开发与推广、信息和管理现代化等方面易于发挥整体优势，随着企业实力的日益增强，有利于融资与上市，更有利于规模采购，降低成本。

东来顺集团在发展中曾经将很多加盟店转为直营店，其原因是为了加强连锁品牌的建设。在发展初期，东来顺热衷加盟的目的在于扩大经营规模，随着加盟的快速发展，其加盟品牌管理方面的缺点不断暴露，于是，东来顺就通过并购和直接开发的途径逐渐开展直营战略，使整个集团的发展更加统一。

全聚德侧重发展直营连锁是从失误中买到教训的。在全聚德成立集团股份公司的10多年时间里，一直是以特许加盟的方式发展自己的连锁店，其中出现过一些失误，比如2002年全聚德在广州的分店关门，引发了各方的负面评价。据说导致关店的主要原因是加盟商的急功近利：为了节约成本，背着总部从当地采购原料，于是质量下降。

发展直营连锁可以统一调动资金、统一经营战略、统一开发和运用整体性资源，统一打造企业品牌。

（资料来源：http://www.ceconline.com/sales_marketing/mn/8800046455/01/，有删减。）

各国连锁经营的发展形式虽有所不同，但比较常用的有直营连锁、特许经营和自由连锁，这3种连锁经营模式具有不同的特征和优势，适用范围各不相同。

一、直营连锁

（一）直营连锁的定义

直营连锁（regular chain，RC）又称正规连锁或公司连锁，是世界上最早出现的连锁形式，也是连锁经营的基本形态。直营连锁是指连锁企业的门店均由企业总部全资或控股开设，在总部直接领导下统一经营的连锁方式。总部对门店实施人、财、物，以及商流、物流、信息流等方面的统一经营管理。

美国商务部对直营连锁的定义是由总公司管辖下的许多分店组成，具有行业垄断性质，利用资本雄厚的特点大量进货和销售，具有很强的竞争力。

国际连锁经营行业协会对直营连锁的定义是以单一资本，直接经营11个以上门店的零售业或饮食业。

日本经济产业省对直营连锁的定义是处于同一流通阶段、经营同类商品和服务、由同一经营资本并在同一总部集中性管理机构统一领导下，进行共同经营活动的，由两个以上单位门店组成的零售企业集团。

（二）直营连锁的特征

1. 产权一体化，由同一资本开设门店

这是与其他连锁形式的最大区别。直营连锁各门店之间以资本为主要连接纽带，资本又

必须属于同一个所有者，归一个企业、一个联合组织或一个人，由同一个投资主体投资开办门店。各门店不具备法人资格，门店店长是雇员而不是所有者。

2．经营管理高度集中统一

各门店的经营管理由总部集中统一领导，进行标准化、规范化的经营管理，实行统一标识、统一采购、统一配送、统一程序、统一广告、统一人事、统一决策。连锁总部对各门店拥有全部所有权、经营权、监督权，门店的业务必须按照总部指令行事。

3．实行统一核算，门店自主权较小

直营连锁由总部统一核算，各连锁门店只是一个分设机构。门店店长由总部委派，工资、奖金由总部确定，店长无权决定门店利润的分配；整个连锁企业实行统一的核算制度，各个门店店长和员工的工资、奖金由总部依据连锁企业制定的标准来决定。

（三）直营连锁的优缺点

1．直营连锁的优点

1）集中管理，有利于发挥企业的整体优势。直营连锁的集中管理可以统一调度资金、统一经营战略、统一开发和利用企业整体资源，具有雄厚的实力充分做到人尽其才、物尽其用；资源集中实力强，易于同金融机构、供应商谈判；在融资、采购和产品开发等方面具有较强的整体优势；促销、培训、开发等费用在各门店分摊，获得成本优势，有利于提高企业的整体竞争力。

2）严格的标准化、规范化管理，有利于提升运行效率。在直营连锁中，由于各门店的法人所有权集中在总部，总部有权对各门店进行严格的标准化、规范化管理，以提升各门店的经营管理水平，促进企业运行效率的提高。

2．直营连锁的缺点

1）资金投入大，扩张速度慢。由于直营连锁由总部统一开发，投资主体单一，在开办众多门店时，需要投入大量的资金。若企业资金不足，企业的发展速度和连锁规模的扩张将会受到限制，不能及时取得规模效益，影响连锁企业的发展。

2）企业总部承担的风险大。与其他连锁形式相比，直营连锁的各门店开发投资均由企业总部独自投资进行。各门店的地理位置、经营管理等可能会使部分门店经营失败，此时，总部就要承担所有的风险。

3）门店缺乏灵活性、积极性。在直营连锁中，各门店由总部按一定的规章制度和标准的操作流程统一管理，门店没有经营自主权，门店的经营效益与员工的利益关系不够密切，不利于充分调动门店经营的主动性和积极性。同时，总部通常远离市场，对于市场的变化往往反应滞后，而处于市场第一线的分店权力有限，不能灵活地对市场变化迅速做出反应。

直营连锁主要适合于零售业，特别是大型百货商店和超市。其主要原因就是这类企业都需要巨额的投资和复杂的管理,如法国的家乐福、美国的沃尔玛、中国的大润发等都是采用的直营连锁。

二、特许经营

(一)特许经营的定义

特许经营(franchise chain,FC)又称合同连锁、加盟连锁或契约连锁,是总部与加盟店之间依靠契约结合起来的一种形式。特许经营是连锁经营最发达的模式,被美国未来学家约翰·奈斯比喻为21世纪最主要的商业经营模式之一。

目前,世界各国对特许经营的定义表述不完全一致。美国商务部对特许经营的定义:特许经营主导企业把自己开发的商品、服务和营业系统(包括商标、商号等标识的使用,经营技术,营业场所和区域),以契约的形式授予加盟店在规定区域内的经销权或营业权;加盟店则交纳一定的营业权使用费,承担规定的义务。国际特许经营协会的定义:特许经营是一种存在于总部和加盟店的持续关系,总公司赋予对方统一执照、特权,使其经营,并对加盟店的组织、训练、采购和管理进行协助,相对要求加盟者付出相应的代价作为报偿。我国商务部于2004年颁发的《商业特许经营管理办法》对特许经营的定义:特许经营是指通过签订合同,特许人将有权授予他人使用的商标、商号、经营模式等经营资源,授予被特许人使用;被特许人按照合同约定在统一经营体系下从事经营活动,并向特许人支付特许经营费。

综上所述,特许经营是指特许企业把自己开发的产品、服务和营业模式以合同的形式,授予加盟店在规定区域内的经销权和营业权,加盟店则缴纳一定使用费,承担规定义务的连锁经营方式。

(二)特许经营的特征

1. 所有权的分散和经营权的集中

特许经营的主要特征是所有权的分散和经营权的集中,即加盟店的所有权独立,归加盟商所有,加盟商是独立法人,对自己的经营业绩负责,但加盟店的经营管理权高度集中于总部,总部通过经营权来控制所有权。特许经营管理的统一性低于直营连锁,但高于自由连锁;加盟店的独立性高于直营连锁,低于自由连锁。特许经营的核心是特许权的转让,总部与加盟店之间的关系是通过签订特许合约而形成的纵向关系,各加盟店之间不存在横向联系。

2. 特许经营的核心是特许权的转让

作为特许权转让的特许方,总部必须具有其独特的经营技术或知识产权。总部和加盟商签订契约后,按照契约的规定,总部向加盟商提供独特的商业特权(如商标、商号、产品、经营模式等),并提供员工训练、商品供销、组织结构、经营管理的指导和协助。加盟店除了享有总部赋予的权利以外,还要付出相应的回报并履行契约中的义务。特许经营实际上是将自己的专有技术或品牌价值与他人的资本相结合来扩张经营规模的一种商业发展模式。

3．总部对加盟店在管理权上有所分工

在特许经营体系中，加盟商具有独立的企业法人资格，他们拥有加盟店的所有权、财务权和人事管理权，但是他们在店名、店貌、采购、经营、价格、服务和管理方面，必须服从总部的统一规范管理。

（三）特许经营的优缺点

1．特许经营的优点

1）对于特许人而言，特许经营投资少、扩张快。在特许经营中由于各加盟者均有独立的财产权和人事权，开发连锁店时所需的装修、设备购置、员工招聘和房屋租赁等方面发生的资金投入和费用支出均由加盟者自行负责，这就大大降低了总部进行门店扩张的成本，使总部能以较少的人力、财力、物力投入而迅速地拓展市场、扩大规模，以取得较好的规模效益。此外，总部也可以通过经营权的转让积累大量的资本，使公司的无形资产转化为有形资产，从而增强总部的实力。

2）对于加盟商而言，特许经营风险小、积极性高。尤其是对于那些具有一定资本、希望从事商业活动但又苦于没有经营技术和经营能力的企业和个人，加盟是一个很好的发展机会。一旦加盟，可以利用公司总部的经验、技术、品牌和商誉开展经营，享有总部全方位的服务和连锁体系的丰富信息，成功机会大、经营风险小，利润也比较稳定。此外，由于各加盟门店是独立的经营实体，必须独立核算、自负盈亏，这就把加盟门店经营状况与加盟者的经济利益捆绑在一起，加盟者就会积极努力经营和管理自己的门店，以降低成本，提高利润。

3）对消费者和社会而言，总部先进方法和技术的广泛运用，为消费者提供了更高的服务水平。同时，标准化的经营和有效管理，使消费者无论在哪家门店都能购买到标准化、质量相同、物美价廉的商品和服务。特许经营还可以扩大参与事业的机会，促使社会经济的活跃。通过特许经营的方式来发展商业网点，不但可以提高商业的组织化程度，而且有利于中小企业的稳定发展。

2．特许经营的缺点

1）特许人可能有片面追求收益、忽视管理的倾向。在特许经营中，一些特许人（总部）会在利益的驱动下，不顾企业的服务和管理能力，盲目扩大规模，片面追求加盟费，而忽视有效的管理和服务。这就可能使受许人经营不善或达不到标准，损害受许人的利益，严重时会导致整个特许经营系统的崩溃。

2）合同纠纷多，管理难度大。在特许经营中，特许人对受许人管理的依据是特许合同，而合同不管如何完善，也会因双方的理解和解释不同而产生许多纠纷。同时，因连锁双方不存在上下级关系，而是处于平等地位，总部的行政手段和措施往往难以奏效，这就大大增加了管理难度。特别是当一些特许店取得成功以后，希望停止特许合同，独立经营，以免交特许费，获得更大的利润。此时，总部对连锁店的管理就更加困难。

3）容易流失知识产权。在特许经营中，特许人在与受许人签订合同后，特许人就应把自己长期积累的品牌、技术、商誉和管理经验等知识产权传授给受许人，以便其能开展正常有序的生产经营活动。若加盟者素质不高，就有可能造成上述知识产权的泄密等不良后果。

（四）特许经营的行业分布

据国际特许经营协会统计，在全世界至少有 75 种不同的行业采用特许经营模式，其中最热门的行业如下。

1）餐饮业。餐饮业是特许经营发展最蓬勃的行业，尤其是快餐店。1994 年美国增长最快的十大特许经营企业中，有 5 家是快餐店，其中最著名的是麦当劳，排名第二。加盟特许经营餐饮业投资额从几万元到上百万元不等，一般可以给投资者带来稳定的回报。

2）便利店。这是全世界发展较为成功的特许业务，最早的便利连锁店"7-11"便利店已有几十年的历史，在全世界拥有 1 万余家分店，其中半数以上是特许加盟店。加盟便利店相对来讲对管理要求较低，因为由总部负责配送货物及店堂管理指导，经营流程比较简单，获利也较稳定。

3）日用品/食品零售。这一行业的稳定性及成功率都较其他行业高，也是非常普及的特许经营行业，投资一般不大，也无须相关经验，加盟门槛较低。

4）教育/培训。这是一个前景正被大家看好的特许经营行业。但业内人士普遍认为，该行业需要较大的投资，而且特许合同期限一般较长，不适宜一般的投资者考虑。目前，世界著名的英语教育品牌，如"英孚教育"在我国都已具有非常成功的经验。

5）商业服务。这是一个全新的特许经营业务，绝大部分出现在 20 世纪 80 年代后期，包括会计报税、广告代理、企业顾问、房产中介、快递等各项服务，目前在全世界呈快速发展势头。全世界最大的快印连锁系统"速必得"快印、世界五百强企业之一的"TNT"等均为业内领先品牌。

6）汽车用品及服务。这是一个较新的特许经营行业，出现历史不超过 20 年。随着经济的发展及个人汽车的普及，拥有广阔的市场前景，值得投资者关注。

三、自由连锁

（一）自由连锁的定义

自由连锁（voluntary chain，VC）又称自愿连锁、志同连锁或任意连锁。自由连锁是指一些经营业务相同的企业，为了降低成本、扩大采购规模、增强竞争力而自愿形成的事业合作体。各成员店是独立法人，具有较高的自主权，只是在部分业务范围内合作经营，以达到共享规模效益的目的。这种联合通过签订自由连锁合同来确定，依据自由原则，各门店可以自由加入或退出。自由连锁最早形成的原因，是众多中小企业在与一些规模庞大、实力雄厚的大型连锁企业竞争中，由于势单力薄，竞争力不断下降，市场份额日益萎缩。为了摆脱困境，若干零售商共同投资设立机构，负责共同进货，开展共同促销和广告宣传等活动，以降低成本，提高利润。可见，自由连锁是中小企业对抗大型连锁企业垄断而自行发起的联合组织。自由连锁虽然起源于美国，但在日本也发展较快。自由连锁比较适用于零售业，尤其是对那些中小型连锁零售店更具吸引力。

对于自由连锁，不同国家和组织也有不完全相同的定义。美国商务部对自由连锁的定义为：由批发企业组织的独立零售集团，即批发企业主导型任意连锁集团，零售店成员经营的商品全部或大部分从该批发企业进货。作为对等条件，该批发企业必须向零售企业提供规定的服务。日本经济产业省将自由连锁定义为：分散在各地的众多的零售商，既维持着各自的独立性，又缔结着永久的连锁关系，使商品的进货及其他事业共同化，以达到共享规模利益的目的。

从上述定义可知，自由连锁主要有两种形式：第一种是几家中小企业联合，开办自由连锁总店，然后吸收其他中小企业加盟，建立统一物资配送中心，所需资金可以通过在分店筹款解决；第二种是由某个批发企业发起，与一些具有长期稳定交易关系的零售企业在自愿原则下，结成连锁集团，批发企业作为总部承担配送中心和服务指导的功能。

（二）自由连锁的特征

自由连锁的特征有以下几个方面。

1）各连锁门店具有较大的经营自主权。各门店不仅独立核算、自负盈亏、人事自主，还在经营品种、经营方式和经营策略等方面也具有较大的自主权。但在店名、店貌、采购、配送、销售和服务等方面要由总部实行统一管理，也要按照加盟协议的约定向总部上交一定的加盟费及指导费。

2）以自愿加盟协议为基础组建连锁体系。直营连锁是以资产为基础来组成连锁经营体系的，特许经营是以知识产权为基础通过特许加盟合同来组建连锁经营体系，而自由连锁是以自愿加盟协议为基础组建的连锁经营体系。因此，与直营连锁和特许经营相比，总部对各门店约束力相对较弱，是一个比较松散的连锁体系。

3）联合采购，降低成本。自由连锁的起源是中小企业为了对抗大型连锁企业而成立的，目的是在激烈的市场竞争中降低成本、提高利润、扩大市场占有率。降低成本的重要手段之一便是联合采购。只有拥有巨大的采购量，供应商才有可能以较低价格提供商品，采购成本和物流成本才能有下降的空间，因此，联合采购、降低成本是自由连锁的重要特征之一。

（三）自由连锁的优缺点

1. 自由连锁的优点

1）分店独立性强，自主权大，积极性高。在自由连锁中，由于各门店独立核算、自负盈亏、人事自主，拥有所有权与一定程度的经营自主权，经营效益与门店经营情况直接挂钩，有利于调动各门店经营管理者的主动性和积极性。

2）投入少，扩张快。自由连锁企业在发展分店时，需要投入的资金少，并且布点快，能够较快形成连锁式的网点分布体系，扩大市场覆盖率。由总部组织的统一经营带来了规模优势和总体组织化。因此，自由连锁具有扩张速度快、成本低的优点。

3）统一进货，成本低，收益高。各分店由总部统一进货，购货规模大，总部在向供应商购买商品时，具有较强的议价能力，能为分店带来成本上的节约；统一促销有利于各分店享受到规模效益的好处。

2．自由连锁的缺点

1）控制力不强，一致性较差。在自由连锁体系中，总部与各分店的关系是松散的，各门店独立性强，总部集中统一运作的作用受到限制，特别是在经营战略、经营方针和经营决策等方面的管理效率不如直营连锁高，直接影响连锁体系的竞争实力。此外，由于过于民主，决策迟缓、应变力弱，竞争力受到影响。

2）利益冲突多，形象维护难。由于自由连锁体系中的各方均为独立的利益主体，因此，在经营过程中容易发生利益冲突。同时，当一些门店为了获得自己的利益，做出有损整体形象的行为时，总部则因对各门店的约束力低而得不到有效的维护，影响本连锁经营体系的社会声誉。

四、3 种连锁模式的比较

直营连锁、特许经营、自由连锁经营模式的比较如表 1-5 所示。

表 1-5 3 种连锁经营模式的比较

项目	直营连锁	特许经营	自由连锁
外观形象	完全一致	完全一致	基本一致
所有权	归总部所有	门店所有	门店所有
经营权	总部控制	总部控制	门店自主
经营资金	总部出资	加盟者出资	加盟者出资
经营决策	总部统一决策	以总部为主，加盟者为辅	参考总部意图，加盟者有较大的自主权
商品货源	由总部统一配送	由总部统一配送	大部分由总部供应，部分由门店进货
价格管理	总部规定	原则上总部规定	自由定价
促销	总部统一实施	总部统一实施	自由加入
教育培训	总部全套训练	总部全套训练	自由利用
门店指导	按营运手册实施	按营运手册实施	要点式的指导
总部与门店的关系	上下级行政关系	特许加盟关系	自愿加盟关系
约束力	很强	较强	松散

═══ 项 目 小 结 ═══

连锁经营是一种商业化的组织形式和经营制度，连锁经营的 3 种模式是直营连锁、特许经营和自由连锁。美国、欧洲、日本是当今世界经济发达的国家和地区，也是连锁经营发展较成熟和完善的地区。

连锁经营的实质：企业识别系统的统一、商品和服务的统一、经营管理的统一、经营理念的统一。连锁经营的基本特征：组织网络化、经营规模化和管理规范化。连锁经营的"3S"原则是标准化、专业化和简单化。

案 例 分 析

全聚德发展连锁经营，立志做中国的"肯德基"

世界上最出名的鸭子有两只：一只是美国迪士尼的唐老鸭，另一只是中国的全聚德烤鸭。唐老鸭象征了美国式的诙谐幽默，全聚德烤鸭则代表了中华美食。

近年来，全聚德在体制、机制、营销、管理、科技、企业文化、精神文明建设等方面进行了一系列创新，这个享誉全球的百年老店走上了规模化、现代化和连锁化的经营道路。门店数量从集团组建初期的 3 家发展到 2019 年的百余家，品牌价值由 1994 年组建时的 2.69 亿元猛增到 2018 年的 222.15 亿元，并于 2007 年作为中国餐饮行业的首家上市公司，成功登陆 A 股市场。全聚德的净利润也从 2007 年的 6300 万元增至 2018 年的 7304 万元。有着"中国第一餐饮"美誉的全聚德正在向着"世界一流美食，国际知名品牌"的愿景迈进。

过去，北京人一说吃全聚德烤鸭，都知道可以去 3 个地方：前门、和平门、王府井。如今，全聚德门店数量已超过 100 家。不少外地朋友甚至不用跑到北京，在家门口就能吃到地道的全聚德烤鸭。这一变化主要是全聚德集团成立后，大力推进连锁经营的结果，全聚德也成为中国本土餐饮企业第一个运用连锁经营模式的企业。

为了发展连锁之路，全聚德建起了配送中心、培训中心，建立了一系列操作标准、统一的企业视觉识别系统，成立了专门的连锁开发部门。全聚德根据国情当初创立的"特许加盟收取一次性加盟费和定额商标使用费、保证金担保及恰当把握合同的签订时间"等做法，如今已经广泛被国内同行效仿。

2007 年是全聚德历史上的一个重要年份。这一年，全聚德完成了对北京仿膳饭庄、丰泽园饭店和四川饭店 3 家企业的收购，并于当年 11 月 20 日正式在深圳证券交易所挂牌上市，成为中国餐饮企业的首家上市公司。由此，全聚德从单一品牌的老字号烤鸭店，变身为多品牌的餐饮上市集团。

自从定下了连锁经营的发展战略，标准化问题就被全聚德提上了重要议事日程，因为连锁的前提就是标准化。中餐的标准化一度被业内认为"不可能"，可全聚德偏要做"第一个吃螃蟹的人"。

"过去，中国人炒菜哪讲什么标准，使用的都是'温火''旺火''盐少许'之类的模糊概念。可'温火'是多少度？'旺火'是多少度？'盐少许'是多少克？'薄如镜'究竟指多薄？如果没有个统一的标准，就很难保证菜品口味的一致性。"为了制定全聚德特色菜品的统一操作标准，全聚德的厨师还真较了真。他们用天平来称花椒的重量，用红外线测温仪来测量炉火的温度，用千分尺来量薄饼的厚度……经过 1 年的努力，40 多道特色菜品的标准被制定了出来，全聚德又通过讲课等方式，将标准在各门店贯彻下去。

除了制定菜品的操作标准外，全聚德还特别注重专有技术的物化，如研发各种全聚德的专用调料配方，由厨师长统一控制；开发烤鸭的专用设备，用智能烤鸭炉替代传统的明火果木挂炉等。"这样一来，不仅能够保证各门店菜品风格一致，而且有利于全聚德保留自己的传统秘方不泄密。"全聚德集团董事长姜俊贤表示。目前，全聚德烤鸭所专用的鸭坯、甜面酱、荷叶饼等，均已实现了产业化生产。

百年全聚德具有深厚的历史文化底蕴。为此，全聚德在和平门店腾出整整一层楼的面积，建立了自己的展览馆，向来宾展示全聚德的百年历程。此外，全聚德还将散落在档案馆中的史料挖掘出来，出版了一系列介绍全聚德的图书，如《全聚德故事》《全聚德史话》《全聚德与名人》等，并针对儿童推出了介绍全聚德历史故事的连环画。2004年，以全聚德历史故事为背景的32集电视连续剧《天下第一楼》登上荧屏。在节目播出的两个月时间里，全聚德几乎店店排队，营业额增长了50%以上。文化营销对全聚德品牌的推动力由此可见一斑。

"全而无缺，聚而不散，仁德至上"是周总理对全聚德金色牌匾的精辟诠释。如今，这块闪光的金匾，不仅为我们讲述着全聚德的百年沧桑，更记录下新一代全聚德人的创新故事。

（资料来源：http://www.txooo.com/info/1265222.html.）

问题：
1）根据全聚德的连锁经营经验，你认为中式餐饮发展连锁之路应该做哪些创新和改革？
2）全聚德的经营特色主要体现在哪些方面？

自 测 题

一、单项选择题

1. 世界上第一家正规的连锁经营商店是（   ）。
   A. 美国大西洋和太平洋茶叶公司　　　　B. 麦当劳
   C. 肯德基　　　　　　　　　　　　　　D. 沃尔玛
2. 合同连锁是指（   ）。
   A. 直营连锁　　　B. 特许经营　　　C. 自愿连锁　　　D. 自由连锁
3. 中国第一家真正意义上的连锁超市是（   ）。
   A. 农工商超市　　　B. 华联超市　　　C. 联华超市　　　D. 美佳超市
4. 1995年，外资连锁零售企业（   ）进入中国市场，在北京开设了第一家商店。
   A. 沃尔玛　　　B. 麦德龙　　　　C. 大润发　　　　D. 家乐福
5. 世界上第一家特许经营企业是（   ）。
   A. 麦当劳　　　　　　　　　　　　　　B. "7-11"便利店
   C. 胜家缝纫机公司　　　　　　　　　　D. "不二家"西式糕点店
6. 在经营方式上，连锁经营是以（   ）为中心的规范化管理，传统商业经营是以人为中心的经验管理。
   A. 信息技术　　　B. 制度　　　　C. 手工操作　　　D. 人
7. 在连锁经营的几种模式中，所有权分散，经营权集中，以经营权来控制所有权的是（   ）。
   A. 直营连锁　　　B. 自由连锁　　　C. 特许经营　　　D. 公司连锁

8. 现代意义上正规的连锁经营创建于（　　　）。

  A．日本　　　　　　B．欧洲　　　　　　C．美国　　　　　　D．中国

9. 在连锁经营的 4 个统一中，最高级、最难实现的是（　　　）。

  A．经营理念的统一　　　　　　　　　B．商品和服务的统一

  C．企业识别系统的统一　　　　　　　D．经营管理的统一

10. 我国连锁企业的发展现状是（　　　）。

  A．外资连锁企业迅速扩张　　　　　　B．各业态增长速度保持一致

  C．连锁经营发展速度缓慢　　　　　　D．连锁经营行业和业态呈现多样化

二、多项选择题

1. 连锁经营的"3S"原则是指（　　　）。

  A．简单化　　　　　B．集中化　　　　　C．标准化　　　　　D．专业化

2. 连锁经营的实质内容是（　　　）。

  A．企业识别系统的统一　　　　　　　B．经营管理的统一

  C．商品和服务的统一　　　　　　　　D．经营理念的统一

3. 连锁企业的三大核心技术是（　　　）。

  A．采购技术　　　　B．商品陈列技术　　　C．物流技术　　　　D．信息技术

4. 连锁企业的识别系统包括（　　　）。

  A．商标和商号　　　B．招牌　　　　　　C．员工服装　　　　D．经营设备

5. 连锁企业的规模化主要体现在（　　　）。

  A．采购规模化　　　B．管理规模化　　　C．物流规模化　　　D．营销规模化

三、简答题

自测题部分
参考答案 1

1. 美国连锁经营的发展经历了哪几个阶段？

2. 简述连锁经营的"3S"原则。

3. 简述直营连锁的优缺点和适用行业，并举例说明。

4. 简述特许连锁的优缺点和适用行业，并举例说明。

5. 对比中外连锁经营的发展历程，谈谈你对中国连锁经营未来发展方向的看法。

——项 目 实 训——

  以小组为单位，根据连锁经营的本质和特征，调查这种经营管理模式在本地各相关行业的发展情况。结合调查结果，谈谈直营连锁、特许经营、自由连锁 3 种经营模式各自适用于哪些行业，并重点考察其中规模较大的一家连锁企业，进行详细分析。

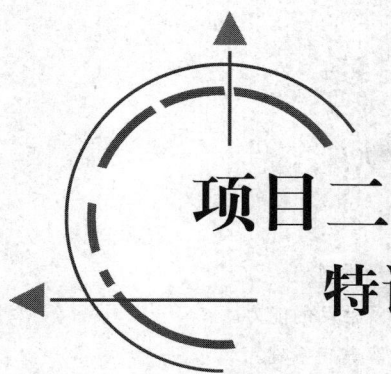

项目二
特许经营及其加盟模式

项目二课件

案例导入

庆丰包子兄弟品牌"包小团"开放加盟

与庆丰包子一脉相承、主打包子和汤品的餐饮连锁品牌"包小团"制订了"100 个明星样板城市"计划，开始大力招揽品牌加盟商。

"包小团"的创始人王伟是庆丰包子创始人张万芝的第四代传人。王伟在 2016 年最初创立的品牌名为"和万兴"，品牌创立当年就拿到了徐小平旗下真格基金数百万元的种子轮投资，并把店铺开在北京中关村。按照以"80 后""90 后"年轻人为主要目标消费群的定位，运营了不长时间，王伟就发现"和万兴"的品牌定位并不符合当下的消费潮流，这才转型为现在的"包小团"。2017 年，"包小团"又获得了真格基金数百万元的天使轮投资。

迎合年轻人的喜好、改变了品牌定位的"包小团"，打出了"包子界有根儿的潮牌"的口号。从漫画风格的 Logo，到以黄、白两色为主的店面设计，都在营造小清新的用餐氛围。

在王伟看来，市场上的包子品牌逐渐老龄化，简单复制传统已经难以为继。因此，"包小团"在以经典口味的青葱小猪包和老火靓汤为主打产品外，还研发了单价为 2~3 元的奥尔良鸡腿包、菌菇芝士包等针对年轻人的新口味。

传统餐饮店的模式是在门店后厨自行加工原料并产出成品，"包小团"与大多现代餐饮店一样，采用了中央厨房统一制作并向门店配送半成品包子，门店简单加热后售出的模式。这种模式提高了门店的运营效率，相对标准化的操作也更有利于后期扩展门店时被快速复制。

加盟"包小团"可以通过开店和代理两种途径实现；目前，成立加盟店主要是合伙人以资金入股、"包小团"以技术入股。加盟店分两种：旗舰店和档口店。合伙人可在所在城市自行选址，保证客流量即可。成为加盟店的要求包括：店铺面积在 20~40 平方米；2.98 万元的品牌使用费，只要在合作状态内，可终身使用该品牌；品牌保证金 1 万元，确保不在店内销售其他产品；每年 6000 元运营管理费；加盟店自行承担店铺装修费用，以北京为例，每个店铺 1 万~3 万元不等。档口店的要求与旗舰店类似，除店面面积在 10~20 平方米、品牌使用费 1.98 万元外，其余费用与旗舰店相同。

（资料来源：http://k.sina.com.cn/article_6192937794_17120bb4202000hhet.html.）

任务一　特许经营及其类型

【知识目标】　掌握特许经营的含义及其要素，熟悉特许经营的两种类型。

【能力目标】　掌握特许经营的基本理论，培养识别特许经营类型及活动的能力。

【素质目标】　加深对特许经营知识的了解和学习，为后续学习内容奠定基础。

作为连锁经营的一种高级形式，特许经营已经成为一种风靡全球的经营模式和商业运营手段，其发展速度越来越快，并呈现多行业化、市场化和国际化的发展趋势。国际特许经营作为一种成功的商业运营模式，为跨国公司赢得了竞争优势，一些国际知名的特许经营企业（如麦当劳、肯德基等）凭借特许经营的跨国经营迅速实现了规模经济的扩张。特许经营在中国已经走过了 30 多年的历史，目前已经进入蓬勃发展时期。

一、特许经营的含义

特许经营是连锁经营的一种组织形式，是指拥有注册商标、企业标志、专利、专有技术等经营资源的企业（特许人），以合同形式将其拥有的经营资源许可给其他经营者（受许人）使用，受许人按照合同约定在统一的经营模式下开展经营，并向特许人支付特许经营费用的经营活动。从以上定义来看，特许经营必须具备以下 4 个基本要素。

1）特许人必须是拥有注册商标、企业标志、专利、专有技术等经营资源的企业。

2）特许人和受许人之间是一种合同关系，双方通过订立特许经营合同，确定各自的权利和义务。

3）受许人应当在统一的经营模式下运营，这种统一的经营模式体现在多个方面，大到管理、促销、质量控制，小到店铺的装潢、设计和标牌的设置等。

4）受许人应当向特许人支付相应的费用。特许人拥有的经营资源大都经过了较长时间的开发、积累，具有较高的商业价值。

二、特许经营的类型

1. 商品商标型特许经营

商品商标型特许经营是指受许人使用特许人的商标和销售方法来批发或零售特许人的产品，作为受许人的加盟店仍可以保持原有的商号，单一地或在销售其他商品的同时销售特许人生产并取得商标所有权的商品。在商品商标型特许经营中，特许人通常是一个制造商，为其品牌化的商品寻求销路，或者是一个产品部件的生产商，寻求最终的产品组装商，并把品牌化的商品分销给零售商。作为一种传统的经营形式，商品商标型特许经营模式历史悠久，因此被称作第一代特许经营。

在商品商标型特许经营中，特许人和受许人的关系类似于制造商和经销商的关系。①特许人是产品制造商或产品部件生产商，受许人的主要任务就是全力以赴地销售特许人生产的产品。②特许人将自己所拥有的商品商标的使用权提供给受许人以促进销售。作为回报，受许人需要定期向特许人支付费用。③受许人即经销商要做出产品销售的计划与安排，特许人即生产商可以提供某种形式的广告、管理协助和培训。

属于这种类型的特许经营有汽车经销商（如通用汽车公司、福特公司的经销商）、燃油加油站（如壳牌汽油站、中国石化加油站）等，其他还有特百惠专卖店等。

2. 经营模式型特许经营

经营模式型特许经营是一种新型的特许经营方式，被称为第二代特许经营。这种特许经营的特点是在限定的时间和区域内，特许人不仅提供给受许人商品和商标，还授予一整套经营模式。受许人从特许人那里得到许多指导和协助，如店址选择、人员培训、专有技术、经营标准、商品供应等。受许人在这一系统指导下进行业务经营，严格遵守特许人的操作守则，了解、学习和复制特殊技术。只有这样，受许人提供的商品服务才能与特许人保持统一质量标准。作为回报，受许人需要支付相应的特许经营持续费和其他费用。

经营模式型特许经营的使用范围更广，在零售业、快餐业、服务业中尤为突出，其中消费者较为熟悉的麦当劳、肯德基等快餐店和日本的 7-11 便利店都属于这种模式。

中国的特许经营从一开始就是以第二代特许经营即经营模式型特许经营为主，而不像国外从第一代商品商标型特许经营起步，逐步发展到第二代特许经营。这是因为中国的特许经营主要起步于第三产业中的零售业、餐饮业和服务业，相比之下，国外的特许经营一般起步于制造业，而且至今制造业的特许经营仍占有一定比重。

任务二　特许经营体系的可行性分析

【知识目标】　掌握合格特许人所应该具备的条件，熟悉特许经营的可行性分析。

【能力目标】　根据所学知识，培养对特许经营体系进行可行性分析的能力。

【素质目标】　运用特许经营的相关知识分析特许经营体系的可行性和发展前景。

┃ 拓展阅读

鹿角巷奶茶店的类型

鹿角巷奶茶是我国台湾黑糖奶茶的首创者，它将正宗台式的黑糖珍珠鲜奶推向全世界，经过近几年的发展，其门店数量遍布世界各地。自 2017 年 7 月在上海开设首家店铺后，鹿角巷奶茶店在中国大陆地区以其自身优势与特色的黑糖奶茶产品快速"走红"。目前，鹿角巷已经放开特许加盟，并已开设有 100 多家门店。

鹿角巷奶茶店将新茶饮中的"茶"替换掉，用繁复工法熬成的温热正宗台湾黑糖珍珠加上香浓冰凉的纯鲜奶，上冷下热在口中交融成绝妙的口感。这是化繁为简的极致，无论时间、温度、重量、比例，绝不能多任何一克重或少任何一秒钟，近乎强迫症的坚持，这就是鹿角巷特有的坚持。

鹿角巷奶茶店的加盟费用根据店面类型来划分，主要有以下几种。

1. 创业店（10~30平方米）

创业店属于小店面开店形式，相对来说更简单，适合小成本创业者，其投资成本及条件相对较低。鹿角巷奶茶创业店，采用窗口销售形式，无卡座，店面选址比较灵活，对市场要求较低，适合小区及街道，可承接外卖订单等。此类小型店加盟费并不太高，不分地区及区域。

2. 标准店（50~100平方米）

标准店的要求相对来说要高一点，但是成本和市场类的要求处于中等层次。在鹿角巷标准店，可设计少量卡座，有一定的空间可供顾客休息、等候，产品较为丰富，对市场要求中等，要求有固定的人流量，适合设在写字楼较多的区域。标准店提供的产品较创业店丰富，有针对中高端用户的特定饮品。此类加盟店费用需要人工审核。

3. 旗舰店（100平方米以上）

旗舰店是不开放加盟的，以直营为主，其主要功能是打造品牌、维护产品形象、开发新品、收集消费者反馈等。旗舰店为鹿角巷奶茶品质提供坚实的保证。

（资料来源：http://www.dhl-cg.com.）

并非所有的连锁企业都适合进行特许经营，因为管理一套特许经营体系远比管理一家企业更为复杂和艰难。企业在开创特许经营体系之前需要具有完备的条件，只有这样特许经营之路才能走得久远。

一家企业要想发展特许经营，首先要自己创办一两家直营店，在直营店取得成功的基础上总结经验，建立起自己的单店盈利模式和运营模式，并通过独特的单店形象系统在市场上获得一定的有利地位。一个成功的特许经营体系能够让众多的中小型企业在这个大的企业体系下生存发展、分担风险、共享利益。特许经营体系的构建关系到特许经营事业的成败，关系到特许人和受许人的切身利益。因此，特许人在开展特许经营之前，进行可行性分析是非常必要的。

一、特许人应具备的条件

根据《商业特许经营管理条例》的规定，企业必须具备如下条件，才可以合法开展特许经营活动。

1）拥有注册商标、企业标志、专利、专有技术等经营资源的企业，才可以作为特许人从事特许经营活动，其他单位和个人不得作为特许人从事特许经营活动。

2）特许人从事特许经营活动应当拥有至少两个直营店，并且经营时间超过一年。

3）特许人应当拥有成熟的经营模式，并具备为受许人持续提供经营指导、技术支持和业务培训等服务的能力。

4）特许经营的产品或者服务的质量、标准应当符合法律、行政法规和国家有关规定的要求。

5）特许人具有被消费者认可的企业形象，保证向受许人提供代表特许经营体系的经营象征和经营手册，使特许经营体系在统一的形象中运作。

6）特许人应保证拥有长期提供特许经营合同规定物品的供应能力，并具有高效、可靠的物流配送和信息管理系统。

7）特许人所拥有的产品、服务或经营模式具备良好的获利能力，并具有为受许人提供广告策划和促销服务的能力。

8）特许人应具有完整、科学的投资计划和利润模式设计，并具有对整个特许经营系统的运作进行管理和控制的能力。

二、市场运营可行性分析

1．可复制性分析

特许经营是对成功模式的复制，如果企业的经营模式难以复制，就无法成功地进行特许经营。可复制性分析的关键在于分析产品或服务能否标准化、简单化。如果某个项目的成功是依赖于某个关键性技术人员，而这种关键岗位的能力又很难通过短时间的培训获得，此时就形成了复制的瓶颈。例如，多年来，传统中式餐饮的特许经营之路发展得不够顺利，就是因为中餐菜品很大程度上依赖厨师个人的把握。相反，快餐行业容易借助机械设备进行食品制作，对人的依赖性降低，产品容易进行标准化，从而使单店变得容易复制，因此，快餐行业比较适合开展特许经营。

2．可控性分析

特许经营中的受许人属于独立的投资者和经营者，并且加盟分店分布的地理区域又比较分散，因此要开展特许经营，企业总部只有具备较强的可控性，才能保证整个特许经营体系的统一性。特许经营体系的可控性主要来源于较强影响力的品牌、独一无二的核心技术、难以模仿的特色产品和服务，以及奇货可居的原材料供应等方面。现在，随着科学技术的发展，很多特许经营企业也会通过信息技术的运用加强对分店财务和库存的管理，以此提高对加盟店的管控。

3．支持能力分析

支持能力分析主要是分析总部是否具备实际运作和管理特许经营体系的能力，即能否保持自身的营利性发展，履行其对受许人的承诺，如各种支持、新品研发、培训、督导、信息控制、财务管理、市场营销、物流配送等。如果企业总部不能对加盟店的日常经营给予足够的支持，就无法维持长久的特许经营合作关系，也无法获得特许经营的成功。

4．市场定位分析

一个成功的特许经营体系必然有其准确而清晰的市场定位。特许经营企业应从品牌定位、企业定位、产品定位、消费者定位等方面全盘考虑，建立一个定位准确、特色鲜明的特许经营体系，这是吸引受许人加入的重要因素。例如，近几年发展得比较好的茶饮品牌、炸鸡品牌、咖啡品牌等便是得益于其准确的市场定位。此外，特许人还应强化企业独特的获利能力和经营特点，树立起在众多特许经营业务中清晰、明确的形象。

5. 创新能力和发展前景分析

特许经营虽然是复制成功的，但并非刻板的完全复制，而是需要不断创新，持续性地打造企业的核心竞争力，才能保持企业长久生存的生命力。例如，肯德基进入中国市场后在产品上的创新有目共睹，为迎合中国人的饮食习惯，研发出米饭、粥品、卷饼、油条、豆浆等多款新品；在促销宣传上也积极选用年轻人喜爱的明星做代言人。因此，几十年来，肯德基在中国市场上的发展长盛不衰，有着广阔的发展前景。

三、社会效益分析

社会效益分析主要是指特许经营体系对国家政治和社会稳定的影响。例如，特许经营体系对增加社会就业机会、改善地区经济结构、提高地区经济发展水平、改善人民生活质量等是否有积极影响；特许经营体系与当地科技、文化、基础设施发展的水平是否相适应；特许经营体系与当地居民的宗教、民族习惯是否相适应；特许经营体系对合理利用自然资源、保护环境和生态平衡是否有积极影响等。

四、风险分析

特许经营体系的风险主要体现在 3 个阶段：规划设计阶段、招募营建阶段和建成后的维护升级阶段。具体的风险类别主要有以下几种。

1）行业风险。特许经营行业的壁垒大多数不高，而业内竞争却很激烈，会对特许经营体系的成功扩张带来一定的风险，导致受许人招募不理想。

2）市场风险。由于竞争环境和政策法规的经常变化，特许经营体系的市场推广工作有很大的风险性，瞬息万变的市场无法保证受许人招募和加盟店运营一定取得成功。

3）经营风险。特许经营体系的经营要求特许人采用全新和持续发展的特许经营理论和技术，而能否掌握并科学运用这些知识也是经营成败的一个重要风险因素。

4）政策和法律风险。特许经营体系内的企业在迅速发展过程中可能会遇到投资、商标、税收、行业或地区管制、融资等风险，这也是造成特许经营体系难以成功的主要根源。

▌ 拓展阅读

巴比馒头的加盟合作条件

巴比馒头作为早餐行业中的知名品牌，在消费者心目中拥有良好的口碑，在华东、华南地区占有大部分的早餐市场。因此，巴比馒头成为广大消费者的理想创业品牌。

1. 加盟条件

1）有 50 万元以上的投资创业实力，对投资收益和风险有正确的认识。

2）对服务、零售和餐饮行业有所了解，有较强的管理经验，并能全身心投入门店经营。

3）认同公司的经营理念，遵守各项管理规定。

4）遵守国家相关法规，守法经营，具备良好的职业道德。

5）有较好的个人素质，无不良嗜好。

6）通过公司加盟商资质认证。

2．费用标准及投资模式

加盟费用标准如表 2-1 所示，投资模式如表 2-2 所示。

表 2-1　加盟费用标准

费用项目	费用标准/万元	说明
加盟费	1.28	加盟期限 3 年，前 50 家门店给予部分优惠
保证金	3	合同终止时根据特许经营合同相关条款予以退还
装修费	约 6	每平方米约为 2800 元，根据面积大小有所不同；前 50 家门店公司给予 35% 的装修补贴
设备费	5～8	部分设备由加盟商按公司标准自行购买
培训费	0.3	一次性支付
其他	0.5	含开业宣传单、门店员工服装等
总投资额	约 18	不包括首期房租及转让费，根据实际情况有所不同

注：以上数据仅供参考。

表 2-2　投资模式

加盟方式	加盟区域	加盟内容	加盟期限
单店加盟	以指定城市的以指定城市的以指定城市的以指定城市的	在授权地点，加盟商根据公司规定开设并经营一家巴比馒头门店，拥有在授权地点使用"巴比馒头品牌和特许系统"的权利	3 年（合同到期可续约）
加盟模式	加盟须知		
加盟须知	加盟商有合适店面，申请填写《门店评估委托书》，经公司评估是否通过及公司资质认证后单店加盟		
老店升级	现有巴比馒头专卖店硬件符合新模式要求，加盟商通过公司资质认证后，可向相应区域管理部门申请门店升级		

（资料来源：http://www.babifood.com/investment-conditions/.）

任务三　特许经营体系的授权模式

【知识目标】　掌握几种不同的特许经营授权模式的定义、特点和适用范围。

【能力目标】　根据特许经营体系的加盟要求和条件识别企业的加盟授权模式。

【素质目标】　运用特许经营授权模式的相关知识分析企业的发展状况并提出建议。

▌拓展阅读

星巴克在中国的发展战略

1. 特许经营开路

星巴克在全球有 3 种商业组织结构：独资公司、合资公司和特许经营店。由于外商投资的限定，1999 年，星巴克以合资的形式进入中国，在北京开设了在中国的第一家咖啡店，此后一直以特许经营区域授权合作的方式进行经营。2000 年，星巴克开始进入上海，与台湾统一商超成立了上海统一星巴克咖啡有限公司，行使其在上海、杭州和苏州等地区的特许经营权。后来，美心星巴克咖啡餐饮（广东）有限公司获得了星巴克在澳门、广东和海南的特许经营权，北京美大星巴克咖啡有限公司取得了以北京、天津为主的北方地区的特许经营权。

短短几年，中国市场成为星巴克业务的一个亮点，香港星巴克分店开业第一个月就创下了全世界最快的盈利纪录。上海统一星巴克咖啡有限公司的发展堪称奇迹，两年内获得了 3200 万元的利润。

2. 政策放开，回归直营

按照特许经营授权的模式，星巴克总部收取区域加盟商的加盟费后，将星巴克的特许经营权授予区域加盟商使用，总部只能在区域加盟商的营业收入中提取少量固定比例的提成。特许经营可以减缓连锁企业面对陌生市场所面临的竞争压力，快速适应本土环境，借"地主"之力有效了解消费者喜好，加快推广效率。但是，在中国站稳脚跟之后，星巴克接下来所要追求的便是利润最大化。

从 2003 年中国允许外资企业独立开店后，星巴克就不断回购其与中国合资公司的股权，并将星巴克的特许经营门店逐步转为直营店。星巴克总部历时 3 年，在 2006 年年底完成对上海统一星巴克咖啡有限公司、美心星巴克咖啡餐饮（广东）有限公司和北京美大星巴克咖啡有限公司的部分股权回收，增持的股权分别达到 50%、51%和 90%。2017 年 7 月，星巴克以 13 亿美元的价格收购了上海统一星巴克咖啡有限公司剩余的 50%股权，至此，星巴克开启了在中国市场的全面直营之路。有数据显示，在星巴克的业务部门中，直营店的比例达到了 54.9%，而特许经营店所占比例则为 28.8%。截至 2018 年，星巴克的直营店数量在全球达到 13 000 家左右，据其预期，在 5 年之后将达到 16 000 家左右。由此可见，星巴克有着将特许经营权收回，转向直营的趋势。

3. 前景看好，扩张提速

星巴克之所以开始煞费苦心地谋划中国市场，是因为在星巴克看来，中国是仅次于美国的第二大市场。据了解，一家星巴克中国店盈利的时间，相比海外市场已大大缩短，这使星巴克对中国市场充满了信心。近年来，凭借着交易额度的不断增长，星巴克在中国市场开启了强势扩张门店之路。截至2019年，星巴克在中国拥有约4200家门店，预计在2021年可拥有5000家门店。

（资料来源：根据相关资料整理。）

特许经营授权模式是指特许人将特许经营授予受许人的方式，主要分为单店特许授权和区域特许授权。不同授权模式的主要区别在于授权的区域范围、单店数量，以及是否允许再特许等。

一、单店特许授权模式

单店特许授权模式也称单店特许经营，是指特许人与受许人直接签订特许经营合同，特许人将自己成功的单店经营模式许可给某一受许人（称为单店加盟商）来经营，受许人只能开设一家特许经营单店。从严格意义上讲，受许人只在单店的物理空间内享有特许经营权，在单店的物理空间外则不享有这种权利，这就意味着特许人在一家加盟单店的附近可以再授权给新的受许人开店。不过，特许人为了保护受许人利益，避免受许人之间出现恶性竞争，会给予受许人一定的区域保护，如规定围绕单店一定范围内（如方圆3千米内）不再授权新的受许人。

单店特许授权模式适用于在较小的市场区域内发展特许分店。其优点是对受许人的资金实力要求不高，受许人不会在较大的区域内形成区域独占，不会对特许人构成威胁，单店经营业务相对简单、易于管理，也便于招募加盟商。其缺点是特许经营体系发展速度慢，特许人总部对受许人支持管理的投入和成本较大，并且单店特许形式限制了有实力的受许人的加盟。

在具体操作中，单店特许授权模式又可以分为普通单店特许、熟店转让和托管特许3种类型。

1. 普通单店特许

普通单店特许是指特许人授权受许人投资开设一家新的单店，或者在受许人原有门店基础上按照特许人的统一模式和要求改造新的单店，由受许人负责加盟店的日常经营管理。这是最普通和常见的一种单店特许授权模式，适合广大的创业者加盟，也适合一些传统业态的门店进行整体升级，因而具有很大的发展空间。例如，日本的7-11便利店在发展初期，将日本市场上很多小型超市和杂货店改造成自己的加盟店，并由此得到了快速发展。

2. 熟店转让

熟店转让是指特许人将原来属于自己的经营成熟的直营店，整体转让给受许人经营。在中国，熟店转让的经典案例就是肯德基，它实行所谓"不从零开始"的特许经营模式，即将一家正在营业的成熟的肯德基，按照评估价格整体转让给已经通过资格评估的加盟申请人，同时授权其在原餐厅位置使用肯德基品牌继续经营。肯德基的受许人只是接手一家正在营业的餐厅，而不是开设新的肯德基，不需要"从零开始"筹备建店。这样就避免了自行选址、开店、招募及培训新员工等大量工作，从而降低了受许人的风险，提高了加盟成功率。这是现阶段肯德基在中国市场开展特许经营的最佳方式，使其加盟店的成功率接近 100%。

熟店转让可以显著提高受许人的经营成功率，避免因受许人经营不善而给特许经营体系带来的负面影响。但对特许人来说，前期开店的投资和风险较高，要求特许人在单店经营管理上具有极高的能力，当单店无法盈利时，自然也无法进行熟店转让。当然，在熟店转让中，受许人需要投入的资金较多，只有具备较强资金实力的受许人才能接受这种授权模式。

3．托管特许

托管特许是指在特许经营合同的基础上，受许人与特许人签订托管经营管理合同，委托特许人对加盟店进行管理，由特许人派出人员（如店长）负责加盟店的日常经营管理。托管特许是国际酒店业（如如家、锦江之星等经济型酒店）非常流行的一种方式，很多加盟店就是采取了托管特许的方式。在其他行业（如餐饮业），一方面受许人可能不想过多参与加盟店的日常运营，另一方面特许人也想加强对加盟店的管理和控制，因而也会采取托管特许经营的方式。例如，国内的全聚德、谭鱼头、迪欧咖啡等，都采取过托管特许的模式。

托管特许的特点是各受许人之间、受许人与特许人之间的资产都是相互独立的，除主要管理人员外，加盟店中的其他人员由特许人指导受许人招聘，由受许人自行负责管理及负担工资。特许人拥有各加盟店的经营权，但不对加盟店的盈利承诺。各受许人在加盟店中只有建议权、监督权和利益分享权，并需要向特许人支付管理费及其他各项费用。

托管特许的优点是有利于总部对加盟店的运营管理掌控，缺点是受许人没有经营自主权，工作的自主性受到限制，会增加对特许人的经营依赖性。此外，在托管特许经营模式下，特许人需要有很强的管理控制能力、人员开发与培训能力，因而对特许人的要求也非常高。

二、区域特许授权模式

区域特许授权模式是指受许人被许可在一个独占的市场区域内开设并运营多家单店。在区域特许授权模式中，受许人往往也被称为区域受许人（区域加盟商）。相对于单店特许授权模式，区域特许授权的优势在于特许人能够利用区域受许人的资源和能力，获得更加快速的发展，但不利之处在于受许人有可能在较大区域内形成区域独占。因此，区域特许授权对特许人的管理和控制能力提出了巨大挑战。

微课：特许经营的区域授权模式

根据具体授权内容和方式的不同，区域特许授权还可以分为区域开发特许、二级特许、复合特许 3 种授权模式。

1．区域开发特许

区域开发特许是指特许人赋予受许人（区域开发商）在规定区域、规定时间开设规定数量的加盟店的权利。受许人自己直接投资、建立、拥有和经营加盟店，不得将特许权转让给第三方。受许人必须遵守约定的开发计划，并且为获得区域开发权交纳一笔费用。

区域开发特许适用于在一定区域（如一个地区、一个省乃至一个国家）内发展特许经营体系，特许人借助区域开发商的资金、资源和市场开发能力，使企业得到迅速发展。运用这种模式的特许人开拓新市场的前期风险较小。例如，星巴克、必胜客早期进入中国市场时，均采取了区域开发特许模式。但当区域开发商发展到一定规模时，特许人对这些加盟店的控制力就会减弱，容易造成对品牌的威胁，不利于特许人对整体市场进行统一规划和协调。基于此，星巴克和必胜客等在近年都已经调整了其在中国的发展战略，如收回区域经营权及回购加盟店，将其改为直营店。

2. 二级特许

二级特许也称分特许或分区特许，是指特许人赋予受许人在指定区域销售特许权的权利。特许人与受许人（即二级特许人或分特许人）签订授权合同，二级特许人要向特许人支付数目可观的特许费，然后二级特许人就可以在其获得授权的区域范围内扮演特许人的角色，与新的受许人（加盟商）签订特许经营合同。二级特许模式是开展跨国特许的主要方式之一。

二级特许模式的优点是加盟店的扩张速度快，特许人无须对每个受许人进行管理，而是由二级特许人管理区域内的下一级加盟商，并根据当地市场的特点改进特许经营体系。其缺点是特许人把管理权和特许费用的支配权交给了二级特许人，并对二级特许人产生较强依赖性，导致特许经营合同的执行缺乏保证，特许人的收入也因被分流而减少。正是因为以上缺点，二级特许的授权模式现在已经很少被使用。

3. 复合特许

简单地说，复合特许授权模式是区域开发特许与二级特许的复合模式，是指特许人将一定区域内的独占特许权授权给受许人，受许人一方面可以作为区域开发商在该区域内自行投资开设加盟店，另一方面也可以作为二级特许人再次授权给下一级受许人投资和经营加盟店。当复合特许模式的受许人再将特许权转让给下一级受许人时，需要将收取的加盟费和权益金等按照一定比例上交给特许人。例如，日本罗森便利店在放开国内的特许经营市场之后，南京中央商场就获得了罗森在南京地区的复合特许经营权。

复合特许兼有区域开发特许和二级特许的优点，能够借助受许人的资源快速拓展市场，具有一定的灵活性，容易适应当地市场。其缺点是当受许人发展壮大之后，特许人对特许经营体系的掌控难度会加大。

┃拓展阅读

7-11 便利店的特许经营授权模式

7-11 便利店在台湾和香港采取的是复合特许授权模式。在台湾，7-11 便利店的复合特许受许人是台湾的统一超商。从 1978 年开始，统一超商以自营和加盟的方式发展 7-11 便利店。2009 年，统一超商还获得 7-11 便利店在上海的特许经营权。同年，7-11 便利店在上海开业。亚洲著名的零售集团——香港牛奶国际于 1981 年获得 7-11 便利店在香港、澳门的特许经营授权，也同样以自营和加盟的方式进行发展。1992 年，香港牛奶国际获得美国南方公司（7-11 便利店原属公司）的授权，开始在深圳开设 7-11 便利店，1995 年又开始在广州开设 7-11 便利店，2006 年获准在华南地区开展特许经营业务。

其他地区的业务是由日本 7-11 便利店以合资或独资模式运营。

2004 年，由日本 7-11 便利店、北京王府井百货、中国糖业酒类集团公司共同出资的柒-拾壹（北京）有限公司成立，负责北京、天津地区业务。2004 年，北京首家 7-11 便利店东直门店开业。

2010 年，由柒-拾壹（中国）投资有限公司出资的柒-拾壹（成都）有限公司正式获批。2011 年，成都第一家 7-11 便利店正式开业。

2012 年，山东众地集团有限公司与日本 7-11 便利店共同出资成立山东众邸便利生活有限公司。2012 年 11 月，山东首家 7-11 便利店在青岛开业。

2013 年，四川新希望集团、日本三井物产株式会社、日本 Seven&i 集团合资成立新玖商业发展有限公司。2013 年底，重庆首家 7-11 便利店开业。

在全球范围内，7-11 便利店均以提供经营管理方法及品牌授权，收取特许费的方式协助当地特许经营商的发展。

（资料来源：根据相关资料整理。）

项 目 小 结

特许经营是连锁经营的一种高级形式，在当今社会呈现出多行业化、市场化和国际化的发展趋势。然而，并非所有企业都适合开展特许经营，企业在进行特许经营活动之前，需要对自己的企业现状、所属行业、目标市场、经营收益、风险等进行可行性分析。特许经营的授权模式主要有单店特许授权模式和区域特许授权模式两大类，其具体的特许经营方式适用于不同的企业发展阶段和战略目标，并且有着各自的优缺点。企业可以根据自身条件和发展战略选择适合自己发展的特许经营授权模式。

案 例 分 析

格林豪泰过度加盟引"内斗"

安徽省多名格林酒店集团（原格林豪泰酒店管理集团，以下简称格林集团）的加盟商向记者反映，原本口头承诺不会近距离开店的品牌方，却在 3 千米范围内授权、新开了多家店面，食言之举不仅损害原有酒店的利益，还引发加盟店的"内斗"。

根据安徽省宿州市一位格林酒店的加盟商反映，2018 年，距离自家酒店几百米处，品牌方批准增开两家店，一家为青皮树（格林酒店旗下品牌），另一家为格林豪泰酒店。两家酒店还未正式营业，但已引起了该加盟商的担忧。因为新开的酒店的单间客房价位都在每天 200 元以下，属于同一档次。该加盟商强调，当初在洽谈加盟合作时，格林酒店方面曾口头承诺在 3 千米之内不会再开新酒店，所以在得知自家酒店附近将新开酒店消息后，自己也曾与格林酒店有关部门沟通，但最终未能解决。

"原本我开设的酒店所在县城流动人口就有限，加盟 4 年以来，夜出租率和收益率都较低，最后一年的平均房价仅在 110 元/间左右徘徊。如果再开两家格林酒店旗下的酒店，显然将分流客源，造成同业竞争。"上述加盟商称。其他多位安徽加盟商也向记者反映了相似问题，即品牌方相关负责人在承诺不会近距离开店后，又在没有任何沟通的情况下授权新店。并且，类似的事情在其他经济型酒店中也存在，酒店数量过多，超过市场需求，损害加盟商利益。

1. 追根：依赖特许加盟费

根据格林酒店官方网站显示，这家运营十余年的集团在全国 300 多个城市拥有 2900 多家酒店，但由于加盟店比重极高，让该集团被疑为逐利盲目扩张。格林酒店发布的财务数据显示，其收入主要分为 3 部分，即租赁管理（直营）酒店收入、特许管理（加盟）酒店收入和会员费。2018 年三季度财报显示，格林酒店前三季度总收入为 6.951 亿元，其中特许管理加盟店总收入为 4.891 亿元，占总收入的 70%以上。财报还显示，截至 2018 年 9 月 30 日，格林酒店共有 504 家签约或在建酒店，仅三季度就新增 145 家管理加盟店和 1 家直营酒店。

在加盟之初，格林酒店集团总部一次性收取了 3000 元/间的酒店加盟费，以其酒店 69 间房计算，共计 20 余万元。除了加盟费，集团一次性收取加盟商的费用还包括系统安装费、工程指导费、开业前质检、远营指导费和特许保证金，平均每家加盟店收取总计超过 10 万元。开业后每年还需要向集团交纳管理费（营业额的 5%）、系统维护费等，这笔费用也超过 15 万元。如果中途终止合作，加盟前一次性收取的费用集团是不退还的。

2. 隐忧：加盟店矛盾丛生

在不少国内酒店业内人士看来，格林酒店在国内经济型酒店行业的起步并不算早，但后续发展迅猛，甚至有赶超首旅如家、锦江、华住三大酒店集团之势。不过在驶入发展快车道后，格林酒店高比例特许加盟的模式也存在隐忧。目前，首旅如家、华住、锦江加盟占比分别为 69%、77%、81%，与这三大国内连锁酒店集团相比，格林酒店加盟比例则高达 98%。虽然格林酒店净利润不断增长，但与加盟商的矛盾也接连发生。除了近距离开店，该集团还曾被指出现人才不足，集团派遣的店长与加盟商的矛盾也格外突出，甚至有加盟商直接指出"店长水平低下"。特许加盟店对于连锁酒店集团来说是获利的重要途径，可以赚取加盟费、管理费等，但同时要控制好加盟门店比例，掌握好供求关系，管理也要跟上。一旦加盟商利益没有把握好，很可能引发酒店集团和加盟商之间的矛盾。当前经济型酒店已经渗透到四、五线城市，酒店利润比较薄，物业成本又较高，如果格林酒店在开拓市场时降低门槛，为了赚"快钱"而不顾加盟商利益的话，从长远来看最终将损害酒店自身的品牌，引发加盟商的信任危机。

（资料来源：http://www.linkshop.com.cn/web/archives/2019/417299.shtml?sf=wd_search.）

问题：

1）格林酒店加盟店之间的内斗是如何引起的？主要责任者是谁？

2）格林酒店总部在特许经营活动中存在着哪些问题？应如何改进？

自 测 题

一、单项选择题

1. 特许经营活动中最大的风险是（   ）。
   A. 品牌风险　　　　B. 合同风险　　　　C. 经营风险　　　　D. 服务风险

2. （   ）是最受加盟者欢迎的特许经营行业。
   A. 餐饮业　　　　　B. 服务业　　　　　C. 制造业　　　　　D. 教育培训业

3. 单店特许授权模式具有（   ）的特点。
   A. 适于在较小的市场区域内发展特许经营门店
   B. 分店发展速度较慢
   C. 特许人对受许人的管理和控制较强
   D. 以上都是

4. 对区域开发授权模式描述正确的是（   ）。
   A. 对特许人来说，这种模式开拓市场的前期风险较小
   B. 特许人对加盟店的控制力较弱，容易造成对品牌的威胁
   C. 星巴克、必胜客进军中国市场初期就采取了此模式
   D. 以上都是

5. 如今，（   ）经营授权模式已经很少被使用。
   A. 单店特许　　　　B. 二级特许　　　　C. 托管特许　　　　D. 复合特许

6. 在台湾，7-11 便利店的区域受许人是台湾统一超商，以自营和加盟的方式发展 7-11 便利店。由此可见，这种特许经营授权模式属于（   ）。
   A. 单店特许　　　　B. 区域特许　　　　C. 复合特许　　　　D. 二级特许

二、多项选择题

1. 特许经营的可行性分析包括（   ）。
   A. 可复制性分析　　B. 可控性分析　　　C. 风险分析　　　　D. 经营分析

2. 特许经营的类型包括（   ）。
   A. 商品商标型特许经营　　　　　　　　B. 单店型特许经营
   C. 经营模式型特许经营　　　　　　　　D. 区域性特许经营

3. 下列各项属于单店特许授权模式的有（   ）。
   A. 普通单店授权　　B. 熟店转让　　　　C. 托管特许　　　　D. 二级特许

4. 下列各项属于区域特许授权模式的有（   ）。
   A. 托管特许　　　　　　　　　　　　　B. 二级特许
   C. 复合特许　　　　　　　　　　　　　D. 区域开发特许

5．企业发展特许经营时必须具备的条件包括（　　　）。

　　A．具有独立的法人资格

　　B．商标、企业标志、专利、专有技术等经营资源

　　C．拥有至少一家直营店

　　D．具备向受许人提供长期经营指导和服务的能力

6．下列关于托管特许的说法，正确的有（　　　）。

　　A．受许人之间以及受许人与特许人之间的资产都是相互独立的

　　B．特许人拥有各加盟店的经营权

　　C．各受许人只有建议权、监督权和利益分享权

　　D．由特许人支付管理费及各项费用

三、简答题

1．简述特许经营的概念及其要素。

2．为什么要对特许经营体系进行市场运营的可行性分析？

3．特许经营企业的可行性分析有哪些方面？

4．简述单店特许授权模式的特点及分类。

5．简述区域特许授权模式和单店特许授权模式的异同点。

自测题部分
参考答案2

项 目 实 训

以小组为单位调查国内茶饮市场的特许经营情况，根据调查结果总结出茶饮市场的特许加盟中存在哪些陷阱，加盟商应如何规避这些风险。

要求：完成不少于 1500 字的调查分析报告。

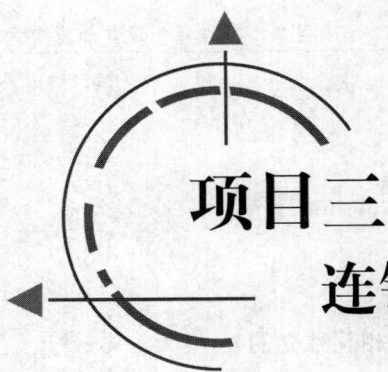

项目三
连锁企业采购管理

项目三课件

案例导入

永辉超市的生鲜采购

永辉超市在配送中心和采购模式上自成一体。其采购文化与同行最大的区别在于强大的"买手"文化，这不同于"坐商"（仅仅在办公室打电话与上游供应商谈判，实现返点和进场费），而是需要真正去研究商品属性、价格和消费者的适配性，向商品源头直接采购，以实现高毛利。

永辉超市采购团队遵循"供应链大公司化，聚焦农业产业化龙头企业"方针，踏遍无数的田间地头，深入一线的规模养殖基地、大型海捕交易码头，从商品品质、商品竞争力、商品食品安全等多维度进行对标，寻找中国最大的生产商、农业产业化龙头企业、种植户、养殖基地。干货采购团队通过"供应商对标"，同层级参考原料采购量及出厂量敲定行业龙头企业；鱼肉采购团队通过"厂家直采""供应商对标"方式采购具有核心竞争力的家禽商品及水产冻品，同时引进行业内比较有实力的进出口贸易商及大厂家，加强企业行业竞争力。

2016年11月，永辉超市生鲜采购团队深入产地源头，挑选商品，审核产地生产商的资质，最终精选了一家最有竞争力的香菇厂家。仅香菇这一种商品，永辉超市2017年元旦档销售量同比增长132.86%。可见，好商品真的"会说话"。

为了满足不同消费层次顾客的需求，永辉超市生鲜采购团队更是走出国门，到美国、澳大利亚、新西兰、智利、泰国、越南，横跨几个洲，踏遍千山万水，不放过任何一个机会；更无畏艰辛，用自己的专业和"匠人"精神，为寻找新鲜、质优、有竞争力、安全放心的商品而不懈努力。为了让生鲜商品变得更鲜活，生鲜采购团队利用微信公众平台同步推送各类商品资讯，将美国车厘子、新奇士橙、新西兰奇异果、秘鲁红提、泰国榴莲、越南百香果等国际商品，通过资讯平台使其生长环境、采摘加工、装箱运输等每个环节都实现透明可视，让商品变得生动鲜活。

（资料来源：http://www.sohu.com/a/200274450_699525.）

任务一 认识商品采购

【知识目标】 掌握商品采购的定义、分类和基本流程。
【能力目标】 培养为连锁企业进行商品选择、挑选供应商、实施购销谈判及供应商管理的能力。
【素质目标】 具备连锁企业采购人员从事采购工作的基本素养和职业能力。

一、商品采购的含义与特征

（一）商品采购的含义

采购是最常见的一种经济活动，一般是指使用货币购买物品，其最终目的是以最低的价格购买到最符合需求的物品。商品采购有广义和狭义之分，广义的商品采购是指企业或个人为了满足某种特定的需求，通过购买、租赁、借贷、交换等途径，取得商品及劳务的使用权或者所有权的活动过程。狭义的商品采购是指使用货币购买所需商品的过程。

随着市场经济的发展，现在采购已经由一种单纯的商业买卖行为发展成为一种可为企业节省成本、获取利润的重要手段。因为，在企业的商品采购环节中每节省1元就能转化成1元的利润。例如，在其他条件不变的情况下，企业的利润率为10%时，要想通过提高销售而增加1元的利润，就需要多销售10元的产品。但是，如果在采购中能够减少1元的成本支出，就相当于为企业赚取了1元的利润。通常，在采购环节节省1元要比多销售10元的产品更容易实现。连锁行业主要分布在流通领域，其经营活动的起点和制约点就是商品采购。因此，采购就必然成为连锁经营管理中最有价值的部分，直接关系到企业的经济效益和社会效益。

（二）连锁企业商品采购的特征

连锁企业商品采购是指企业根据顾客需求提出采购计划、审核计划，选好供应商，经过采购谈判确定价格、交货及相关条件，最终签订合同并按要求收货付款的全过程。连锁企业商品采购的主要特征如下。

1. 实行统一采购制度

统一采购是连锁经营的基本特征，是连锁企业实现规模化经营的关键环节。连锁企业的商品采购权主要集中在总部，由总部设立专门的采购部门或配送中心承担采购任务，各门店一般不承担采购职能。与传统商业采用的分散采购相比，这种采购方式既有利于降低采购成本，又可以规范采购行为和稳定商品质量。实行统一采购制度是现代商业与传统商业在组织化程度上的一种本质区别。

2. 购销业务统分结合

连锁企业的商品主要由总部统一采购，而销售由各门店负责，即实行购销分离制度。总部采购人员的职责不仅仅是将商品采购进来，他们还要对商品销售负责，统一规划促销活动。这就要求采购人员在做出商品采购决定前及时掌握销售动态，真正做到"以销定购"。同时，门店也可在总部授权下对少数具有特殊配送要求的商品进行采购和加工，如生鲜商品中的叶菜、鲜活水产和各类熟食产品等。

3. 采购计划性强

连锁企业采购计划的制订，是建立在对市场状况和供应商情况进行深入调查研究基础之上的，充分体现了消费需求和商品的供应趋势，这也是连锁企业经营战略中的重要内容。因此，连锁企业的商品采购必须制订周密的采购计划，并按严格的程序执行，以体现连锁企业的经营方向和经营方针。

4. 采购批量大

连锁企业由于拥有庞大的销售网络体系，占据众多的零售终端渠道，可以实现大规模的销售业绩。因此，与其他形式的企业相比，连锁企业的商品采购批量特别大。正因为如此，连锁企业在与供应商进行采购谈判时往往处于相对优势地位。连锁企业有条件、有理由在互惠互利的基础上，要求意图合作的供应商以较低的价格提供商品，从而降低连锁企业的采购成本，提高经营效益。

二、连锁企业商品采购的类型

（一）按采购地区分类

1. 国内采购

国内采购是指连锁企业向国内供应商采购所需商品的一种行为。企业的采购市场是在国内而不是国外，但并不意味着所采购的商品一定是本国生产的，也可以是向国外企业设在国内的代理商采购的国外生产的商品，采购过程无须动用外汇。当国内采购与国外采购的商品品质与价格均相同时，由于国内采购安全性强、交易过程简单、售后服务便捷，一般应优先考虑国内采购。

2. 国外采购

国外采购是指连锁企业向国外供应商采购所需商品的一种行为。这种方式一般是直接向国外供应商或代理商进行采购，属于进出口贸易的交易行为。国外采购可以采购到许多新、奇、特及质量上乘的高科技产品，同时可以制衡国内采购的价格。不过，由于文化、语言的差异及时空距离，加之进口手续繁多、交易过程复杂，国外采购效率较低，并且一旦发生交货纠纷，索赔比较困难。因此，国外采购一般用于采购价格比国内低廉或国内无法制造、数量不足的商品。

3. 全球采购

全球采购是指连锁企业利用全世界的资源，在全世界范围内去寻找供应商，寻找质量好、价格合理的产品，以建立本企业商品经营的差异化竞争优势。随着经济全球化的发展，全球采购已经成为大型跨国连锁企业常用的一种采购方式。因为可以在全球配置资源，通过比较成本方式找寻价廉物美的产品，所以全球采购的价格相对较低。但是全球供应商来源广、所处环境复杂，因此需要制定严格标准和条件去挑选和鉴别供应商。此外，由于集中批量采购，涉及的资金比较多，而且跨越国境、手续复杂、环节较多，全球采购存在许多潜在的风险。

拓展阅读

企业进行全球采购的条件

国内企业进入全球采购系统，要做好4个方面的准备。

1）全球采购系统是一种电子商务采购模式，企业要进入全球采购系统，必须熟悉与掌握这一系统。1999年以来，跨国公司陆续把发展物资采购电子商务工作列入企业发展战略目标。通用、福特、戴姆勒-克莱斯勒3家汽车公司宣布要建立全世界最大的汽车专用采购网络市场，将每年2500亿美元的零部件采购移至互联网上进行。

2）国内企业要懂得如何成为合格的供应商。跨国公司对全球采购供应商都有详细的要求和条件。例如，麦德龙跨国连锁集团对其供应商提出了4条基本要求：一是必须拥有完善的供应体系和商品执照；二是商品供应可靠，商品质量有保证，有致力于长期的商务发展的意愿；三是有能力将商品运至指定的商场，并愿意使用指定的物流公司；四是商品规格符合麦德龙公司的要求。

3）要了解跨国公司的采购程序。以美国通用集团为例，它在美国总部设有一个既管采购又管物流的副总裁，下设主管亚太、欧洲、美洲和拉丁美洲4个大区的总部。每个大区按产品分类设采购联合工作组，每个组根据采购金额由不同层次的组织来实施采购。金额小的由每个国家的工厂、公司自己决定，金额稍大的由每个大区的采购组织来实施，采购金额很大的由总部实施。一个大区到另一个大区采购则要通过这个大区的采购组织进行，一般采用网络、电视、视频通话、电话会议等方式寻找大供应商。

4）要了解国际采购通用规则。全世界公认的有四大采购法则，即《联合国国际贸易法委员会公共采购示范法》《世界贸易组织政府采购协议》《欧盟采购指令》《世界银行采购指南》。

（资料来源：根据相关资料整理。）

（二）按采购的组织形式分类

1．集中采购

集中采购又称统一采购，是指由连锁企业总部设立专职采购部门负责完成企业的采购任务，企业采购权集中在总部的一种采购模式。新商品的导入和滞销品的淘汰、价格的制定和调整、促销活动的规划等均由总部决定。门店只负责商品销售，对商品采购无决策权，但可以根据门店销售情况对商品采购提出建议和要求，以供总部采购时参考。集中采购是连锁企业实施规模化经营的基本保证，由于采购决策统一控制，采购的商品比较容易实现标准化。

（1）集中采购的优点

1）大批量集中统一采购可以降低采购成本，提高经济效益。

2）统一采购对应的统一配送有利于降低企业的整体物流成本。

3）可以精简分支机构采购部门的设立，提高总部的采购技能和专业水平。

4）有利于门店集中精力和时间做好销售工作。

（2）集中采购的缺点

1）采购流程长、弹性小，难以适应零星采购、地域采购和紧急商品采购。

2）采购与需求分开，门店与采购部门之间容易产生矛盾。

一般来说，集中采购主要适用于企业规模不大、门店的地理空间位置比较集中及企业商品的需求共性较强的情况。集中采购下连锁企业的组织结构如图 3-1 所示。

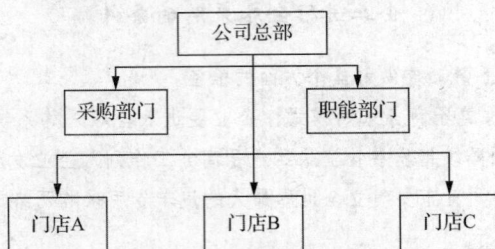

图 3-1　集中采购下连锁企业的组织结构

2．分散采购

分散采购是指由连锁企业的各分支机构或门店在核定的商品资金预算定额内，直接向供应商进行采购，企业将采购权下授的一种采购模式。该模式下，各分支机构或门店自设采购组织，独立组织进货，享有自主采购的权利。分散采购的优点是可以使采购的商品更能符合消费者需求，采购流程短、灵活性强，特别适合连锁企业的零星采购、紧急需求及地域性较强的商品的采购。分散采购的缺点也很明显：①各分支机构或门店自设采购组织，会增加整体采购组织的人员成本；②企业采购管理的难度加大，采购商品的质量控制也更加困难。

分散采购适用于规模较大，各分支机构或门店分布比较分散的企业。并且，若各门店商品的需求共性不是很强，通过集中采购不能取得规模采购优势。分散采购下连锁企业的组织结构如图 3-2 所示。

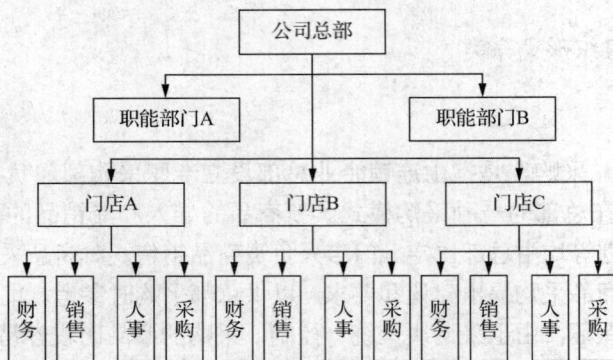

图 3-2　分散采购下连锁企业的组织结构

3．混合采购

混合采购是指将集中采购与分散采购相互结合的一种采购模式。这是当今很多大型连锁企业常用的采购模式，即将需求共性强、采购额较大、重要度与风险性较高的商品集中起来由总部统一采购；而对个性需求、零星需求、一定金额内的临时需求的商品进行分散采购。这样，既充分利用了集中采购与分散采购的优点，又规避了两种采购的缺陷。可以说，混合采购是一种灵活性很高的采购管理方式。混合采购下连锁企业的组织结构如图3-3所示。

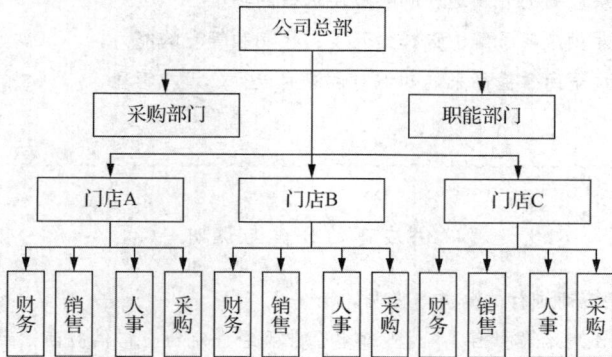

图 3-3 混合采购下连锁企业的组织结构

这种分类方式从性质上决定了采购的审批权限，是连锁企业最常用的 3 种采购模式。3 种采购模式各有利弊，连锁企业可以根据自己的战略规划和经营特点，选择采用不同的采购模式。

三、连锁企业商品采购的流程

采购业务流程是商品采购计划的具体执行程序，也是连锁企业与供应商开展交易活动的规范程序，每一程序包括采购业务中连锁企业与供应商双方的权利与义务。连锁企业商品采购的基本流程如下。

1）确定采购计划。这是商品采购业务流程的起点，确定商品采购计划应着重抓好 4 个方面的工作：采购什么、采购多少、何时采购、何地采购。

2）寻找和选择合适的供应商。连锁企业在选择供应商时要重点调查其在商品数量、质量、价格、信誉等方面是否满足购买需求。

3）交易条件谈判。这是指连锁企业与供应商就交易条件展开协商和谈判，内容包括付款方式及条件、交货期及逾期交货赔偿条件、品质检验标准、不合格品的赔偿条件、数量及数量折扣、保险费支付、商品包装、运输方式及费用支付和售后服务等。

4）签订采购合同。这是指连锁企业和供应商在采购谈判达成一致意见的基础上，双方就交易条件、权利义务关系等签订采购合同，以保证采购活动正常、稳定地进行，用法律手段来保护双方企业的利益。

5）收货、验货和支付货款。当接到供应商的发货通知后，连锁企业要及时通知配送中心或门店做好准备工作，并按照约定的标准和方式进行验收。验收合格后，企业签发收货单，同时通知采购部门和财务部门准备支付货款，当财务部门按照合同约定向供应商支付货款之后，应取得相应的凭证入账。

任务二　供应商的开发、选择和管理

【知识目标】　了解供应商的开发途径和供应商选择的标准。

【能力目标】　培养对供应商了解、选择、开发、控制和管理的能力。

【素质目标】　能够运用所学商品采购知识对供应商进行分级与管理。

▌拓展阅读

供应商的分类与说明

以下是某企业对供应商进行的分类与说明。

1）A 类供应商（战略合作伙伴）：行业知名企业且经评定为合格供应商，经长期多次合作，能够与本企业在发展战略上共同进退的优质供应商。

2）B 类供应商（合格供应商）：与本企业合作过，经评审为合格的供应商。

3）C 类供应商（试用供应商）：经资质审查合格，具备向本企业提供原料、产品或服务的资格，以及尚未合作或首次合作存在问题但不严重，有意再次试用的供应商。

4）D 类供应商（不合格供应商）：经资质审查不合格或评审不合格的供应商。

5）E 类供应商（黑名单供应商）：在采购或合同履约过程中存在违法、违规、严重违约等行为，列入本企业供应商的黑名单且不再合作的供应商。

（资料来源：根据相关资料整理。）

一、供应商的开发

符合经营需求的供应商是企业重要而宝贵的资源之一。连锁企业供应商管理的一个重要任务就是供应商的开发。供应商开发是指企业寻找新的合格供应商的过程。供应商的开发是一项极为重要的工作，同时也是一个庞大、复杂的系统工程，需要企业经营者精心策划、认真组织。企业要想有效地开发供应商，首先就必须扩大供应商的来源，换句话说，就是企业所掌握的供应商信息越多，选择供应商的机会就越大。寻找新供应商的主要途径有以下几种：①国内外采购指南；②国内外产品发布会、展销会；③媒体广告，包括各类传统媒体和新媒体发布的广告；④政府或其他机构组织的各类商品订货会；⑤国内外行业协会、企业协会；⑥专业采购顾问公司，适合于紧缺稀少商品的采购；⑦同行市场调查，即对同行企业进行调查，发现优质供应商的信息来源；⑧供应商自行推荐。

二、供应商的选择

供应商的选择是连锁企业的一个重要决策。在进行了供应商调查、开发与评估的基础上，连锁企业可以从以下几个方面选择符合自身需要的供应商。

（一）供应商选择的标准

1．商品质量

供应商提供的商品的质量要能够满足连锁企业经营的需要。商品质量太差，虽然价格不高，但不能满足目标顾客的需求；商品质量太好，价格也会提高。因此，连锁企业选择的商品质量应该与自身定位和经营目标相匹配。例如，大卖场面对的是价格敏感度高的大众消费者，提供的商品价廉物美即可；但精品超市、高端超市的目标顾客是中高收入的消费群体，他们更注重商品的品质和服务水平，价格并非这类顾客首先考虑的因素，优质优价的商品才更加合适。此外，还必须要求供应商提供的商品质量稳定，以保证经营的稳定性。

2．商品价格

商品的采购价格直接影响到采购成本。采购价格低对于降低连锁企业的经营成本，提高竞争力和增加利润有着明显的作用，但也并非价格越低越好。在采购环节中的低价格是指在其他条件相同的情况下，选择商品价格较低的供应商，如付款方式、账期长短、数量限制等，这些因素会影响企业的资金利用价值和经营水平。

3．交货期与交货准确率

交货期也是选择供应商时所要考虑的因素之一。供应商能否按约定的交货期限和交货条件组织供货，直接影响企业生产和供应活动的连续性。为了应付可能发生的缺货情况，供应商的供货都有一个合理的提前期，而在供应链管理的情况下，这种提前期可以大大缩短。另外，企业还应注意供应商的交货准确率，以减少供应商品的返退率。

4．服务水平

服务水平是衡量供应商标准的一项重要指标。供应商的整体服务主要指标有以下几个方面。

1）培训服务。供应商应对采购者提供相应的培训或讲座。供应商对产品卖前与卖后的培训工作情况，会极大地影响采购方选择供应商的决定。

2）安装服务。例如，家电的免费安装、计算机的装机调试、家具的拼装等。

3）维修及退换货服务。供应商对所售产品一般会在一段时间内提供免费维修或退换货服务。这些服务做得越好，越有利于商品的销售，提高顾客满意度，也有利于企业在为顾客服务时降低经营成本。

5．促销支持

连锁企业在经营中离不开促销活动，而供应商是否支持促销，直接影响着企业促销成本的高低及促销价格的制定。供应商促销支持的方式有很多，如提供促销费用、提供赠品、制作海报、派驻促销人员等。因此，促销时连锁企业所选择的商品，应尽可能得到供应商的强力支持，尤其是畅销的、高回转率的、大品牌的日用消费品。

6．供应商的管理能力与水平

供应商的管理能力与水平是指供应商的资金实力及内部经营管理制度是否先进、规范，具体包括企业的财务状况是否稳定、供应商的货款结算条件有无优势、内部组织与管理是否规范、人员状况是否稳定、履行合同承诺的能力如何等。

（二）选择供应商时应注意的问题

1．企业自行生产还是对外采购

如果是企业采取自行研发生产制作的商品，就不需要对外采购。目前，我国连锁企业经营的商品还是以对外采购的商品居多，但随着自有品牌战略的发展，越来越多的连锁企业通过研发生产自有品牌商品来实现商品的差异化，以提高竞争力和经营效益。自有品牌发展战略是国外很多大型跨国连锁企业的主要竞争战略，欧美有些企业（如英国的玛莎百货、Sainsbury's 等大型连锁零售商）的自有商品已经占到经营商品的绝大部分。

2．供应商选择的数量

选择单一供应商还是选择多家供应商也是企业需要考虑的问题之一。单一供应商是指某类商品集中向一家供应商订购。这种购买方式的优点是供需双方关系密切，购进商品的质量稳定、采购费用低；缺点是无法与其他供应商比较，容易失去质量、价格更为有利的供应商，采购的机动性小。另外，一旦供应商出现问题就会影响企业的生产经营活动。多家供应商是指向多家订购所需要的商品，其优缺点正好与单一供应商相反。

3．采购地点的确定

根据商品采购的地点，采购可以分为本地采购、外地采购、国内采购和国际采购等。选择本地采购或国内采购的供应商，价格可能比较低，而且距离近，可以降低采购周期，有利于实现零库存策略。选择外地采购或国际采购的供应商，可以采购到本地或国内市场上没有或者稀缺的商品，扩大供应来源，提高企业的经营优势，但其采购成本较高，并且新商品在经营中有较大的风险。

4．采取直接采购还是间接采购

如果采购量大或者采购商品对企业生产经营活动的影响重大，则宜采用直接采购的方式，尽可能从厂家或者高级别的经销商处采购，从而避免或减少中间商环节的费用，以降低成本；如果采购量小或者采购商品对企业生产经营活动的影响不大，则可以采用更加灵活便利的间接采购方式。

三、供应商的管理

供应商的管理就是对供应商的了解、选择、开发、使用和控制等综合性的管理工作的总称。管理供应商的目的就是要建立起一个稳定可靠的供应商队伍，为企业的生产经营提供可靠的商品供应。

（一）建立供应商准入制度

供应商准入制度是对供应商的资金实力、技术条件、资信状况、供货能力等资格的规定，一般由采购业务部制定、采购委员会审核、总经理签发后实施。

连锁企业是一个庞大的销售网络系统，是许多产品供应商理想的销售渠道。但是由于受经营面积和品类品种等条件的限制，连锁企业必须对想要进入连锁体系的供应商进行挑选。这就要求连锁企业设立供应商准入制度，从一开始就筛选出合格的供应商，淘汰不合格的供应商，从而节约谈判时间。供应商资格是供应商供货能力的基础，也是供应商履行供货合同的前提保证。这些基本的背景资料需要供应商提供，而连锁企业则通过银行、咨询公司等中介机构加以核实。

（二）建立供应商的评估标准

供应商评价的指标体系是企业对供应商进行综合评价的依据和标准。我们可以根据系统性、科学性、稳定性、灵活性原则建立供应商的评价指标体系。不同行业、企业的产品需求和不同环境下供应商的评价侧重点是不一样的。总体来说，评估标准主要有商品质量、畅销程度、商品价格、配送能力、促销配合、缺货率、退货服务、经营能力等。供应商评估考核表如表 3-1 所示。

表 3-1 供应商评估考核表

项目	评估考核等级			
	A	B	C	D
商品质量	品质佳 （15 分）	品质尚可 （8 分）	品质差 （6 分）	坏品多 （2 分）
畅销程度	非常畅销 （10 分）	畅销 （8 分）	普通 （6 分）	滞销 （2 分）
商品价格	比竞争店优惠 （20 分）	与竞争店相同 （12 分）	略高于竞争店 （8 分）	远高于竞争店 （2 分）
配送能力	准时 （15 分）	偶误 （10 分）	常误 （8 分）	极常误 （2 分）
促销配合	配合极佳 （15 分）	配合佳 （10 分）	配合差 （5 分）	配合极差 （3 分）
缺货率	<2% （15 分）	2%～5% （12 分）	5%～10% （8 分）	>10% （2 分）
退货服务	准时 （10 分）	偶误 （8 分）	常误 （6 分）	极常误 （2 分）
经营能力	潜力极佳 （10 分）	潜力佳 （8 分）	普通 （6 分）	潜力小 （5 分）
得分	110 分	76 分	53 分	20 分

资料来源：肖怡，2008. 零售学[M]. 北京：高等教育出版社.

注：① 对供应商定时评估考核，一般半年或一季度进行一次。

② 得分 80 分以上为 A，60～80 分为 B，50～60 分为 C，50 分以下为 D。A 类供应商应给予表扬和奖励。

（三）供应商的分级与管理

每家连锁企业都有许多供应商，在供应商管理中，必须将企业与这些供应商的关系分为不同的类别，并根据每个供应商对本企业经营影响的大小设定优先次序，区别对待，以便集中精力重点改进并发展重要的供应商。供应商关系的基础是供应商分类，最简单的方法是将他们分为普通供应商和重点供应商，通常可采用 ABC 分类法对供应商进行分类。

A 类供应商占供应商总数的 10%左右，但其供应的商品价值占企业采购商品价值的60%～70%。连锁企业的 A 类供应商一般控制着企业不得不做的商品品牌，其贡献主要在现金流、返利和企业形象上。

B 类供应商占供应商总数的 20%左右，其供应的商品价值占企业采购商品价值的 20%左右。连锁企业的 B 类供应商通常有着较强的合作诚意，是企业可以重点扶持的对象，其拥有商品的销售业绩会随着连锁企业扶持力度的强弱而变化，其贡献是销售利润与通道费并重。

C 类供应商占供应商总数的 60%～70%，但其供应的商品价值仅占企业采购商品价值的10%～20%。连锁企业的 C 类供应商是商品结构的补充性供应商，其贡献主要在通道费和企业形象方面。

ABC 分类法是针对不同的供应商采取不同的管理方法。A 类供应商为企业提供了大部分的商品供应，并且数量少，对其进行重点管理是降低采购成本的主要途径，因而要投入主要精力，进行重点管理。对于 B 类供应商，可以根据其商品的畅销程度及经营水平选择性地予以扶持，谋求企业之间的共进和发展。而对于 C 类供应商，因其所提供的商品比重小、数量多，只做一般管理即可，同时根据其供应的商品和经营状况进行筛选，剔除没有发展前途的供应商，以优化企业的供应商队伍。

任务三　新商品的引进和滞销品的淘汰

【知识目标】　掌握新商品的引进和滞销品的淘汰的含义及工作流程。

【能力目标】　培养选择新商品、发现滞销品和处理滞销品的工作能力。

【素质目标】　能够运用所学知识开展新商品引进和滞销品淘汰方面的工作。

拓展阅读

解决超市滞销商品的 3 种方法

在超市日常经营中，商品滞销一直是困扰经营者、阻碍超市获得收益的主要因素。为了减少滞销发生的概率，减少滞销带来的损失，经营者虽尝试了许多方法，效果却不尽如人意，这是为什么呢？

超市滞销品形成的原因主要有以下几种：①商品有质量问题，顾客购买后退货，造成店铺商品积压，形成滞销；②超市商品补货不及时，延误了最佳的销售时机；③错估商品热销程度，进货量过大；④采购成本过高，使定价高于市场均值而影响了商品的销售；⑤市场供求状况发生变化，以致畅销品成为滞销品；⑥商品陈列不当，导致顾客看不见或者不想购买；⑦发现滞销，但采用的促销方式不对，效果不佳。

应对超市滞销的参考方案如下。

（1）学会数据分析，及时发现滞销

制定超市滞销品的选择标准并进行数据分析。例如，以商品销售排行榜3%为淘汰基准，或以每月销售量未达到50个单位为基准等，及时找出那些周转慢或品质有问题的商品并将其淘汰，降低滞销出现的可能。

（2）查出超市滞销原因，对症下药

超市经营者应了解淘汰商品的真正原因，究竟是商品本身的问题，还是超市陈列的问题，或者是员工工作上的疏漏等，即先弄清楚是哪一种原因造成的，再确认是否淘汰这一品类的商品。

（3）选择滞销品应对方案，使滞销变畅销

超市经营者应根据数据分析列出淘汰品清单，确定淘汰日期和淘汰品的数量，以及确定是否可将滞销品退回供应商。若无法退回给厂商，可通过降价销售，将滞销品廉价卖给顾客。最后，经营者还要做淘汰品记录，整理归档，以避免重新将滞销品引进。

（资料来源：http://blog.linkshop.com.cn/u/baiter2015@163.com/364222.html.）

在市场环境的不断变化下，顾客的消费已悄然发生变化，供应商也不断开发制造各种新商品，旧商品逐渐被淘汰。这些因素要求连锁企业在经营中需要不断地调整商品结构与种类，淘汰过时、无法给企业带来收益的滞销品，引入具有销售潜力、满足顾客需求或能激发潜在需求的新产品。事实证明，只有那些能够根据市场环境变化、灵活调整商品结构的连锁企业才能在激烈的市场竞争中占据优势地位，保持商品的竞争力，从而获得成功。商品开发包括新商品的引进和滞销品的淘汰两种基本手段。

一、新商品的引进

连锁企业经营涉及的新商品并非市场营销学中研究的新产品。后者所指的新产品是指在产品整体概念中任何一部分存在某些创新与调整的产品。对连锁经营行业而言，只要是目前在企业内部尚未陈列或销售的商品，都可称为新商品，即使这种商品在市场上已经出现。这种"新"是相对于门店来说的，而不是整个市场。通过引进新商品，可以改变连锁企业的商品结构，使商品充满活力及新鲜感，创造出独特的经营特色。

事实上，新商品与滞销品在实体上并没有什么大的区别，关键是这种商品是否与连锁企业的经营理念相吻合，是否能给企业带来足够的利润。因此，如何成功开发与引进新商品并成功售卖出去，已经成为连锁企业经营的重要内容之一。

（一）新商品引进的来源

引进新商品的一个重要步骤就是要获取足够多的关于新商品的信息。为此，连锁企业必须拓展多种渠道获取信息。常见的信息获取的途径有以下几种。

1）供应商。供应商本身在开发新商品之前，就做了大量的市场调查，收集了丰富的市场需求变化信息。此外，连锁企业还可以从供应商处获知厂商的新商品推出计划及其他厂商的新商品计划等。

2）门市销售人员。由于门市销售人员在工作过程中与顾客接触密切，可以直接了解顾客所希望的商品倾向、感觉和价格水平。通过对这些信息的分析，形成对未来引进的新商品的初步看法。

3）竞争者。实地调查竞争者店铺的商品陈列情况，可以把握竞争者的商品类别及商品调整的动态，还可以对市场上的时尚潮流商品有深入的了解。

4）专业报纸、杂志和消费网站。《时尚芭莎》《瑞丽服饰美容》《精品购物指南》等，这些媒体经常介绍市场上新商品的开发和流行趋势，也有市场营销专家对市场、商品信息的独到见解，对连锁企业开发新商品起着指导作用。

5）消费者。消费者是连锁企业的服务对象，是各类商品的最终使用者。消费者对商品的喜好及消费习惯直接影响着商品在市场上的流通情况。因此，从消费者处可以获取很重要的商品需求信息。

（二）引进新商品的注意事项

连锁企业对新商品的引进还需注意以下几点。

1）在市场上受到欢迎或者在竞争者门店内畅销的商品并不一定适合本企业，甚至可能会破坏现有的经营特色。

2）新商品的引进具有较大的风险性，必须经过详尽的分析与销售规划，并进行试销及成果检验，方可确认该商品的引进是否成功。

微课：新商品的引进
和滞销品的淘汰

3）引进商品时除了考虑新商品在市场上的销售情况，还需考虑商场空间、陈列展示的安排、新商品推荐告知、库存等方面的情况。

（三）引进新商品的程序

1）制订年度开发计划。根据消费者需求的变化和市场上新商品的开发情况，对企业预期引进的新商品的品类及商品群列入年度开发计划。

2）新商品初评。根据新商品的进价、毛利率、进退货条件、广告宣传、赞助条件等进行初评，以确定是否引进。

3）新商品复评。根据采购部门的初评结果对新商品做进一步评定与筛选。

4）新商品试销。为避免贸然引进新商品带来的风险，可在不同商圈选择几个有代表性的连锁店铺进行试销，根据试销结果决定是否全面推广。

5）更新商品陈列表。新商品试销成功后，即可对原商品配置表进行调整和修改，同时还要更改各门店的商品陈列，确保新商品的陈列位置与货架摆放有利于销售。

6）新商品全面引进。连锁企业总部将新的商品配置表下发到各门店，各门店按计划安排新商品上架，开始销售。

7）跟踪管理。企业根据新商品的销售情况及时调整营销策略，经过一段时间的销售和策略调整，就可以大致判断该新商品的引进是否成功。销售业绩优良的新商品可扩大销售，业绩不佳的新商品可减少销售，甚至淘汰该类商品。

二、滞销品的淘汰

（一）滞销品的概念和类型

滞销品是指卖不出去或者在某一时段卖不出去的产品。滞销品与畅销品是相对而言的，随着商品生命周期日益缩短和消费需求变化的不断加快，大多数商品经过一定时期销售后会由畅销品转化为滞销品。滞销品占据资金和空间，使新商品无法引进、畅销品无法扩大，降低了商品周转速度，严重影响连锁企业经济效益。因此，及时引进畅销品，淘汰滞销品是连锁企业采购的重要任务。

在连锁经营中，滞销品主要有以下 4 种类型：①厂商已推出新的替代品且厂商也将停止生产的商品；②季节性商品因过季或流行商品因流行期已过而销售不佳的商品；③因商品质量、价格或实用性等销售不佳的商品；④连锁企业经营管理不当而销售不佳的商品。

（二）滞销品的成因和选择标准

1．滞销品的成因

1）商品因素，主要由商品本身因素所致，如商品质量问题导致的退货积压、价格过高导致销售不畅、商品实用性差导致滞销等。

2）市场因素，主要由对市场的把握、判断不准确所致，如不适应季节变化而过季、不满足消费需求的变化、有违当地的风俗习惯等。

3）企业因素，主要由经营管理不当所致，如贪图厂商折扣而大量进货、供货不及时而延误销售时机、商品陈列不当、库存管理有误或促销不力等造成的滞销品增加。

2．滞销品的选择标准

（1）商品质量

因质量问题严重影响到商品的销售、售后服务、企业良好形象塑造的商品或者已经被技术监督部门或卫生检查部门宣布为不合格商品的，直接将其淘汰。

（2）销售额排行榜

根据企业销售时点管理信息系统（point of sale，POS）提供的销售信息资料，挑选若干排名末位的商品作为淘汰对象，可以按照销售排行最后的商品数量或百分比为基准（如排名最末的 100 种商品或销售排行倒数 5%的商品），淘汰商品的数量大体上与引入的新商品数量相当。同时还要考虑两个因素：一是排行靠后的商品是否为了保证商品的齐全性才采购进场的；二是排行靠后的商品是否因陈列不当、门店管理有误等原因所致。如果是这两类原因所造成的滞销，对其淘汰应持谨慎态度。

（3）最低销售量或最低销售额

对于那些单价低、体积大的商品，可规定一个最低销售量或最低销售额，达不到这一标准的，列入淘汰商品，否则会占用大量宝贵的货架空间，影响整个店铺的销售。当然，按该标准实施时，也应该注意这些商品的销售不佳是否与其布局陈列位置不当有关。

（三）滞销品淘汰的程序

对于滞销品，必须采取果断的处理措施，绝不能拖延。因为滞销品不但不能带来利润，而且消耗成本，拖得越久，成本相应越高。为了使滞销品的淘汰工作正常、有序地进行，滞销品淘汰应按一定程序开展。

1. 选择滞销商品

连锁企业应首先对企业的销售数据进行分析，根据滞销品的选择标准确定滞销品的品种，将那些品质不良、销售不佳、周转慢的商品找出来。

2. 确认滞销原因

采购部门应仔细分析研究拟淘汰商品滞销的真正原因，看究竟是商品本身的因素（如品质不好、款式色彩过时和实用性差），还是市场因素（如市场供求关系或消费者需求发生改变），或者是经营管理方面的因素（如缺货未补、订货不准确、商品陈列错误等），然后确认是否淘汰。

3. 列出滞销商品清单和数量金额

根据以上数据列出滞销商品的清单，交由采购部主管确认、审核与批准。确定应淘汰的商品后，采购部应彻底清查配送中心和各门店所有滞销品的库存数量及金额，以便于处理和了解处理后的损失大小，保证企业整体利益。

4. 确定商品淘汰日期

与供应商及相关部门协调之后，总部确定商品淘汰的日期。在淘汰之前要向门店告知滞销品的内容及淘汰作业的程序，使所有门店统一将淘汰商品撤出货架，等待处理。尽量做好供应商的工作，使供应商配合做好滞销品的淘汰。

5. 处理淘汰的滞销品

滞销品的淘汰处理主要有两种方式。一是退货处理，即通知供应商尽快取回退货。在退货之前要到财务部查询被淘汰商品的供应商是否有尚未支付的货款，如有，则做淘汰商品抵扣货款的会计处理，并将滞销商品退还给供应商。二是门店处理，即将处理方式明确通知门店，在门店进行处理，直到处理完毕为止。

6. 跟踪管理

滞销品淘汰之后，还要做好淘汰商品的记录、汇总与存档工作，以便查询，避免因年久或人事变动等因素，重新将淘汰商品再次引进，造成不必要的损失。

（四）滞销品淘汰的核心

一直以来，滞销品的退货处理都是商品淘汰的核心问题。

传统的退货处理方式主要有两种方式：一是总部集中退货方式，即将各门店所有库存的淘汰商品集中于配送中心，连同配送中心库存淘汰商品一并退给供应商；二是门店分散退货方式，即各门店和配送中心各自将自己的库存淘汰商品统计、撤架、集中，在总部统一安排下，由供应商直接到各门店和配送中心取回退货。传统退货处理方式是一种实际退货方式，其主要缺陷是连锁企业和供应商需要支付大量的物流成本。

为了降低退货过程中的无效物流成本，目前连锁企业通常采取非实际退货方式（即并没有实际将货退还给供应商）。具体的做法是在淘汰商品确定后，立即与供应商进行谈判，争取达成一份非实际退货处理的协议，将淘汰商品按以下两种方式进行退货处理：①将该商品做一次性削价处理；②将该商品作为特别促销商品。这种新型的现代退货处理方式可以大幅度降低退货的物流成本，并且更大地丰富连锁企业促销活动的内容。但是，在非实际退货方式的运作中需要注意以下几点。

1）只有当淘汰商品削价处理或特别促销的损失小于实际退货的物流成本时才适合采取非实际退货方式。

2）在签订非实际退货方式的退货处理协议中，要合理确定连锁企业和供应商对价格损失的分摊比例，不能过分压榨供应商利润而导致矛盾激化，损害连锁企业的良好声誉和形象。

3）对于那些消费者购买时对其保质期高度敏感的商品（如奶制品、生鲜商品等），连锁企业与供应商可事先参照淘汰商品（虽然该商品本身不属于淘汰商品）的非实际退货处理方式，签订一份长期退货处理协议，把即将到达保质期的库存商品的削价处理或特别促销处理办法纳入程序化管理中，减少后期的谈判成本。

项 目 小 结

采购是连锁企业全部经营活动的起点。本项目阐述了商品采购的类型、组织形式及商品采购的基本流程，简要介绍了供应商的开发途径、供应商选择的标准及供应商管理的内容。采购活动中还包括新商品的引进和滞销品的淘汰，连锁企业通过商品的开发与淘汰不断实现经营的良性循环与活力，保持并增强企业商品结构与组合的竞争力，从而使企业经营获得成功。

案 例 分 析

山姆会员店商品采购哲学：精选单品，大批量采购

山姆会员店是沃尔玛旗下的高端会员制商店，为会员提供精选的鲜食、干货、日用品、

家电、数码产品、母婴、美妆和名酒等几千种进口超值名牌商品。在山姆会员店首席运营官文安德看来，会员店跟其他零售商最大的不同在于商品，只要为会员挑选好了对的商品，单品的采销量就都能够做大，在向供应商采购时能够获得更好的价格与商品品质上的优势，从而给会员更好的价值。文安德说："在山姆会员店，给会员更多的选择并不一定就是最好的事情，我们不会销售不符合会员需求的商品。因此我们需要从全世界搜罗那20%真正符合会员需求的优质商品，并能够持续在这些精简后的商品上提供始终如一的品质保障，这是山姆的战略所在。"

这种战略已经伴随着中国山姆会员店走过了20多年，令目前的全国24家山姆会员店拥有着将近200万的忠实会员，其个人会员以每年超过两位数的比例快速地增长。

1. 山姆会员店凭借沃尔玛采购体系搜罗全球最佳产品

山姆会员店充分利用沃尔玛全球的采购资源，为中国会员搜罗全球畅销的好商品。例如，山姆会员店自有品牌"会员优品"的坚果是通过沃尔玛全球采购的资源共享，引入来自全球最佳产地的精品。在一罐混合坚果中，扁桃仁产自美国，榛子产自土耳其，它们在意大利经过挑选、分级、封装后，运到中国。同样的商品还有"会员优品"的三文鱼，来自全球三文鱼最佳产区智利或挪威，经过专业工厂严格依照统一的高标准进行分割、去骨、去皮等 13 道工序，包装后放上货架，烹饪前无须会员额外处理，方便且节省时间，使这一产品成为自有品牌畅销商品的前三名。正是这种全球采购的优势，使山姆会员店得以实现对产地、供应商、品质、价格等要素的严格筛选，从而保障会员的利益。

2. 适应会员新变化

要满足会员不断变化的新需求，山姆会员店的资深买手们还要勇于尝试引入新商品。山姆会员店热销的智能钢琴充分说明了这一点。这款智能钢琴可以按照平板电脑提前设置好的旋律进行演奏，初学者可以轻松地随着平板电脑的演示进行练习。智能钢琴的售价是 3950元/台，自引入山姆会员店以来，备受家庭会员的青睐，平均一周能售出 50 台。还有一款家用豆类榨油机，一周也卖掉了 200 台。像这样在普通大卖场比较少见的新奇产品，第一时间都可以在山姆会员店找到。山姆的进货体系可以让人们接触到一些新鲜东西，这就带来新的销售机会。山姆会员店高端会员的生活品位、需求非常相近，并且与国际接轨。有的时候会听到一些会员说："我在国外度假的时候品尝的好商品，现在终于也能在中国的山姆会员店找到了。"为了适应会员的这种变化，山姆会员店将持续引入一些品质一流的商品来满足会员的需求。

3. 改变，让会员价值最大化

如何为付费会员创造更大的价值是山姆会员店经营者时常思考的问题。山姆会员店的纪律是对商品品质进行严格的控制，同时有效控制成本，保证会员价值最大化。这并非简单地说商品价格有多便宜，而是要给会员一流的商品品质，来自最好的地方，带给会员与这个品质相等的价值。

为了实现会员价值的最大化，山姆会员店不断升级自有品牌"会员优品"的商品品质。

以一款"会员优品"新疆红枣为例，首先，山姆会员店考察供应商资质，要求供应商必须拥有自营农场，更有效地保证监控种植流程和后期检测。其次，山姆会员店采购人员必须亲赴农场进行检验，通过种种审核后方可成为山姆会员店的供应商，进入山姆采购体系的供应商仍然要每年接受复审，以及第三方审核。最后，在产品品质上更是要精益求精，每个红枣的净重，不得低于9克，可食用率不低于90%。

在产品包装上，山姆会员店也进行了一些更贴近会员的改变。在坚持商品采用预包装、大包装的基础上，山姆会员店进一步引入可透视、可重复封装的包装袋，在进口商品正反面同时加印中英文说明。这些简单但实用的改变会让会员更方便地了解商品，更好地保存商品。

山姆会员店对所有的生鲜商品，包括肉类、水果、蔬菜等全面实行预包装。以肉类产品为例，山姆会员店选择对品质有着同样高要求的供应商。在产品进店前，供应商就已完成一些基本的工作，包括清洁、去掉不必要的部位、称重、预包装等工序。产品进店后，山姆会员店的员工只需按照统一的标准对产品进行切割、再包装、上架销售，这样做的好处不仅可以保持统一、一贯的高标准，省去会员排队称重的麻烦，同时也可以节省商场人力成本，降低运营成本。

4. 采用先进设备确保商品品质

山姆会员店还从美国引入了后补式冷库，为冷藏、冷冻食品的日常运营提供一个能同时陈列、冷冻及冷藏货物的现代化制冷设备。与传统冷柜陈列需要走到后仓把货物搬运出来再上架的传统做法相比，后补式冷库前台是陈列货柜，后台是冷冻仓库，合二为一，补货时可以直接在冷库内操作。冷库与货架直接相连，真正做到全程冷链过程无缝对接，从而使得冷藏、冷冻食品不易受污染，最大限度地保障商品新鲜度和品质。同时，由于减少了搬运次数，节约了工作人员取货的时间，自然提升了山姆会员店的运营效率。

总之，山姆会员店的业务模式就是让一切变得简单。

（资料来源：http://www.linkshop.com.cn/web/archives/2015/314341.shtml.）

问题：
1）举例说明山姆会员店是如何选择商品的供应商的。
2）山姆会员店为什么在采购中要实行"精选单品，大批量采购"的经营战略？
3）山姆会员店的目标客群是谁？他们有着什么样的共性特点？

自　测　题

一、单项选择题

1.（　　）比较适用于规模较大、各需求单位地理分布比较分散的企业的采购。
　　A．混合采购　　　　B．分散采购　　　　C．集中采购　　　　D．联合采购
2. 采用ABC分类法对供应商进行分类时，A类供应商占总供应商数量的（　　）左右。
　　A．10%　　　　　　B．20%　　　　　　C．30%　　　　　　D．40%

3. （　　）是指由一个部门统一组织本部门、本系统采购活动的采购实施模式。

  A. 混合采购   B. 分散采购

  C. 集中采购   D. 联合采购

4. 大量采购或者所需物品对企业生产经营影响重大，则宜采用（　　）。

  A. 集中采购   B. 分散采购

  C. 外地采购   D. 本地采购

5. 连锁经营中的新商品是相对于（　　）而言的，而不是整个市场。

  A. 厂商推出新替代品后的原商品   B. 连锁门店

  C. 竞争对手   D. 目标顾客

6. （　　）不属于滞销品。

  A. 厂商推出新的替代品   B. 过季的商品

  C. 因流行期已过而销售不佳的商品   D. 促销不力的商品

7. （　　）是对供应商的资金实力、技术条件、资信状况、供应能力等资格的规定。

  A. 供应商选择   B. 供应商分级

  C. 供应商准入制度   D. 供应商评估

8. （　　）通常有着较强的合作诚意，其商品的销售随着连锁企业扶持力度的强弱而变化。

  A. A 类供应商   B. B 类供应商   C. C 类供应商   D. D 类供应商

9. 滞销品淘汰的核心是（　　）。

  A. 退货处理   B. 促销活动   C. 降价策略   D. 商品陈列

10. 非实际退货方式的最大好处是（　　）。

  A. 有利于促销   B. 提高企业形象

  C. 提高企业利润   D. 减少物流成本

二、多项选择题

1. 连锁经营中涉及的新商品是指（　　）。

  A. 本企业尚未销售的商品   B. 市场上新开发的商品

  C. 市场营销学研究的新商品   D. 本地尚未销售的商品

2. 连锁企业新商品引进的来源有（　　）。

  A. 厂商及供应商   B. 销售人员   C. 竞争企业   D. 消费者

3. 连锁企业滞销品的成因归纳起来有（　　）。

  A. 顾客因素   B. 企业因素   C. 商品因素   D. 市场因素

4. 滞销品淘汰的依据和标准主要有（　　）。

  A. 供应商   B. 销售排行榜

  C. 商品质量   D. 商品毛利率

5. 连锁企业商品采购的特征有（　　）。

  A. 统一采购   B. 购销业务统分结合

  C. 计划性强   D. 采购批量大

三、简答题

1. 连锁企业的商品采购有什么特征？
2. 举例说明连锁企业商品采购的 3 种类型。
3. 简述连锁企业选择供应商的标准。
4. 新商品引进的程序有哪些？
5. 连锁企业滞销商品的成因有哪些？
6. 简述实际退货方式和非实际退货方式的适用条件。

自测题部分
参考答案 3

━━━━━━━━━━ 项 目 实 训 ━━━━━━━━━━

　　选择本地一家或数家连锁企业门店，调查某类商品的产地和供应商来源，并分析这些企业的商品定位和目标消费群。

项目四
连锁企业物流管理

项目四课件

苏宁物流春节期间不打烊

苏宁秒达是苏宁物流推出的即时配送服务，消费者可享受3千米内最快30分钟送达的即时配送服务。虽然各快递公司表示在春节期间会进入"春节模式"，但是苏宁物流表示，春节期间不放假、不涨价，并且消费者仍可享受苏宁秒达的极速配送。

此外，苏宁冷链生鲜配送一样不打烊，苏宁物流全国45个冷链仓，全力备战春节，牛羊肉、海鲜水产秒送到年夜饭的餐桌上。

1. 苏宁小店＋苏宁秒达，零售与物流服务深度融合

苏宁物流春节不打烊活动已经持续7年，早已经成为苏宁物流的常规服务。而且在2019年春节期间，也有苏宁秒达提供的送货上门服务，消费者只需在苏宁小店线上下单，或者选择就近门店挑选后，就能坐在家里等待商品由苏宁秒达骑手送货上门。这也意味着在2019年春节期间，全国有超70座城市、20 000个社区、6000万用户和15 000个社群享到苏宁秒达最快30分钟送货到家的服务。

苏宁秒达在春节期间为消费者带来暖心服务，离不开苏宁智慧零售在深入社区"最后一公里"布局的苏宁小店。把传统便利店与App结合起来的苏宁小店，围绕在消费者身边3千米范围内，满足消费者对购物、餐饮、闪送等生活购物和日常服务的需求，也是消费者近距离感受苏宁智慧零售"场景互联"的地点。而苏宁秒达与苏宁小店相结合，达成了零售与物流服务的深度融合，遍布全国的苏宁小店让苏宁秒达拥有了场景优势，也让用户深切体会到智慧零售带来的快捷与便利。

2. 强大的基础设施为春节物流保驾护航

自2017年苏宁明确提出"智慧零售"后，满足消费者在任何时间、任何地点、任何服务的需求成为苏宁服务消费者的一个目标。物流服务作为零售线上线下融合的重要部分，苏宁投入了巨大的精力。其实，在此之前，苏宁已经苦心孤诣打造了强大的物流基础设施。近几年，苏宁又不断完善仓储网络、骨干网络、末端网络。据统计，截至2018年11月底，苏宁物流与天天快递的仓储及相关配套总面积达到870万平方米，这为苏宁物流在春节期间不停运、不涨价打下了坚实的基础。

（资料来源：http://www.linkshop.com.cn/web/archives/2019/418587.shtml?sf=wd_search.）

任务一　认识连锁物流

【知识目标】　理解连锁物流的含义和作用；掌握连锁物流的职能。

【能力目标】　培养物流信息采集和处理的工作能力，以及物流流程的设计能力。

【素质目标】　能够运用物流管理的知识分析连锁企业的物流活动。

一、连锁物流的含义、作用及特点

（一）连锁物流的含义

物流是物资商品流通的简称，是物质资料从供应方向接收方的实体移动中创造时间价值、空间价值和一定加工价值的经济活动。物流最早起源于美国，是现代社会的基本经济活动之一，被喻为"第三利润源泉"。物流的基本理念包含如下内容：首先，物流是制造商的产品工艺流程通过物料采购和实物分配这两个功能性活动分别向其供应商和客户的纵向延伸所构造的一体化供应链；其次，物流管理的核心是在供应链中流动的存货；最后，物流系统的功能目标是满足客户需求。

连锁物流是物流管理和连锁经营的结合，是指以连锁总部的采购部门或配送中心为主体，承担商品的储存、加工和配送等活动，以及伴随产生的信息的收集、处理、传递和利用的过程。其主要由采购、运输、储存、包装、流通加工、装卸搬运、配送和信息处理等环节构成，是与商流、信息流和现金流并列的四大连锁经营机能之一。

在连锁经营中，物流系统主要起到商品集散及带动商流、信息流、现金流三流运转的作用，它通过商品的集中采购、集中储备和统一配送，实现配送集约化，降低物流成本，成为连锁经营市场供应的保障系统，也是连锁企业运作的基础。

（二）连锁物流的作用

从不断发展的流通领域来看，商流、物流、信息流已经成为企业物流既独立又有联系的三大组成部分。连锁经营中物流系统主要起到商品集散及带动商流、信息流、现金流三流运转的作用。它通过商品的集中采购、集中储备和统一配送已经成为连锁经营市场供应的保障系统，也是连锁企业运作的基础。

为了加强连锁企业的核心竞争力，连锁企业应针对连锁物流展开专业管理，建立配送中心对采购、储存、运输和信息等进行统一管理，这对连锁企业降低成本、提高效率、更好地满足客户的需要有着极其重要的作用。连锁物流的作用主要体现在以下 4 个方面。

1. 降低经营成本，提高市场竞争力

连锁企业通过集中采购、储存、配送和运输等方面的有效管理，实行大批量的进货，从而取得购买价格的优惠和节约进货成本，使商品在价格上具有竞争优势。

2. 商品配送集约化，加速资金运转，降低物流成本

没有物流配送中心，各供应商须分别对各个门店单独供货，次数繁多（图4-1）；有了配送中心，供应商只需对配送中心一家集中供货，由配送中心分别对各连锁门店供货（图4-2）。通过配送中心准确、及时的配送服务，各连锁门店就无须建立自己的库存或只需要保持少量的安全储备，从而解放出大量的资金，改善企业的经营状况。此外，由于运输是将各个连锁门店的小批量商品集中起来进行送货，在货源上集零为整，扩大运输批量，提高运输工具的运载率，使商品的运输以最经济的方式组织和进行，节约流通费用。

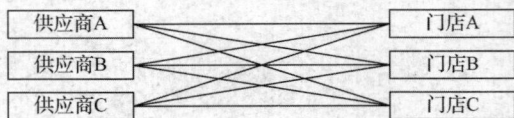

图 4-1　无物流中心的配送

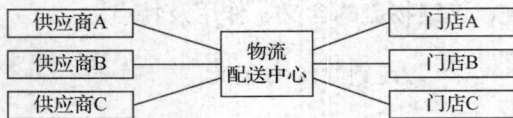

图 4-2　有物流中心的配送

3. 减少门店物流操作，提高门店的销售水平

连锁企业对物流实行专业管理之后，商品入库、加工、包装、配送等环节都放到了配送中心，而连锁门店只要接货、验货之后，就可以直接上架销售了。这样，门店的物流操作大大减少，使店的经营管理者能够更加专注于商品的销售管理，从而提高门店的经营水平和经济效益。

4. 提供优质服务，满足多样化需求

连锁企业对物流实行专业管理，不但能够降低经营成本，而且能够通过先进的物流信息系统和物流技术，将客户所需的商品及时有效地传送到各个门店，并根据客户的需求迅速调整货源，以满足客户的多样化需求，促进门店的销售和服务水平的提高。

（三）连锁物流的特点

与工业及其他领域的物流配送相比，连锁物流主要有以下几个特点。

1）变价快，即商品的进货价格变动快。连锁企业经营的商品通常会随着市场供需的变化经常性变化，同时生产商或零售商的频繁促销也会引起价格的经常变动。

2）订单频繁。连锁企业的门店数量越多，配送中心的订单量越大、订单越高；商品的保鲜要求越高，送货的次数也就越多。例如，小型便利店里的生鲜商品有时一天需要送货两次。

3）需要拆零。根据连锁门店规模的大小和商品特征，有些连锁企业在物流配送过程中需要根据店铺的订货量拆零和分拣，配货的要求比较高。

4）保质期要求高。连锁企业不同品类的商品，特别是消费品有不同的保质期要求，因此需要有针对性地进行保质期管理，以保证商品的新鲜和品质。

拓展阅读

流通加工与生产制造的区别

1）加工的对象不同。流通加工的加工对象是进入流通领域的商品；生产制造的加工对象不是最终商品，而是原材料、零配件、半成品。

2）加工的程度不同。流通加工大都为简单加工，是生产加工的一种辅助和补充；而生产制造则较为复杂。

3）加工的目的不同。生产制造的目的是创造价值和使用价值；流通加工的目的是完善商品的使用价值，并在对原商品不作大的改动的情况下提高其价值。

4）组织加工者不同。流通加工的组织者是从事流通工作的商业企业或物流企业，而生产制造的组织者则是生产企业。

（资料来源：根据相关资料整理。）

二、连锁物流的职能

（一）采购职能

统一采购是连锁企业的重要特征之一。采购功能是由企业的物流配送中心来完成的。为满足各分店多品种、少批量和顾客不断变化的消费需求，物流配送中心首先从众多的供应商那里选择优质低价的商品进行采购，配备齐全企业所需的各类商品。采购职能是连锁物流的首要职能。

（二）运输职能

运输在物流活动中占有很重要的地位，它在很大程度上影响着物流的效率。运输管理就是充分有效地运用各种运输工具的运输能力，以最少的人、财、物消耗，及时、迅速、保质保量并安全地完成运输任务。其要求是选择最好的运输方式、确定合理的运输量、规划合理的运输路线等；其目标是安全、迅速、准时、价廉。例如，连锁店在大量进货时可考虑采用火车运输、船舶运输，而在配送中心往往以公路汽车运输为主。由于中、小批量商品近距离汽车运输的运费便宜，连锁店货物在配送中心到各分店之间的移动一般由汽车运输来完成。

（三）储存与保管职能

连锁物流中的保管是指连锁企业在一定时期内对货物进行储存，并按一定要求对其数量、质量进行管理和提供相应的物流服务。在连锁经营活动中，储存和保管的主要功能如下。

1）调节功能。在连锁物流中，运输承担着改变货物空间的重任，而物流的另一个重任（即改变货物的时间状态）是由保管来承担的。连锁企业通过货物保管可以调节生产和消费在时间上的矛盾，实现商品的供需平衡。

2）保障功能。连锁经营的连续性要求物流系统能按生产或消费的需求连续供应所需的货物。但由于受到需求、自然和市场等因素的影响，以及企业管理水平的限制，连锁企业目前还不可能完全做到"零库存"。这就需要连锁企业保持一定的商品库存，以保证其生产经营过程的连续性。

3）时间价值功能。同类商品由于时间状态的不同，其时间价值的实现程度也会有所不同。储存保管不仅可以解决商品生产与消费在时间上的矛盾，以保证供应、满足需求，还能使商品价值得以提升。

4）服务功能。近年来，随着连锁企业把握未来需求能力的增强，连锁经营仓库已逐渐从储存型仓库向流通型仓库转变。流通型仓库已成为各种物流活动的服务据点，即将所购买的商品在仓库中暂时保管，备齐各种商品后，进行定价、包装或简单加工，然后运往各个连锁门店，使物流速度加快，保管成本下降。流通型仓库的特点是商品的保管期较短，商品的出库、入库多，成为物流据点并承担流通服务职能。

（四）包装职能

在物流领域，包装的主要目的是保护商品、区分商品和实现装卸的单品化。包装材料主要的要求是廉价、加工性好、能承受冲击。现代物流的包装一般由包装机械来完成，这样既省力又提高了速度。包装使商品在运输的时候不至于太分散，能够按照一定的单位整合，是现代意义上物流对包装的一项基本要求。单位计量上最具有代表性的包装形式是托盘、集装箱等。商品经过单位化后既可以使一次包装的数量增大，又便于利用各种包装机械，降低破损率，便于搬运运输。因此，对于包装，需要精心设计，制定统一规范。

（五）装卸与搬运职能

装卸与搬运职能是对运输、保管、包装、流通加工等物流活动进行衔接的活动。装卸是指在指定地点对物品进行的以垂直移动为主的物流作业；搬运是指在同一场所内对物品进行的以水平移动为主的物流作业。在实际操作中，装卸和搬运通常是密不可分的。例如，将卡车上运来的商品进行入库保管，在这一过程中，必然会发生卸货、搬运入库、入库分类等一系列的装卸、搬运活动。除此之外，分货、拣货也是其重要组成部分。传统上，物流的这一职能需要大量的人力、财力和物力。但是随着新型物流机械（如输送机、升降机、叉车、托盘车等）的出现，许多发达国家都已实现了装卸、搬运的自动化，如由计算机控制，由条形码识别装置、高速自动分货装置等组成的自动装卸搬运系统。装卸、搬运活动是为了下一步作业的一种准备，因此在装卸、搬运的设计、规划和管理时，要充分考虑是否有利于下一阶段作业的展开。

（六）流通加工职能

流通加工是物品在流通过程中，根据需要施加包装、分割、计量、分拣、刷标志、贴标签、组装等简单作业的总称。流通加工是一种低投入、高产出的加工形式，是物流管理中的重要利润来源。经过流通加工，可以提高商品档次、提升商品的使用价值。例如，生鲜商品的切割与包装、大包装商品的分装、家具和家电商品的组装陈列等。流通加工是物流中具有一定特殊意义的物流形式，其目的是能够进一步适应顾客的需要，同时商品也由此增加附加价值。

大型连锁体系发展到现在，几乎所有的流通加工都被集中在物流中心进行。各个店铺自身不必再设加工场所，既扩大了营业面积，又节省了人力；而且将流通加工集中到一起，可实现规模效益，提高加工的效率。当然，也有一些连锁企业将流通加工流程全部集中到最上游的生产厂商处，即利用计算机的信息情报系统和配送系统，直接将连锁店铺和消费者的要求反馈给工厂。工厂直接按要求进行流通加工。

（七）配送职能

配送是指按照用户需求，进行货物的配备，并以合理的方式将货物送交用户的经济活动。对于连锁企业而言，配送是指按照连锁门店的要求，在备货和配货的基础上，以确定的组织和明确的供货渠道进行送货。配送是以配货、送货的形式最终完成物流的活动。现代意义上的配送，已远远不单纯是一种送货运输活动，而是代表着订单处理、进货、理货、配货和出货等一系列活动，因此，现在一般将配送单独列出。

（八）信息处理职能

物流信息是企业信息的重要组成部分，不仅反映物流活动的情况，还反映市场状况和生产动态。物流配送中心一头连接着供应商，另一头连接着门店和市场，无论是商品的供应还是销售方面的信息都能在最短的时间内反馈到连锁企业的物流管理部门。这些都是进行连锁经营管理的重要前提。因此，能否准确、有效地收集、处理和使用物流信息，在一定程度上决定着连锁企业的经济效益和社会效益。

▌拓展阅读

流通加工的类型

1. 冷冻加工

冷冻加工是指为解决鲜肉、鲜鱼等在流通中保鲜及搬运装卸的问题，采取低温冻结的一种加工方式。这种加工方式也用于某些液体商品、药品等。

2. 分选加工

农副产品规格、质量离散情况较大，为获得一定规格和质量的产品，采取人工或机械分选的方式进行的加工称为分选加工。分选加工厂泛用于果类、瓜类、谷物、棉毛原料等商品。

3. 精制加工

农、牧、副、渔等产品的精制加工是在产地或销售地设置加工点去除无用部分，甚至可以进行切分、洗净、分装等加工。这种加工不但大大方便了购买者，而且可以对加工的淘汰物进行综合利用。

例如，鱼类的精制加工所剔除的内脏可以制成某些药物或饲料等，蔬菜的加工剩余物可以制饲料、肥料等。

4．分装加工

许多生鲜食品的零售起点（即零售商品品种规定一次成交的最低数量）较低，而为了保证高效运输，包装则较大，也有一些是采用集装运输方式运达销售地区。这样为了便于销售，在销售地区按所要求的零售起点进行新的包装，大分量改小分量、散装改小包装、运输包装改成销售包装等，最典型的例子是超市里水果的销售。

（资料来源：孙开庆，赵玉国，2009．连锁企业物流管理[M]．北京：科学出版社．）

任务二　物流配送的含义、模式与流程

【知识目标】　了解连锁物流配送的含义和模式；掌握连锁物流配送的流程。
【能力目标】　培养在连锁企业物流中心各岗位熟练运用知识和正确操作的技能。
【素质目标】　能够运用所学知识对物流配送的流程进行设计和分析。

▌拓展阅读

耐克中国物流中心三期在江苏太仓开仓

2019年1月10日，耐克中国物流中心三期在江苏省太仓市高新区开仓。实际上，该物流中心三期早在2017年5月便正式启动中国物流中心扩建工程。三期投入使用后，各仓库楼不再孤立存储货物，而是更加一体化地调配库存资源，更充分地利用现有的仓储面积，并且使耐克具备更快速的物流周转能力。

耐克全球副总裁、大中华区总经理董炜表示："中国物流中心三期的落成和运营，是耐克在中国发展的又一个重要里程碑，也是对中国的经济发展未来和太仓市投资环境投下的又一张信任票。这将帮助耐克更好地服务中国消费者，同时也将为太仓的经济发展做出更大的贡献。"

太仓市委书记沈觅表示，物流中心三期的开仓启动是耐克公司扩容增效、提升线上线下全渠道订单水平的重要举措，标志着耐克公司在太仓的发展进入新的阶段，必将为太仓经济高质量发展增添新的动力。

（资料来源：http://www.linkshop.com.cn/web/archives/2019/417375.shtml?sf=wd_search.）

一、连锁物流配送的含义

配送是指按照用户的订货需求，在配送中心或其他物流节点进行货物的配备，并以最合理的方式送交用户的经济活动。配送是一种完善的、高级的运输活动，它不是简单地将连锁门店所订的商品送到各门店，而是按照门店的要求，在备货和配货的基础上，以确定的组织和明确的供货渠道进行送货。

在物流领域，配送几乎包括了所有的物流功能要素，是物流的一个缩影或在某小范围内物流全部活动的体现。一般的配送集储存、分拣、配货、配装、装卸、运输、送货于一身，通过这一系列活动实现将货物送达的目的。特殊的配送还要以加工活动为支撑，包括的方面更广。但是，配送的主体活动与一般物流却不同，一般物流是运输及保管，而配送是运输及分拣配货。分拣配货是配送的独特要求，也是配送中有特点的活动，以送货为目的的运输则是最后实现配送的主要手段。

二、连锁物流配送的模式

经过长期的发展，连锁企业形成了多种模式的物流配送，以满足不同商品、不同流通环节的需要。归纳起来，主要有以下 4 种模式。

微课：连锁企业物流配送的模式

（一）供应商直接配送

供应商直接配送是指由供应商或生产企业直接把所需商品送到门店的配送方式，主要适用于保质期短或价值高、需求量少的商品。某些采购规模较大且供应商配送能力强的连锁企业也常用此类方法。这类企业一般由总部确定统一的供应商，门店直接向供应商订货，由供应商将商品配送到门店，但常常会发生配送不到位等问题，如缺货断档、配送时间不能满足门店要求，一些偏远或量小的门店往往得不到及时配送等。

（二）连锁企业自营配送

连锁企业自营配送是目前连锁企业广泛采用的一种配送模式。连锁企业通过独立组建配送中心，实现对内部各门店货物的及时配送。在国际上，沃尔玛、家乐福、麦德龙等大型连锁零售企业是建立配送中心实现自营配送的代表企业。我国部分大型连锁零售企业也在逐步建设和完善自己的配送中心。自营配送使配送中心成为连锁企业的一个有机组成部分，具有灵活性，能满足门店的独特需要。但这种自建配送中心的模式会给企业带来较重的财务负担，运量不足时还会造成企业资源的浪费。因此，连锁企业应该根据自己的实力和规模来进行自营配送中心和社会化公用型配送中心的选择和决策。连锁企业配送中心、物流结构如图 4-3 所示。

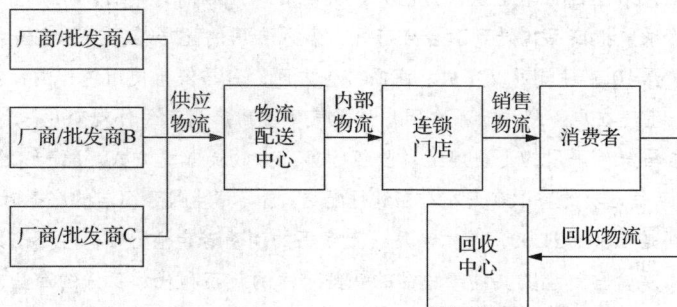

图 4-3 连锁企业配送中心物流结构示意图

（三）社会化配送

社会化配送即第三方物流配送，这是指由第三方专业物流公司来承担连锁企业的物流配送任务。国际上一些连锁零售商走专业化的道路，立足主业经营（如日本的伊藤洋华堂、美国的众多单体超市等），而将企业的物流配送业务委托给专业化的物流公司运作。社会化物流配送的优势在于专业公司通过规模化的操作，能够降低成本，取得较好的规模效益；同时也能实现专业化的作业管理，合理运用社会资源，提高资源的利用率。一些中小型连锁企业和成长中的企业特别适合这种物流配送方式。

（四）共同配送

共同配送是指连锁企业为了实现整体的配送合理化，以互惠互利为原则，与相关企业之间互相提供便利的协作型配送模式。例如，一些规模不大的连锁企业，自建配送中心在资金上存在困难，此时，多家企业共同出资构建配送中心是可选的方案。共同配送能促进企业运输规模的扩大，有利于企业有限资源的合理利用，降低配送成本，提高服务水平，增强竞争力。从物流效率和商品鲜度管理的角度来看，共同配送是一种值得借鉴的配送模式。

▌拓展阅读

盒马鲜生的生鲜全自动物流模式

盒马鲜生是一家体验店，顾客到店体验之后，下次可以再光顾店铺，也可以在 App 上随时下订单。另外，盒马鲜生将线上和线下打通，实现全渠道营销和交易模式，既可以单独线上消费，也可以实现线上线下智能拼单。如果顾客在店铺购买完成后，在回家的路上觉得不够，可以通过 App 加单，系统会自动把两个单拼接在一起，然后一起配送。

无论是在门店购买，还是 App 线上下单，都能实现"五千米范围，半小时送达"。这是对所有其他生鲜模式的重大颠覆，能够冲破传统实体店面积的局限，在有限的空间内创造出无限的销售额。而这一切的实现都有赖于盒马鲜生的"全自动物流模式"。盒马鲜生在门店后台设置了 300 多平方米的合流区，前后台采取自动化传输系统，从前端体验店到后库的装箱，都是由物流带来传送。消费者在门店消费，选完货直接通过物流输送带送到收银台。店内拣货人员分为两班次，每班 10 人。

盒马鲜生在处理 App 上的订单也以快为优势。店铺接到 App 的订单后，在前端取货，放入专用保温袋，通过自动传输系统把商品传送到后台合流区，装入专用的配送箱，用垂直升降系统送到一楼出货，从接单到装箱只要 10 分钟就可以完成。商品打包方面，盒马鲜生使用统一的保温、保湿袋对货物进行包装，以此保证生鲜在户外配送时不会因户外天气环境而产生商品外观变化。

在配送方面，盒马鲜生采用的是自建配送队伍加第三方物流配送方式。第一家线下店有七八十位自营配送员。高峰时期每班次约有 100 人左右在进行配送。盒马鲜生线下门店的服务时间是 9:00～22:00，线上 App 的服务时间是 7:00～21:00，基本满足线上线下的消费者生活习惯。在下班路上，消费者通过 App 下单，回到家，在盒马鲜生购买的半成品的新鲜干净的蔬菜和代加工好的海鲜、鱼、肉也同步送到，只要稍微加工，一顿丰富的晚餐就完成了。

能做到 30 分钟配送速度，在于算法驱动的核心能力。盒马鲜生店内挂着金属链条的网格麻绳是盒马全链路数字化系统的一部分。盒马鲜生的供应链、销售、物流履约链路是完全数字化的。从商品的到店、上架到拣货、打包、配送，作业人员都通过智能设备去识别和作业，简易高效，而且出错率极低。整个系统分为前台和后台，用户下单10分钟之内分拣打包，20分钟实现3千米以内的配送，实现店仓分离。

（资料来源：https://www.sohu.com/a/160942029_428126.）

三、连锁物流配送的流程

物流配送的一般流程是进货、储存、分拣、配货、配装、送货。

1. 进货

进货即组织货源。连锁企业主要是通过商品采购部门和供应商联系进行订货，供应商可以是生产厂家或者各类批发商。供应商收到商品订单后在规定的时间里向连锁企业供货。

2. 储存

按照用户提出的要求并依据配送计划将采购或收集到的各种货物进行检验，然后分门别类地储存在相应的设施或场所中，以备拣选和配货。储存作业的一般程序为运输、卸货、验收、入库、保管、出库。连锁企业的货物和商品大多数存放在配送中心的仓库中。

3. 分拣、配货

分拣和配货是同一个作业流程中紧密相连的两个环节。有时，这两个环节是同时进行和同时完成的，如散装物品的分拣和配货。如今，随着高科技的发展和广泛运用，我国的分拣、配货作业大多采用机械化或半机械化方式。自动分拣、配货大大减少了人力使用，显著提高准确度和分拣效率，在连锁物流管理中发挥着极其重要的作用。

4. 配装、送货

配装和送货主要包括搬运、配装、运输和交货等作业。其作业程序是配装、运输、交货。送货是配送的终结，在送货流程中除了要圆满地完成货物的移交任务外，还必须及时进行货款的结算。在送货环节中，运输是最主要的作业。因此，在进行送货作业时，选择合理的运输方式和使用先进的运输工具，以及合理规划运输路线等，对于提高送货质量和降低运输成本至关重要。

任务三　配送中心的运作

【知识目标】　了解配送中心的含义与作用；熟悉配送中心的类型和作业流程。

【能力目标】　培养为配送中心合理选址、布局及管理的能力。

【素质目标】　能够运用所学知识为配送中心准确选址和布局，并实施运作管理。

拓展阅读

沃尔玛的配送中心

沃尔玛是全球第一个发射物流通信卫星的企业，也是全球零售业的"巨无霸"。而这些奇迹的取得，有赖于其高速运转的全球物流配送中心。作为世界 500 强企业，沃尔玛到现在为止只在十几个国家运作，只在它认为有发展前景的地区经营。沃尔玛配送中心设在 100 多家零售店的中央位置，也就是配送中心设立在销售主市场。这使得一个配送中心可以满足 100 多个周边城市的销售网点的需求。另外，配送运输的半径基本上比较短、比较均匀，以 320 千米为一个商圈建立一个配送中心。

沃尔玛配送中心的一端是装货月台，另一端是卸货月台，两项作业分开。看似与装卸一起的方式没有什么特别，但是运作效率由此提高很多。配送中心采取交叉配送的作业方式，交叉配送的作业方式非常独特，而且效率极高，进货时直接装车出货，没有入库存储与分拣作业，降低了成本，加速了流通。商品在配送中心停留不超过 48 小时。沃尔玛销售的产品有几万个品种，吃、穿、住、用、行各方面都有，食品、快速消费品这些商品的停留时间直接影响到使用效果。

沃尔玛不断完善配送中心的组织结构，每家店每天送一次货（竞争对手每 5 天一次）。至少一天送货一次意味着可以减少商店或者零售店里的库存，这就使得零售场地和人力管理成本都大大降低。要达到这样的目标就要不断完善组织结构，建立一种能够满足这样的需求的运作模式。

沃尔玛建立了全球第一个物流数据的处理中心，在全球第一个实现集团内部 24 小时计算机物流网络化监控，使采购库存、订货、配送和销售一体化。沃尔玛的配送成本只占其销售额的 2%，而一般来说，物流成本占整个销售额的 10%左右，有些食品行业甚至达到 20%或者 30%。沃尔玛始终如一的理念就是要把最好的东西用最低的价格卖给消费者，这也是它成功的所在。另外，竞争对手一般只有 50%的货物进行集中配送，而沃尔玛的商品 90%多是集中配送的，只有少数可以从加工厂直接送到店里去，这样成本与对手就相差很多了。

（资料来源：根据相关资料整理。）

一、配送中心的含义与作用

（一）配送中心的含义

配送中心是指接受并处理末端用户的订货信息，对上游运来的多品种货物进行分拣，根据用户订货要求进行拣选、加工、组配等作业，并进行送货的设施和机构。从配送中心的定义可以看出，配送中心专指为有效保证商品流通而建立的物流综合管理、控制、调配的机构。它从供应商手中接受多种、大量的货物，进行包装、分类、保管、流通加工和信息处理等作业，然后按照众多客户的订货要求备齐货物，以令人满意的服务水平进行配送。

配送中心与物流中心相比一般处于物流的下游位置，如生产阶段和批发阶段的物流中心分别属于上游和中游的物流节点，而直接面对零售门店的配送中心属于下游的物流节点。物流中心的理货对象是大批量的商品，而配送中心以小批量、多品种为主。

（二）配送中心对连锁经营的作用

随着我国连锁经营稳定持续的发展，配送中心的作用越来越明显。连锁企业可以通过配送中心实现统一进货、统一配送、统一调拨和统一退调的物流管理，这对连锁企业的业务发展和经济效益的提高具有举足轻重的作用，具体如下。

1）降低进货成本。连锁配送中心的统一、批量进货，可以提高厂家和批发商的发货业务效率，降低发货成本。同时由于批量采购，长期稳定的需求可以争取供应商在价格上的优惠，从而降低商品价格，大大增强连锁企业在市场竞争中的价格优势。

2）减少门店库存，降低库存成本。由于配送中心能够稳定、保质保量、适时地配送商品，连锁门店就不需要较多库存。门店只需要根据销售情况提出要货计划，所需商品很快就能送达。这种方式大大减少了门店的库存量，降低了库存成本。

3）流通加工提高商品的附加值。随着连锁经营的发展，配送中心的加工功能也得到进一步扩充。许多商品由生产地高效运抵消费地以后，在配送中心进行细分、分装、贴附标签等，并逐步形成了蔬菜调理、食品冷冻加工、食品保鲜等功能，提高了商品的附加值和作业效率，降低了门店的管理费用，有利于实现企业统一的管理和企业形象的建立。

4）传递商品流通信息，更好地满足消费需求。配送中心通过对生产商、批发商的供应情况和消费者的需求情况进行分析，能较客观地了解市场信息，并及时向连锁门店传递消费动态，更好地满足顾客需求。

5）提高经营效率。连锁企业自营的配送中心同连锁门店之间的关系是业务内部化。由于物流配送中心集中统一采购，代表了各连锁门店的采购行为，原先分散无机化的门店变为有机的同一组织的企业，同供应商的关系从多边关系变为单边关系。因此，配送中心的使用可以大大减少交易手续和交易费用，进而提高业务效率和经营灵活性。

二、配送中心的类型

连锁物流配送中心具有储存保管、分拣配送、流通加工、送货、信息提供五大职能。根据其侧重点不同，配送中心可以分成不同的类型。

1. 储存型配送中心

储存型配送中心是最为传统的配送中心，有着很强的储存功能。商品进入配送中心后，先是分类储存，再根据客户的订货要求进行分拣、配货，最后送达门店。这种配送中心具有储存、分拣、配货和送货的功能。例如，美国福来明公司的食品配送中心建筑面积达 70 000 平方米，其中包括 40 000 平方米的冷库，30 000 平方米的杂货库，所经销的商品达到 89 000 种。储存型配送中心最大的优点是可实现大量库存，能够安全供应；但其运营成本较高，投资大，与供应商的协调比较复杂。现阶段，储存型配送中心仍是连锁物流配送中心的主流形式。

2. 流通型配送中心

流通型配送中心没有长期储存功能，仅以暂存或随进随出的方式进行分拣、配货和送货作业。典型的运作方式是大量货物整体进入中心以后会被迅速分类、配货并配送给门店，货物在配送中心仅做短暂停顿。连锁企业的门店每天要接纳大量的商品，需要快速而无差错地分类、配货作业，这就需要高效的信息化系统来支持业务处理。例如，日本的全日食连锁店配送中心推行零库存政策，要求信息精确管理，以达到进货、出货的精确性。该配送中心在每天 9:30 以前就把所有的货物送到每个店铺，所以在 9:30 以后进入该配送中心就会发现那是一个整洁、空荡的大仓库。流通型配送中心不需要保管场所，运营成本较储存型配送中心低。

3. 加工型配送中心

加工型配送中心是专门为企业组织、加工、配送原材料或成品的配送中心。这种配送中心具有将货物集中加工后当日便供给各门店的功能，是将流通加工和当日配送两个功能合并在一起的中心，有时也被称为"日配中心"。例如，麦当劳、肯德基的配送中心就是提供加工服务后向其连锁店配送的典型。

此外，按照配送货物的属性，配送中心还可分为食品配送中心、日用品配送中心、医药品配送中心、化妆品配送中心、家电商品配送中心、图书配送中心、服饰配送中心和汽车零部件配送中心等类型。

三、配送中心的作业流程

配送中心完整的作业流程如图 4-4 所示。

图 4-4　配送中心完整的作业流程

1. 进货

进货就是配送中心根据客户的需要，为保证配送业务的顺利实施，而从事的组织商品货源和进行商品存储的一系列活动。进货是配送的准备工作或基础工作，它是配送的基础环节，又是决定配送成败与否、规模大小的最基础环节。同时，进货也是决定配送效益高低的关键环节。

2. 储存

储存即按照客户提出的要求并根据配送计划将购到或收集到的各种货物进行检验，然后分门别类地储存在相应的设施或场所中，以备拣选和配货。储存作业一般包括运输、卸货、验收、入库、保管、出库等程序。储存作业以产品性质、形状不同而形式各异，有的利用仓库进行储存，有的利用露天场地进行储存。特殊商品则需要储存在特殊的设备中。

3. 订单处理

从接到客户订单开始到着手准备拣货之间的作业阶段，称为订单处理。连锁企业门店每天通过配送中心所分配的专用网络进行电子订货，配送中心对订单汇总后再向供应商集中订货。订单处理是配送中心与客户直接沟通的作业阶段，能对后续的拣选作业、调度和配送产生直接的影响，是其他各项作业的基础。

订单是配送中心开展配送业务的依据，配送中心接到客户订单以后需要对订单加以处理，据以安排分拣、补货、配货、送货等作业环节。订单处理方式有人工处理和计算机处理两类，目前配送中心主要采用计算机处理方式。

4．拣货

拣货即分拣配货，是依据顾客的订货要求或配送中心的送货计划，迅速、准确地将商品向从其储位或其他区域拣取出来，并按一定的方式进行分类、集中，等待配装送货的作业过程。拣货一般采用机械化或半机械化的方式操作。随着高新技术的开发和广泛运用，自动化的分拣、配货系统已经在很多国家的配送中心建立起来，并发挥了重要作用。

货物分拣是采用适当的方式和手段，从储存中的货物选出客户所需的货物。分拣货物一般采用两种方式来操作：摘取式分拣和播种式分拣。

1）摘取式分拣。这种方式就像在果园里巡回摘水果那样拣选货物，故又名"摘果式"。它是按照每一个客户的需求来拣选商品，可以根据订货情况随时进行作业。具体做法是分拣人员拉着集货箱或分拣箱在排列整齐的仓库货架间巡回走动，按照配送单上所列的品种、规格、数量等将客户所需的货物拣选出，放入集货箱内。这种方式适用于货物不便移动、门店数量较少且要货较分散的情况，也适用于紧急出货和追加订货的需要。但对于出货频率高的商品，由于需要反复拣选，作业上比较费时，效率不高。

2）播种式分拣。这种方式类似于田野中的播种操作，它是将不同客户的订货集中起来，按照品种做成拣选数量明细，然后选取货物，作业效率较高。具体做法是根据拣选数量明细，先将同一品种的货物集中运到理货场所，然后根据每个货位的订购量分别取出货物，并分别投放到每个代表客户的货位上，直至配货完毕。这种方式适用于货物较易集中移动、门店数量多且对同一种货物需要量较大的情况。

选用哪种方式进行拣选，需要根据货物的形状、保管量、保管空间、出库量等多种因素而定，并根据实际情况通过效率、成本分析做出选择。

5．补货

补货是库存管理中的一项重要的内容。配送中心根据以往的经验，或者相关的统计技术方法，或者计算机系统的帮助确定的最优库存水平和最优订购量，并根据所确定的最优库存水平和最优订购量，在库存低于最优库存水平时发出存货再订购指令，以确保存货中的每一种产品都在目标服务水平下达到最优库存水平。补货作业是保证充足货源的基础，其目的是保证拣货区有货可拣。

6．流通加工

流通加工是配送的前沿，它是衔接储存与末端运输的关键环节。流通加工是指物品在从生产领域向消费领域流动的过程中，流通主体（即流通当事人）为了完善流通服务功能，促进销售、维护产品质量和提高物流效率而开展的一项活动。

流通加工的目的是：①适应多样化的客户需求；②提高商品的附加值；③规避风险，推进物流系统化。

7. 配货

配货是指配送中心为了顺利、有序、方便地向客户发送商品，对组织来的各种货物进行整理，并依据订单要求进行组合的过程。配货流程是配送中心使用各种拣选设备和传输装置，将存放的货物按客户的要求分拣出来，配备齐全，送入指定发货区。

配货作业与拣货作业不可分割，二者一起构成了一项完整的作业。通过分拣配货可达到按客户要求进行高水平送货的目的。

8. 送货

送货是配送的核心，也是备货和理货工序的延伸。送货作业包含将货物装车并实际配送，其作业程序为搬运—配装—运输—交货。由于配送中的送货需要面对众多的客户，而且是多方向运动，在送货过程中，需要进行运输方式、运输路线和运输工具 3 方面的选择。按照配送合理化的要求，必须在全面计划的基础上，制定科学的、距离较短的运输路线，选择经济、快速、安全的运输方式和适宜的运输工具。通常，配送中的送货都把汽车作为主要的运输工具。送货是配送的终结，送货通常是一种短距离、小批量、高频率的运输形式，它以服务为目标，以尽可能满足客户需求为宗旨。

9. 退货

退货或换货在经营物流业中不可避免，但应尽量减少，因为退货或换货会大幅增加物流成本，减少利润。配送中心常见的退货作业形式是返仓作业和返厂作业。发生退货或换货的主要原因包括瑕疵品回收、搬运中的损坏、商品送错退回、商品过期退回等。

拓展阅读

京 东 物 流

京东商城除了销售正品之外，还有一个优势就是自建的京东物流。

1. 京东物流投入成本大，服务多样、高效

早些年京东虽然年年亏损运营，但是每年都投入巨额资金建设京东物流。京东早在 2007 年便开始进行自有物流体系的建造，并于 2010 年推出"211 限时达"服务，在电商范畴完成普惠意义上的"当日达"和"次日达"。近年来，随着消费升级的演化，顾客个性化的需求不断衍生，京东物流又推出了能够预订精准时段至 30 分钟的"京准达"、能够在人们下班后进行配送的"夜间配"、专为高端配送需求的顾客推出的"京尊达"、能够预订 40 天内送货上门的"长约达"等多元化时效产品，灵活地满足顾客不同商品品类、不同消费场景的时效需求。

2. 京东物流体系已逐渐完善

许多在一线城市的顾客有一个感觉，那就是早上在京东下的订单，货物在中午或下午就送到了。京东物流的"神速"其实和京东物流的布局是分不开的。京东具有全国电商范畴规划最大的仓储设施网络，截至 2018 年 3 月 31 日，京东集团在全国一共有 515 个仓库，总面积约 1090 万平方米，平均每个仓库的面积为 2.12 万平方米。其中，自动化程度非常高的"亚洲一号"智能仓库，是京东物流的骄傲。目前，京东已经在北京、上海、广州、沈阳、成都、武汉等大城市建立了十几个"亚洲一号"智能仓库。

此外，京东还具有强大的配送资源，在全国拥有 6780 个配送站和自提点、59 000 多名自有配送职工、近 1000 条自营线路、4700 多辆自营车辆、6000 多名司机。京东商城在全国许多大中城市都设有仓储库，消费者在京东商城购物后，只要在消费者收货区域的库房中有货，京东快递就会在最近库房中提货配送，自然比较快。

（资料来源：https://baijiahao.baidu.com/s?id=1616466998017722013&wfr=spider&for=pc.）

四、配送中心的管理

（一）库存管理——ABC 库存分类管理法

1. 原理：关键的少数和次要的多数

ABC 库存分类管理法又称 ABC 分析法、重点管理法，它是"关键的少数和次要的多数"的帕累托原理在仓储管理中的应用。ABC 库存分类管理法强调对物资进行分类管理，根据库存物资的不同价值而采取不同的管理方法。库存商品品种繁多、数量巨大，有的商品品种数量不多但市值很大，占压企业的资金多，对企业经营的影响很大；有的商品数量多但市值却不大，资金占压也较小。企业资源有限，不能对所有库存商品都同样重视，因此，要将企业有限的资源用在需要重点管理的库存商品上，按库存商品重要程度的不同，进行不同的分类管理和控制。

2. ABC 库存分类管理法的定义

ABC 库存分类管理法是指将库存物品按品种和销售额的多少分为特别重要的库存（A 类）、一般重要的库存（B 类）、不重要的库存（C 类）3 个等级，然后分别管理和控制，找到关键的少数和次要的多数。

1）A 类商品，品种比例在 5%～15%，平均为 10%，品种比重非常小；年销售额比例在 60%～80%，平均为 70%。A 类商品贡献大部分销售额，是关键的少数，需要重点管理。

2）B 类商品，品种比例在 15%～25%，平均为 20%；年销售额比例在 15%～25%，平均为 20%。其品种比例和金额比例大体上相近似，需要常规管理库存。

3）C 类商品，品种比例在 60%～80%，平均为 70%；年销售额比例在 5%～15%，平均为 10%。由于数量巨大，C 类商品实际上占用了大量的管理成本，其库存只需一般管理。

3．ABC 库存分类管理法的应用

1）A 类商品在品种数量上仅占 10%左右，管理好 A 类商品，就能管理好 70%左右的销售金额，是关键的少数，要进行重点管理。重点管理 A 类商品就是要通过科学的管理，不仅要降低库存，还要保证供给，防止缺货，防止出现异常情况。因此，A 类商品的库存管理首先要每天进行盘点和检查，并使货位处于物流出口；其次要在保证安全库存的前提下，小批量、多批次按需进货，尽可能地降低库存总量，减少仓储成本和资金占用，提高资金周转率。

2）对 B 类商品进行次重点的常规管理，即每周进行盘点和检查，采用定量订货方法，实行中量采购。

3）C 类商品品种数量巨大，销售额少，不应投入过多的管理力量。为了减少管理成本，可以采取以下措施：①简化库存管理，每月循环盘点一次；②大批量采购，以获得价格上的优惠。由于金额小，即使多储备，也不会增加太多金额，同时多储备物料之后，可以减少报警，避免缺货。

（二）进发货管理

1）进货系统管理：核对送货单，验收货物，缩短进货检验时间，存放到合适的保管场所。注意：不合格货物要单独存放。

2）发货系统管理：检查货物的数量种类、运输包装、发货单证、货物装车规划和运输路线规划。在发货系统中应普及条形码以提高发货效率。

（三）分拣管理

配送中心一般设有高效率分拣系统，可根据订单要求用摘果式或播种式分拣从不同货位取出不同数量的货物，搬运到理货区或发货区进行配货、包装，并准备装车发送。自动分拣系统可以大大减少劳动力，减轻劳动强度，减少误差，而且能够连续作业。

（四）派车及送货管理

1）选择最佳的配送路线、配送时间和配送工具，尽量提高车辆的满载率。

2）合理安排司机和随车人员，做到运输送货的效率最大化。

（五）信息管理

配送中心收集配送活动信息，经分析处理后上传至管理层，管理层整理成各种报告再传递至决策层；决策层详细分析报告后结合销售计划、财务计划形成配送决策，并协助总经理形成战略决策。形成由下至上再由上至下的信息循环，提供准确、及时、全面的物流信息，提高配送中心的服务水平和营运效率。

五、配送中心的选址和功能区域

配送中心选址是以提高物流系统的经济效益和社会效益为目标，根据供货状况、需求分布、运输条件、自然环境等因素，用系统工程的方法，对配送中心的地理位置进行决策的过程。

当一个物流系统中需要设置多个配送中心时，不仅要确定配送中心的位置，而且还要对配送中心的数量、规模、服务范围等进行决策，建立一个服务好、效率高、费用低的物流网络系统，也称网点布局（图4-5和图4-6）。

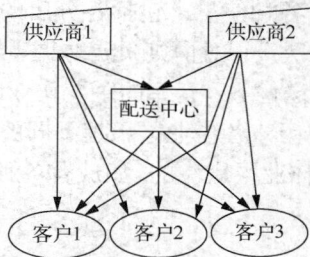

图4-5 单中心配送网络示意图

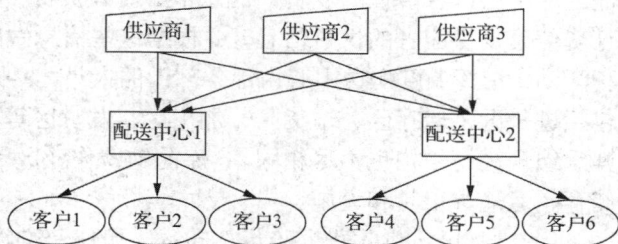

图4-6 多中心配送网络示意图

（一）配送中心的选址

配送中心选址合理与否会直接影响到配送系统的服务水平、作业效率和经济效益。配送中心选址的目标是服务好、效率高、费用低。配送中心选址应考虑的因素包括以下几个方面。

1）客户分布。配送中心是为客户服务的，首先要考虑客户分布。对于商业配送中心，其客户主要是超市和零售店，主要分布在城市内人口较密集的地区。为提高服务水平，同时也考虑其他条件的影响，配送中心通常设置在城市边缘地区。

2）供应商分布。配送中心靠近供应商，对货源供给的可靠性高，可以减少库存。但供应商一般离需求地比较远，而且比较分散，此时配送中心应靠近客户，因为进货的批量大，对降低运输成本是有利的。

3）交通条件。交通条件是影响配送成本和物流效率的重要因素，特别是大宗物资的配送。配送中心应尽可能靠近交通运输枢纽，如高速公路、铁路货运站、港口、空港等，从而使配送中心成为物流过程中一个恰当的节点。

4）用地条件（可得性、土地成本）。配送中心需要占用一定数量的土地，土地成本也是影响物流成本的重要因素。土地资源稀缺，配送中心的占地是利用现有土地还是重新征地，地价如何，是否符合国家的土地政策和城市规划等都要考虑清楚。配送中心规划属地区或城市规划的一部分，必须符合城市规划的要求，包括布局、用地，以及与其他行业规划的协调。

5）人力资源因素。配送中心需要不同层次的人员，一般操作属劳动密集型作业形态，用人较多，其工资待遇应与当地薪资水平相适应，因此配送中心选址应考虑员工来源和人力成本。

6）自然环境及条件。配送中心的建设选址要考虑气象、地质、水文和地形等自然条件。配送中心需要存放货物，自然环境中的湿度、盐分、降雨量、台风、地震等都会对货物产生风险。例如，选址要避开风口，因为风会加速露天商品的老化。

（二）配送中心的功能区域

物流配送中心是承担连锁企业物流配送职能的管理机构和货物的集结点，一般由信息中心和仓库构成。

信息中心是配送中心的中枢神经，负责指挥和管理整个配送中心，承担汇集信息并对物流配送中心进行管理的职责。信息中心对外负责收集和汇总各种信息，包括各分店的销售、订货信息及供应者的供货信息，并根据这些信息做出相应的决策；对内则负责协调、组织各种活动，指挥调度配送中心内部各部门的人员，共同完成配送任务。仓库的主要作业区一般包括进货区、储存区、理货区、加工、发货区等不同的部门，各作业区承担不同的任务，其组织规模与结构也不尽相同。仓库的辅助作业区是为主要作业区服务的，如放置各种装卸、储存、运输等工具和设施。

1）进货区：供收货、验货、卸货、搬运及货物暂停。

2）储存区：通常配有多层货架和用于集装单元化的托盘，对暂时不必配送或作为安全储备的货物进行保管和养护。

3）理货区：对进货进行简单处理，货物被区分为直接分拣配送、待加工、入库储存和不合格需清退的货物，分别送往不同的功能区。

4）加工区：进行必要的生产性和流通性加工。

5）分拣配货区：进行发货前的分拣、拣选和按订单配货。

6）发货区：对物品进行检验、发货、待运。

7）退货处理区：供存放进货时残损、不合格或需要重新确认等待处理的货物。

8）废弃物处理区：对废弃包装物（塑料袋、纸袋、纸箱等）、破碎货物、变质货物、加工残屑等废料进行清理或回收利用。

9）管理区：一般位于配送中心的出入口，中心内部进行行政事务管理、信息处理、业务洽谈、订单处理及指令发布。

10）设备存放及维护区：供存放叉车、托盘等设备及其维护（充电、充气、紧固等）工具。

图 4-7 所示为某连锁企业配送中心的平面构成图。

托盘储存区	轻型货架储存区		贵重物保管区
			设备存放维护区
	流通加工区	分拣配货区	
验货理货区		集货配装发货区	退货区
进货管理区	进货区	发货区	发货管理区

图 4-7　某连锁企业配送中心的平面构成图

项目小结

在连锁经营中，物流系统通过商品的集中采购、储存和统一配送，成为连锁经营市场供应的保障系统。连锁物流具有采购、运输、储存与保管、装卸、包装、流通加工、配送和信息处理等多种职能。

配送中心选址要以提高物流系统的经济效益和社会效益为目标。配送中心的类型有储存型配送中心、流通型配送中心和加工型配送中心。通过配送中心，连锁企业可以实现统一进货、统一配送、统一调拨和统一退调的物流管理。配送中心的管理主要有 ABC 库存分类管理、进发货管理、分拣管理、送货管理和信息管理等。

案例分析

日本 7-11 便利店的高效物流配送

7-11 便利店的面积一般只有 100～200 平方米，却要提供 2000～3000 种商品。不同的商品来自不同的供应商，运送和储藏的要求也各不相同。每一种商品都不能短缺或过剩，而且要根据顾客的不同需要随时调整货物的品种，这就给便利店的物流配送提出了很高的要求。

7-11 便利店的物流配送模式主要是采取自建配送中心的方式。配送中心代替了特定批发商，分别在不同的区域统一收货和配送。配送中心的优点还在于能随时掌握在途商品、库存货物等数据，对财务信息和供应商的其他信息也能全部掌握。对于一个零售企业来说，这些数据都是至关重要的。

配送中心有一个计算机网络配送系统，分别与供应商及各家门店相连。为了保证不断货，配送中心一般会根据以往的经验保留 4 天左右的库存。同时，配送中心的计算机系统每天都会定时收到各个门店发来的库存报告和要货计划。配送中心把这些报告和计划集中分析，最后形成一张张向不同供应商发出的订单，由计算机网络传给供应商，而供应商会在预定时间内向配送中心派送货物。配送中心在收到所有货物后，对各个门店所需要的货物分别打包，等待发送。第二天一早，配送车辆就会从配送中心出发，向各自辐射区域内的门店送货。

7-11 便利店根据食品的保存温度来建立配送体系。其将食品的类型分为冷冻型（-20℃）、微冷型（5℃）、恒温型、暖温型（20℃）。不同类型的食品会用不同的方法和设备配送，食品从出厂到送货途中再到货架上，整个过程都保持同一温度，保证将最新鲜的商品提供给顾客。

除了配送设备，不同种类的食品对配送时间和配送频率的要求也不同。对于有特殊要求的食品（如冰激凌），会绕过配送中心，由配送车辆早、中、晚 3 次直接从生产厂家运送到各个门店。对于其他商品，实行一天 3 次的配送制度。3:00～7:00，配送前一天晚上生产的一般食品；8:00～11:00，配送前一天晚上生产的特殊食品，如牛奶、蔬菜；15:00～18:00，配送当天上午生产的食品。这样的配送频率在保证了商店不缺货的同时，也保证了食品的新鲜度。为了确保各门店供货万无一失，配送中心还建立了特别配送制度。例如，门店碰到特殊情况导致缺货，可以通知配送中心，配送中心会用安全库存对门店实施紧急配送。又如，门店安全库存告警，中心会转向供应商紧急要货，并且在第一时间送到缺货的门店中。整个配送过程每天都循环往复，支撑着 7-11 便利店各家门店的正常运行。

（资料来源：根据相关资料整理。）

问题：

1）7-11 便利店是如何根据商品的不同特点来实现配送的？

2）为了提高配送效率，7-11 便利店采取了哪些措施？

自 测 题

一、单项选择题

1. 物流是物品（包括无形的服务）从起始点向最终点的动静结合的（　　）过程。

    A. 生产　　　　　　B. 分配　　　　　　C. 消费　　　　　　D. 流动

2. 下列有关配送的理解，（　　）是正确的。

    A. 配送实质就是送货，和一般送货没有区别

    B. 配送要完全遵守"按用户要求"，只有这样才能做到配送的合理化

    C. 配送是物流中一种特殊的、综合的活动形式，与商流是没有关系的

    D. 配送是"配"和"送"的有机结合，为追求整个配送的优势，分拣、配货等项工作是必不可少的

3. 配送中心作为物流活动中的一个（　　），是现代企业实施高效率的备货、理货、储存、加工业务及成功的实施配送的一个重要组织。

    A. 服务场所　　　　B. 组织　　　　　　C. 节点　　　　　　D. 企业

4. 流通加工是应客户要求在（　　）过程的定制性加工。

    A. 制造　　　　　　　　　　　　　　　B. 流通

    C. 出口加工　　　　　　　　　　　　　D. 返修改换品种

5. 可调整需求与供给之间存在的时间差的物流功能是（　　）。

    A. 运输　　　　　　B. 装卸　　　　　　C. 保管　　　　　　D. 流通加工

6. （　　）是一项极繁重、极费时间的作业。

    A. 盘点作业　　　　B. 分拣作业　　　　C. 入库作业　　　　D. 订单作业

7. 下列不属于配送的功能是（　　）。

    A. 备货　　　　　　B. 存储　　　　　　C. 配装　　　　　　D. 维护

8. 将储存的物资按重要程度进行分类管理的方法是（　　）。

  A．ABC库存分类管理法   B．零库存法

  C．成本分类法   D．运输分类法

9．长期以来，（   ）被看作物流活动的两大支柱。

  A．仓储和配送   B．运输和装卸

  C．仓储和运输   D．运输和配送

10．下列配送中心按功能角度来分类的是（   ）。

  A．连锁行业超市配送中心   B．区域范围型配送中心

  C．流通加工配送中心   D．日化用品配送中心

二、多项选择题

1．配送中心地址位置的选择须参考的条件有（   ）等。

  A．用地条件   B．交通运输条件   C．顾客需求   D．辅助设施

2．配送中心常用的两种拣货方式有（   ）。

  A．直取式   B．摘果式   C．分拣式   D．播种式

3．盘点作业的主要内容有（   ）。

  A．库存安全状况   B．货物质量   C．保管条件   D．货物数量

4．影响配送成本的因素主要包括（   ）。

  A．货物的数量和重量   B．货物的种类及作业过程

  C．配送的时间和距离   D．连锁门店的规模

5．配送在连锁经营中具有（   ）等功能。

  A．统一生产   B．统一配送   C．集中储存   D．集中采购

三、简答题

1．简述连锁物流的含义和作用。

2．简述连锁物流的职能。

3．简述连锁物流配送的模式。

4．简述连锁企业配送中心的类型。

5．简述ABC库存分类管理法的定义及应用。

自测题部分
参考答案4

项 目 实 训

  以小组为单位，针对连锁企业物流管理的流程和功用，分别进行阐述。有条件的情况下在实训室进行模拟实训。

项目五
连锁企业信息技术的运用

项目五课件

案例导入

超市里的收银"神器"——自助收银系统

从现金支付到移动、刷脸支付,商超的自助收银系统让顾客免于枯燥的排队等待。近日,记者在百佳超市看到有顾客使用自助收银机,于是也去自助收银机前试了一下。

从外观上看,百佳超市墙壁上摆放的自助收银机高度在 80 厘米左右,在进行自助结账前,显示屏上有"会员"或者"非会员"选项。若选择"会员"进行结账,消费者则还需要输入会员信息,系统会自动按照会员价进行结算。但如果不是会员,需要选择"非会员"进行结算。

在结算时,记者将购买商品的条形码在自助收银机的扫码窗口扫描一下,商品的价格、数量、总价就会在屏幕上显现出来,确认要购买的商品后用微信或支付宝付款即可,整个流程操作简单方便,容易上手。相对于传统的收银机,自助收银系统实现了快速结账,减少了排队时间,在购物高峰期,可减轻人工收银压力。

记者从使用情况中发现,使用自助结账设备的大多是年轻人,并使用支付宝、微信等方式进行支付;年纪大的消费者仍习惯排队等候人工结账。其实,自助收银系统相当于将消费者的角色进行转换,提升消费者购物体验,同时也使消费者免于排长队的痛苦,使店内收银员有了更加灵活的安排,在一定程度上进行了一些减员增效,提升企业的运行效率和节省企业的运营成本。

（资料来源：http://www.sohu.com/a/260436652_100203791.）

任务一　连锁企业信息管理系统的功能与构成

【知识目标】　了解连锁企业信息的特征,熟悉连锁企业信息管理系统的功能和构成。

【能力目标】　培养对连锁企业信息管理系统内容的理解和实际运用的能力。

【素质目标】　能够运用连锁企业信息管理系统的知识,对连锁企业进行信息系统管理。

连锁经营信息是指与连锁经营管理相关的,反映连锁经营管理各种活动的知识、资料、图像、数据和文件等的总称。连锁经营管理建立在对信息准确而全面的把握基础上，连锁企业各项经营活动的效率化同样离不开信息支持，如门店选择、品种确定、货物配送、订单处理、库存控制、配送执行、计划制订和业绩评价等，都需要全面而准确的连锁经营信息的支持。

连锁经营区别于传统商业经营的明显特点就是集中与分散的统一。连锁企业虽然是由分散的连锁门店组成的一个整体，但是必须通过集中管理和规范化运作才能实现资源的最佳配置和优化经营。由此，连锁企业中的物流、商流、资金流、信息流构成一个庞大的网络体系。只有当信息流在网络中活跃起来并畅通时，配送中心、连锁门店和连锁总部各职能部门的业务活动才能高效地联系起来，发挥整体优势，真正实现连锁经营的规模效益。这就要求连锁企业必须利用信息技术进行信息化管理，以达到信息管理制度化、规范化、科学化。

一、连锁企业信息管理系统的功能

连锁企业信息管理系统在企业中的功能可以归纳为以下几个方面。

1）采集信息。采集信息是指连锁企业各部门把连锁企业各个环节的信息搜集起来，并纳入计算机信息系统的后台和信息中心。

2）加工信息。信息加工是指把采集的信息进行整理、加工和分析，使经营者及时掌握企业的进、销、存的动态和企业的人、财、物动态，掌握市场的第一手资料，为市场预测和经营决策提供数据资料。

3）存储和检索信息。存储信息是为了信息的连续性和实用性。检索信息是为了便于连锁企业查询、检测某些信息服务，以确保企业信息不会丢失。

4）传输信息。连锁企业向生产商、各类供应商、其他合作伙伴、政府机构、消费者交流有关的信息，关键是达到以销定产、以销定进、以销定存，保证进货质量，优化经营布局和商品结构的目的。

二、连锁企业信息管理系统的构成

连锁企业的信息管理系统主要包括总部信息管理系统、配送中心信息管理系统、门店信息管理系统、数据通信系统4个部分。总部、配送中心、门店各系统之间通过数据通信系统成为有机的一个整体。

（一）总部信息管理系统

在整个连锁经营信息管理系统中，总部信息管理系统是整个系统的灵魂。总部信息管理系统控制和维护着几乎所有的基本资料和供应商的进价等，并且它可以监视各个部门（门店）的营运情况，并享有最高的订货权和调价权。因此，总部信息管理系统能为高层管理者及业务主管提供有力的决策支持。总部信息管理系统主要包括订货管理、进货管理、库存管理、销售管理、财务管理、报表分析、综合查询、决策管理和基本资料维护等内容。连锁企业总部信息管理系统的基本构成如图5-1所示。

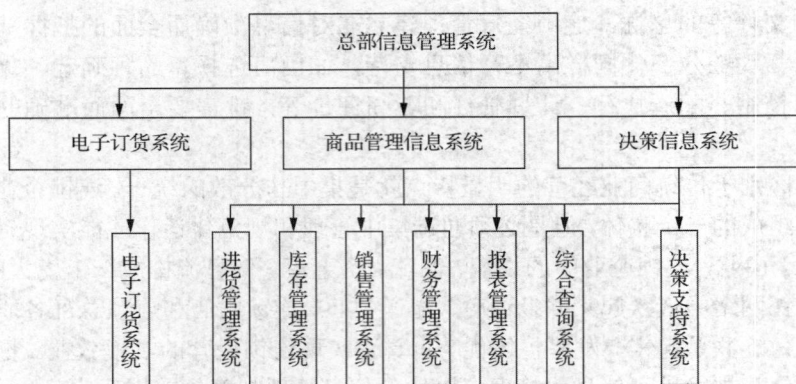

图 5-1　连锁企业总部信息管理系统

（二）配送中心信息管理系统

配送中心信息管理系统是连锁企业信息管理信息系统中不可缺少的部分。在整个连锁经营信息管理系统中，配送中心信息管理系统是整个信息系统的思维物流枢纽，它主要包括订货管理、出入库管理、库存盘点、调拨管理、损益管理、配送管理、运输管理、查询统计等业务内容。连锁企业配送中心信息管理系统的基本构成如图 5-2 所示。

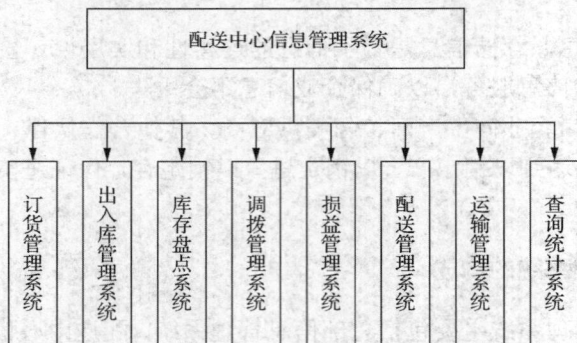

图 5-2　连锁企业配送中心信息管理系统

（三）门店信息管理系统

门店信息管理系统是连锁经营管理信息系统的基础，对整个门店经营过程中商品的销售、补货及库存全过程等信息进行管理与控制，完成系统一定范围内的信息采集，为高层经营分析与决策奠定基础。门店信息管理系统分为前台 POS 销售系统和后台信息管理系统，主要实现收银和会员管理、进货管理、要货/订货管理、盘点管理、货位管理、客户管理、财务管理、销售数据统计和综合查询等功能，其基本构成如图 5-3 所示。

（四）数据通信系统

数据通信系统承担了总部、配送中心、门店之间的信息通信任务，是整个管理信息系统的神经枢纽。其基本要求是高效性、安全性、可扩充性和通信数据的一致性。数据通信系统主要包括系统管理、发送管理、接受管理、流控通信和主控通信 5 个子系统。

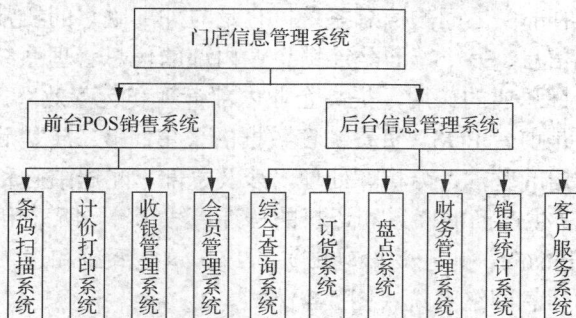

图 5-3　连锁企业门店信息管理系统

任务二　连锁企业的管理信息系统

【知识目标】　掌握连锁企业 POS、管理信息系统和电子订货系统的概念和功能。
【能力目标】　培养对连锁企业主要管理信息系统的运用和管理能力。
【素质目标】　能够运用连锁企业管理信息系统的知识，从事管理信息系统的相关工作。

拓展阅读

沃尔玛的信息系统战略

20 世纪 70 年代，沃尔玛率先将卫星通信系统运用于公司的发展。21 世纪伊始，沃尔玛又投资 90 亿美元开始实施"互联网统一标准平台"的建设。凭借先发优势、科技实力，沃尔玛的店铺冲出阿肯色州，遍及美国，走向世界。

沃尔玛领先于竞争对手，有很多先行对其信息系统进行积极投资的经典事例：1969 年，最早使用计算机跟踪存货；1974 年，全面实现 SKU（stock keeping unit，库存控制单位）单品级库存控制；1980 年，最早使用条形码；1984 年，最早使用 CM 品类管理软件；1985 年，最早采用电子数据交换系统；1988 年，最早使用无线扫描枪；1989 年，最早与宝洁公司等大供应商实现产销合作。在信息技术的支持下，沃尔玛能够以最低的成本、最优质的服务、最快速的管理反应进行全球运作。尽管信息技术并不是沃尔玛取得成功的充分条件，但它却是沃尔玛成功的必要条件。这些投资都使沃尔玛可以显著降低成本，大幅提高资本生产率和劳动生产率。沃尔玛的全球采购战略、配送系统、商品管理、电子数据系统战略在业界都是可圈可点的经典案例。可以说，沃尔玛所取得的成功很多是建立在利用信息技术基础之上的。

（资料来源：https://wenku.baidu.com/view/aa55294ea8114431b90dd8ab.html?from=search.）

我国连锁企业管理信息化系统的基本结构是 POS 和 MIS（manage information system，管理信息系统），在此结构上同时还运行 EOS（electronic ordering system，电子订货系统）

和 EDI（electronic data interchange，电子数据交换系统）。连锁企业信息管理系统一般可分为两个方面、三个层次。两个方面中一方面是对外的，是指联系生产商、供应商、消费者、金融机构、行业协会、政府部门之间的信息系统，它是与外部联系的纽带，主要在生产商、批发商和连锁店之间传递信息；另一方面是连锁企业内部的信息管理系统，目的是将企业内部的各部门连成一体，发挥总店的作用，提高企业内部管理和运营效率。

三个层次中第一层是前台 POS，负责销售数据的采集；第二层是后台的 MIS，由各种管理系统组成，实现对数据的整理、分析、处理，涉及总部、配送中心和门店 3 个方面；第三层是外部银行、供应商、生产商的联系和资料的传递、结算等，所采用的软件有 EDI、EOS、EFT（electronic funds transfer，电子资金转账）系统。这些系统和连锁企业的其他管理系统一起构成了商业企业的信息网络系统（图 5-4）。

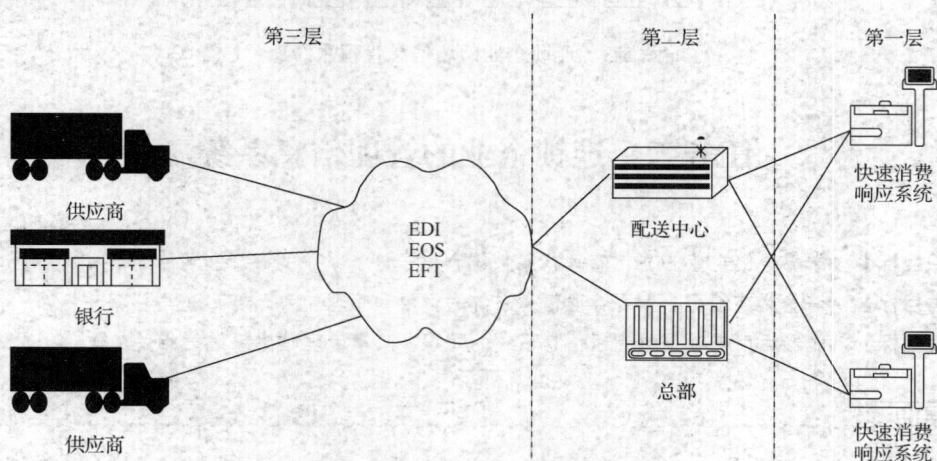

图 5-4　连锁企业管理信息系统的组成

一、POS

（一）POS 的概念

POS 即销售时点管理信息系统，是指利用光学式自动读取设备收集销售商品时按照单品类别读取的商品销售信息（如商品名、单价、销售数量、销售实践、销售店铺、购买顾客等），并通过信息网络和计算机系统传送至有关部门进行分析加工和传送，以提高经营效率的系统。POS 最早被应用于零售业，以后逐渐扩展至其他如金融、旅馆等服务性行业，利用 POS 的范围也从企业内部扩展到整个供应链。POS 有广义和狭义之分，广义的 POS 是指由前台 POS 销售系统和后台管理信息系统所组成的，对连锁经营管理进行全方位、多功能管理的管理信息系统；狭义的 POS 是指以前台 POS 销售系统为基础，以销售收款为主要功能的管理信息系统。本节以狭义的 POS 为基础介绍该系统的构成、功能和作业流程。

（二）POS 的基本构件

POS 的基本构件主要有商品条码、条码标签印刷机、POS 收银系统和商品代码 4 部分。

图 5-5 所示为 POS 收银系统的功能及设备组成。

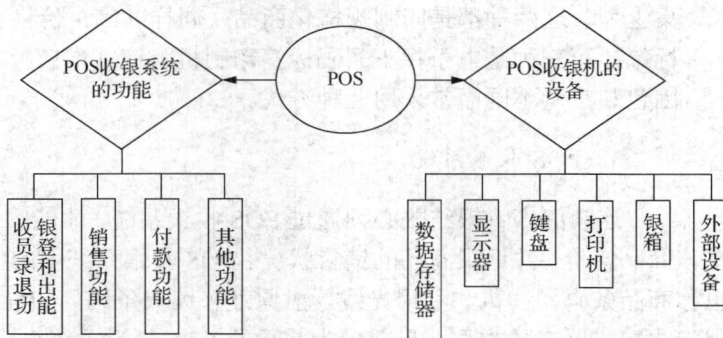

图 5-5　POS 收银系统的功能及设备组成

1. 商品条码

商品条码又称条形码，是一组用数字、空白、条形等组成的黑白相间的标志，用以表示一定的商品信息的符号，其实质是商品的身份号码。每一种商品只要其包装、容量、口味、成分、产地和式样稍有不同，就必须赋予不同的商品条形码。

为了能使商品在国际市场上流通，1977 年国际物品编码协会成立并制定了 13 位的 EAN（european article number）编码。同时，协会总部负责审核各会员国的加入，并赋予各会员国"识别国码"。我国于 1991 年申请加入，获得了 690、691、692、693、694、695 等识别国码，并一直沿用至今。

2. 条码标签印制机

商品条形码以印制来源分，可分为原印码和店内码。原印码是由商品制造商申请核准的条码，并在商品出厂前直接印制在商品包装上，而店内码是由门店自行印制的条码标签，在商品出售前粘贴在商品包装上。我国食品、日用品的原印码普及率尚未达到 100%，再加上很多超市由于生鲜食品所占的比重较大，不可避免地要使用店内码（图 5-6）。

图 5-6　某连锁超市生鲜商品的店内码

微课：销售时点管理
信息系统（POS）

印制店内码的条码标签印制机有 3 种：第一种是掌上型，第二种是桌上型，这两种都是印制规格化商品（同样商品，价格也相同）的条码标签；第三种是电子秤＋条码标签印制机，连锁门店经营生鲜食品时，因包装重量不同而常采用此种方式。

3．POS 收银系统

连锁门店收银结账必须通过 POS 收银系统，才能阅读商品条码，寻找商品售价或接受该商品售价，并记录商品的销售状况。POS 收银系统中的主要部件之一是扫描器。扫描器也称商品条码阅读机，利用光线反射原理来读取条码。扫描器可分为光笔、手握式扫描器和固定式扫描器 3 种类型。目前较为常见的 POS 收银系统主要有两种。

1）由电子收银机＋扫描器＋主档控制器＋计算机组成的系统。该系统主要适用于规模较大、收银台较多的大卖场。主档控制器可储存商品主档资料，供寻找或接收商品售价之用，再以批次方式将商品销售资料传到后台计算机，可减轻后台计算机的作业负荷。

2）由计算机＋扫描器组成的系统。该系统适用于小型门店，计算机收银机具有收银及存取商品销售数据的功能。

随着信息技术的高度发展，目前在不少连锁超市里引进了智能 POS 机终端系统，可以由顾客自助扫码付款，不仅大大缓解了传统收银台的压力，减少了人工成本，也给消费者带来了便捷而又新奇的购物体验。图 5-7 所示为某超市的自助收银操作指引。

4．商品代码

POS 的正常运转，还要依赖计算机内建立的商品代码。商品代码又称货号，是指在商品分类的基础上，对各种商品赋予的一组有序的代表某类商品的，便于计算机和人识别与处理的数字或符号。商品代码可以直接采用商品条形码的形式，也可以采用专门的商品代码（即货号）。

扫描器扫描到商品信息后，就要到计算机内去寻找相应的商品代码资料，然后找出售价或接受该商品售价，并记录该项商品的销售数量。因此，商品代码也是 POS 的主要构件。商品代码示例如图 5-8 所示。

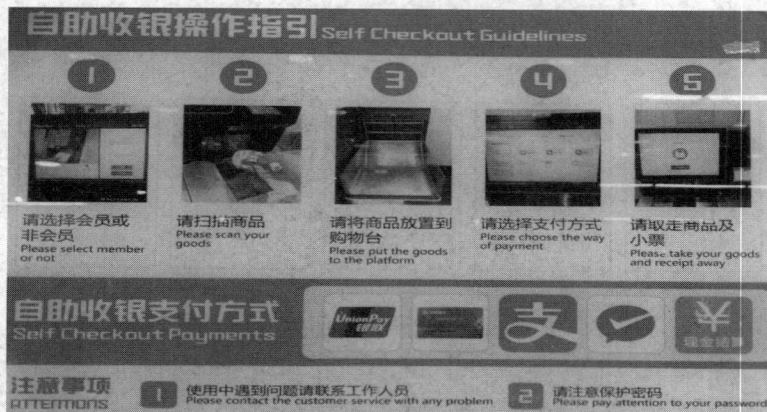

图 5-7　某超市的自助收银操作指引

商品名称	单价	数量	金额
斑布BASE-70B10无芯卷纸3层700g1			
6953631800737	17.90	1.00	17.90
普通促销折扣			-8.00
佳仙红薯粉200g			
6923120630121	5.50	1.00	5.50
祖名内酯豆腐350g			
6922163404836	2.00	1.00	2.00
安井散装火锅料(冷冻晶)			
2300062027327	37.80	1份	37.42
普通促销折扣			-10.10
伊利尚补力红枣风味发酵乳100g*8			
6907992103549	16.50	1.00	16.50
普通促销折扣			-4.60
蜜桔			
2300038004567	3.98	1份	4.56
山楂系列			
2300979011952	19.98	1份	11.95
黄豆芽			
2300413001327	3.38	1份	1.32

0928313	大润发超市马夹袋(	1	0.20
0928313	大润发超市马夹袋(	-1	-0.20
0573679	大润发超市马夹袋(	1	0.30
0161146	男式棉毛内衣套装(F	1	59.90
0142311	黄秋蜜肉(W)	0.518	41.23
0837128	风味豆蕊(W)	0.238	7.99
2297828	达利园酥丝面包40g*	1	9.90
0232479	玫瑰丝(W)	0.204	4.81
2334208	达利蓝莓提子[绿]	1	11.90
0551498	黑豆(W)	0.316	4.74

图 5-8　连锁超市的商品代码示例图

（三）POS 的基本功能

不同类型的 POS 具有不同的功能，连锁企业的 POS 归纳起来主要有以下 4 个方面的功能。

1）销售收银功能。POS 的主要功能是完成日常的售货收款工作，进行销售记录的输入操作，记录每笔交易的时间、数量和金额。若遇到条码识读不出来等现象，系统应允许采用价格或手工输入条码号进行查询。POS 可支持现金、支票、信用卡等不同的付款方式，方便不同顾客的要求。

2）交班结算功能。POS 可进行收款员交班时的收款小结、大结等管理工作，计算并显示出本班交班的时间、现金及销售情况，统计并打印收款机全天的销售金额及各收银员的销售额，并作为各收银员一天的工作记录。

3）顾客服务功能。POS 能按规定要求计算会员的优惠金额，记录会员的消费情况，自动统计会员的积分。根据顾客需要，POS 可提供查询、换货和退货等多种服务，并可打印出各种单据作为资料或凭证。

4）及时纠错功能。POS 能根据一定程序对门店销售过程中出现的错误立即进行更正，以保证销售数据和记录的准确性。

此外，连锁企业的 POS 与后台的 MIS 相结合，还可以提供商品出入库管理、商品调价管理、商品销售管理、单据票证管理、报表打印管理、统计分析管理、数据维护管理和销售预测等功能。

（四）POS 的作业流程

连锁企业运用 POS 进行经营管理，其作业流程如图 5-9 所示。

1）粘贴商品价签。连锁门店商品销售之前都应贴上表示该商品信息的条形码或光学识别（optical character recognition，OCR）标签，为 POS 系统的作业做好准备。

2）扫描销售信息。顾客结账时，收银员使用扫描读取器自动读取商品条形码标签或

OCR 标签上的信息。

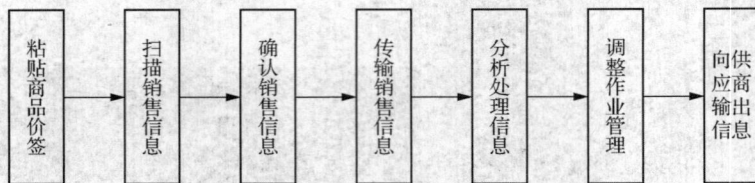

粘贴商品价签 → 扫描销售信息 → 确认销售信息 → 传输销售信息 → 分析处理信息 → 调整作业管理 → 向供应商输出信息

图 5-9　POS 作业流程

3）确认销售信息。通过店内计算机确认商品的单价，计算顾客购买总金额等，同时输送给收银机，打印出顾客购买清单和付款总金额。

4）传输销售信息。各个门店将本店的销售时点信息通过广域网（wide area network，WAN）以在线连接的方式，即时传送给连锁总部或配送中心。

5）分析处理信息。连锁总部、配送中心和门店对销售时点信息进行分析，以掌握顾客的需求动向，明确畅销商品或滞销商品。

6）调整作业管理。连锁总部、配送中心和门店以信息分析结果为依据，进行库存管理、配送管理、商品订货、品种配置和商品陈列等方面的作业。

7）向供应商输出信息。连锁企业可利用 WAN 在线连接的方式把销售时点信息即时传送给供货商，使供货商能根据销售现场最及时准确的销售信息制订经营计划，进行经营决策。

连锁企业 POS 导入前后的比较如表 5-1 所示。

表 5-1　POS 导入前后的比较

项目	导入 POS 之前	导入 POS 之后
前台收银	商品种类、数量无法掌握； 无法立即掌握营业收入； 人工入账耗时且错误率高； 新人训练慢； 传统商店形象	采用条码实行单品管理； 可掌握即时营业状况； 结账快速准确，节省人力； 新人上手容易； 现代商店形象
销售管理	只能针对每日营业额做统计； 凭直觉判断商品流动率； 无法确认顾客的层次； 难以掌握顾客购买动向； 无法掌握顾客与商品的关系	自动分析每日营业收入，自动统计销售额、单品销售、毛利和来客数； 可分析来客数及销售额分布情况； 能分析确认促销活动的效果； 能分析商品布局和陈列的效益
库存管理	无法凭销售记录掌握库存情况； 凭直觉进货或由供应商自行送货； 损失管理难以数字化； 难以发现存货积压； 难以察觉商品缺货	进、销、存数量可通过计算机查询； 可在计算机上设定安全库存量； 损失管理数字化； 采购依据客观量化； 能迅速发现商品积压和缺货
客户商品情报	顾客管理难度大，消费记录难掌握； 不同供应商或批次的商品价格难以掌握； 新商品的销售情况无法独立评估	顾客消费明细记录可随时查询； 各供应商或各批次商品进价可追踪查询； 能对新商品、促销商品进行销售分析

二、MIS

（一）MIS 的概念

连锁企业信息管理系统的后台管理系统就是 MIS，也称商业企业管理信息系统。连锁企业信息管理系统除 POS 外的大部分功能由 MIS 实现。MIS 和 POS 相辅相成，构成完整的连锁企业信息管理系统。MIS 除为 POS 提供必要的商品、收银员等基本资料外，还要收集 POS 提供的各种商业信息，作为统计、分析、查询、决策的依据。MIS 除了和 POS 有数据接口外，还和配送中心有数据接口，因此 MIS 功能齐全、工作量大、处理信息复杂。正因为如此，MIS 的管理内容与连锁企业的业务经营内容是分不开的。由于连锁企业主要由总部和门店构成，故信息管理系统通常由总部管理系统和门店后台管理系统组成。

（二）MIS 的功能

1. 商品购进管理

1）新商品登录。连锁企业必须对所有新商品的基础资料进行登录，如编码、名称、规格、型号、单位、供应商、税率、进货价格、销售价格等，为后续的业务管理奠定基础。

2）进货信息登录，包括进货单编码、进货日期、进货人、验收人等。

3）退货处理。商品因质量或代销滞销等原因必须将商品退还给供应商即为退货，其处理与进货相同。

2. 商品销售管理

商品销售管理是指后台有关商品销售方面的处理，主要包括接受前台的销售明细资料，利用销售数据建立主要商品的销售预测模型。收银员解款单处理或后台直接进行商品的批发性销售等。

3. 商品库存管理

商品库存受商品保质期、进货周期、仓储条件、资金、销售情况等因素的影响，是商品供求关系的体现。管理信息系统能提供出入库、盘点、移库、报损等库存业务信息，并支持商品的进价调整、保质期和存量预警、库存查询、统计功能及库存货位管理，并对库存商品数量实现最优控制。

4. 商品调拨和进货调整管理

连锁企业不同柜组、部门或门店之间的商品需要相互调拨时，必须对调拨商品的品种、规格、数量、金额等信息进行记录和管理。此外，商品在购进时可能出现订货量与供货量不一致的情况，这会影响到商品的进货成本，有必要进行调整。对于商品因质量、失窃、自然原因等引起的损失或溢余，此部分信息也必须予以记录。

5．商品调价管理

商品的供求不断发生变化，商品的价格也会有所变动，商品价格的调整一般只针对某一商品进行，对不同进货批次的同一商品做出全部调整。商品的价格调整通过信息管理系统进行，并在前台 POS 销售系统中实现。

6．客户及会员管理

客户及会员管理即汇总客户、会员的消费信息和需求信息，具有客户及会员的消费情况统计、消费趋势分析、会员卡维护、优惠设定，以及查询、挂失功能。

7．数据分析和决策

建立起具有进销存各环节完整信息的数据库，通过图表、报表、图像等手段进行分析、统计，为连锁企业的经营管理活动提供决策。同时对各门店上传给总部的销售数据进行管理和数据分析，并将总部对商品的管理和调整信息下发到各个门店。

三、EOS

（一）EOS 概述

EOS 是一种基于网络进行的无纸化订货方式，是指连锁企业将订货数据输入计算机系统，通过计算机通信网络连接的方式将资料传送至总公司、批发商、商品供货商或制造商处，以在线连接的方式进行订货作业和订货信息交换的系统。EOS 是连接供应商、连锁总部、配送中心和连锁门店等的整体订货-供货系统。EOS 涵盖了整个商流、物流、资金流，能处理从新商品资料的说明到会计结算等所有商品交易过程中的作业。

使用 EOS 时，订货人员先通过扫描器将预订购商品的条码扫入接收设备，并同时输入订货数量进行订货操作，然后通过计算机和网络系统将订货信息输送给供应商或配送中心，以最大限度发挥电子订货系统的各种功能。EOS 因其具有许多先进管理手段，在国际上使用非常广泛，并且越来越受连锁企业的青睐。

（二）EOS 的基本构件

1）价格卡（含商品条形码）。EOS 是以扫描的方式将预订货品的商品条码输入掌上型终端机，再输入订货数量来完成商品的订货工作。在订货作业中，商品条码不一定要求贴在商品上，只要扫描商品价格卡上的商品条码就可完成订货作业。之所以要扫描价格卡，是因为价格卡上的条形码不易变动，其稳定性和准确性好。采用价格卡的好处还在于订货人员可在卖场中随时掌握存货状况，并对是否订货迅速做出决定。

2）EOS 终端机。EOS 终端机的功能是将所需订货的商品条码和订货数量，以扫描或输入的方式暂时储存在终端机的记忆体中，当订货作业完毕时，再将终端机与后台计算机连接，把储存在记忆体中的订货资料存入计算机主机。EOS 终端机与手持式扫描器的外形有些相似，但功能却有很大差异：EOS 终端机具有储存和运算等计算机基本功能，而扫描器只有阅读和解码功能。

3）数据机。输入计算机内的订货资料必须经过数据机处理才能输送给供应商或配送中心。数据机可将计算机内的订货资料转化为数字信号，形成脉冲电波，通过专用线或拨号方式，传递给对方的数据机，然后还原成数位信号，进入计算机产生出发货资料。数据机是连接订货地和发货地两地计算机主要的通信装置。

（三）EOS 的功能

在连锁经营管理中，EOS 的主要功能是订货管理和盘点管理。

1）订货管理。订货是连锁经营管理的起点，订货质量的好坏、订货效率的高低直接关系到连锁经营效益。EOS 在连锁门店、配送中心、连锁总部和供应商之间建立起了一条高速通道，使各方信息及时得到沟通。这不仅提高了订货效率，使订货周期大大缩短，保证商品及时供应，还减少了订货差错，提高了订货质量，有利于订货业务管理的规范化。

2）盘点管理。盘点是连锁企业加强商品管理的重要手段，但由于连锁企业所经营的商品品种成千上万，采用传统盘点方式，既费时间又影响营业。采用 EOS 盘点可迅速准确地完成盘点任务，将连锁企业营业场所和仓库内的商品降低到最低限度，为提高企业经营效益打好基础。

（四）EOS 的订货作业流程

连锁企业应用 EOS 进行商品订货的作业流程如图 5-10 所示。

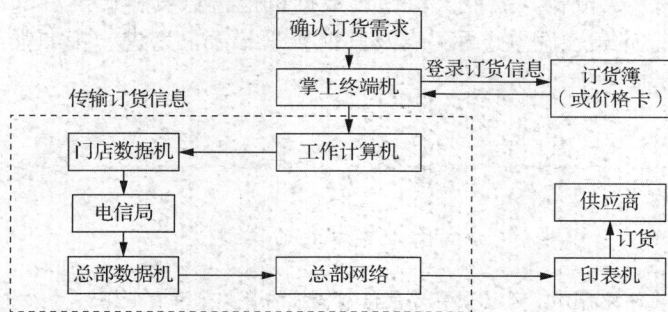

图 5-10　EOS 订货作业流程图

1）确认订货需求。订货人员先在卖场查看各商品销售状况，确认确需订货，方可进行订货作业；要特别注意是否有未上货架的库存商品。

2）登录订货信息。订货人员手持掌上终端机，扫描进货商品的价格卡，输入商品条码及订货数量。

3）传输订货信息。订货人员将掌上型终端机的订货资料输入后台计算机，由后台计算机通过数据机，把订货资料传送至公司总部的采购部门或配送中心。

4）向供应商订货。总部采购部门或配送中心汇总订单，通过数据机将订货信息传输给供应商。根据供应商的规模大小和信息技术应用程度一般可用以下 3 种方式向供应商订货：①对于大型供应商来说，可以用数据机汇总订货信息，并传至供应商的计算机；②将连锁总部的订货信息，直接传真给供应商（此种方式适用于中小供应商）；③将连锁总部汇总的订货资料印出来，交给供应商的业务人员带回（这是最传统的一种订货方式）。

（五）EOS 的盘点作业流程

连锁企业也可应用 EOS 进行商品盘点，其作业流程如图 5-11 所示。

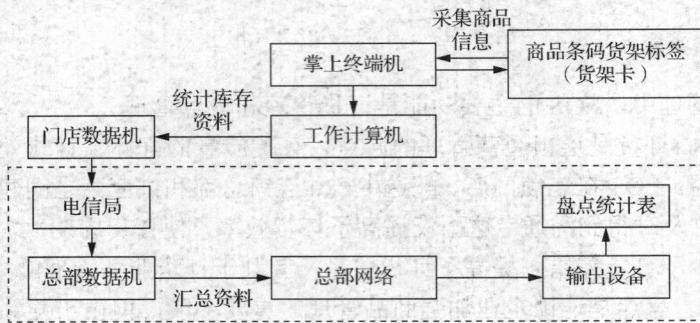

图 5-11　EOS 盘点作业流程图

1）采集商品信息。盘点人员手持掌上型终端机赴后场仓库及卖场，逐一扫描商品价格卡或商品条码，再输入清点商品的库存数量。

2）统计库存资料。盘点人员完成存货清点后，将掌上型终端机连接到店内计算机上，输入相关资料，进行分类统计，以便传输盘点资料。

3）汇总资料，形成报表。盘点人员通过数据机把盘点资料传至总部计算机，总部汇总运算之后产生盘点统计表、盘盈（亏）表及其他管理报表，为进一步加强连锁经营管理服务提供依据。

┃拓展阅读

电子订货方式的类型

EOS 的运作除硬件设备外，还必须有记录订货情报的货架卡和订货簿，并确立电子订货方式。常用的电子订货方式有以下 3 种。

1）电子订货簿。电子订货簿是记录包括商品代码/名称、供应商代号/名称、进/售价等商品资料的书面形式。利用电子订货簿订货就是由订货者携带订货簿及 EOS 终端机直接在现场巡视缺货情况，再通过订货簿寻找商品，对条码进行扫描并输入订货数量，然后直接接上数据机，传输订货信息。

2）电子订货簿与货架卡并用。货架卡是装设在货架槽上的一张商品信息记录卡，其内容包括中文名称、商品代码、条码、售价、最高订量、最低订量、厂商名称等。利用货架卡订货，不需携带订货簿，而只需手持 EOS 终端机，一边巡货一边订货，订货手续完成后再直接接上数据机将订货信息传输出去。

3）低于安全存量订货法。将每次的进货数量输入计算机，销售时计算机会自动将库存扣减，当库存量低于安全存量时，EOS 会自动打印货单或直接传输出去。

（资料来源：https://baike.baidu.com/item/电子订货系统/1313105?fr=aladdin.）

任务三 连锁企业的信息技术

【知识目标】 理解连锁企业的无线射频识别、电子数据交换等核心技术，熟悉全球定位系统的功能和作用。

【能力目标】 培养对连锁企业信息技术内容的理解和实际运用能力。

【素质目标】 能够运用连锁企业信息技术的知识和技能，提高企业的管理水平和效率。

拓展阅读

无线射频识别手持终端在连锁店经营管理中的应用

随着无线射频识别手持终端对连锁店行业的渗入，连锁经营的管理更加高效、便捷，逐步使各项繁杂的工作、问题便捷化、清晰化。基于无线射频识别手持终端使用的系统主要功能如下。

1. 进销存管理功能

（1）商品管理

1）对供货厂商送来的商品，验收人员在收货区只需通过无线射频识别手持终端就可以逐一检查物品编码、数量、生产地、品种、规格、包装时间、保质时间等多种信息；获取信息后上传于数据库，所获得的信息保存到后台数据库中。

2）通过在整个门店内部署无线网络，无线射频识别手持终端的工作人员可以随时查询货架上物品在货区的具体位置及空间状况。例如，通过每天的抽样盘点查看商品货位货物的存储情况、空间大小及物品数量，记录给系统货仓的区域、容量、体积和装备限度等。通过对这些数据的分析，可以更加有效地使用货位空间，使空间使用率、商品进货量、商品的摆放最大程度上适应销售情况。

（2）货物盘点管理

盘点对于一个门店的经营来说属于日常工作，通过盘点可以掌握最新的库存情况，及时发现非正常情况的库存损耗。引入无线射频识别手持终端进行盘点工作，可以提高盘点的效率。盘点数据的输入，如输入盘点的种类、数量信息。盘点结果的提交，如与系统进行交互信息，将盘点结果上传至数据库，对后台数据进行更新等。

2. 会员管理功能

会员管理主要通过对会员卡的管理来进行。相关人员可以通过手持式或台式设备，对会员的卡片进行读取、写入等操作，从而与后台系统进行信息交互。会员管理功能主要包括以下5项。

1）进行会员分类。可以根据企业的实际情况把会员分成多种类别，如金卡会员、银卡会员等。

2）进行会员发卡、充值。针对会员进行资料登记管理、划分会员类别、发放会员卡，并进行充值。

3）会员可使用会员卡消费。会员持卡消费可以设置会员类别优惠。

4）定期对会员资料进行分析。主要是针对会员的消费情况，分析会员的活动情况、积分情况、积分兑换情况、生日提醒等。

5）对会员进行升级。系统可设置会员升级条件，会员达到条件后可以升级成更高级别的会员。

（资料来源：http://www.qianjia.com/html/2012-08/16_71678.html.）

连锁企业信息技术是指连锁经营管理过程中所应用的现代信息技术。它是连锁企业现代化极为重要的领域之一，尤其是飞速发展的计算机网络技术的应用使连锁经营信息技术达到新的水平。连锁经营信息技术主要包括以下 3 个方面。

一、无线射频识别技术

（一）无线射频识别技术的含义与特点

无线射频识别（radio frequency identification，RFID）技术是一种非接触式的自动识别技术，也称电子标签。它是通过射频信号自动识别目标对象并获取相关数据，最终将数据传输给终端数据库以实现对货物信息的动态掌握的一种信息技术。其识别工作无须人工干预，并可工作于各种恶劣环境，RFID 技术可识别高速运动物体并可同时识别多个标签，操作快捷方便。最基本的 RFID 系统由电子标签（tag）、阅读器（reader）、天线（antenna）及数据传输和处理系统组成。RFID 技术与条形码相比主要有 4 个特点：①可以识别单个非常具体的物体，而非一类物体；②采用无线电射频，可透过外部材料读取数据，而条形码必须靠激光读取信息；③可同时对多个物体进行识读，条形码只能一个一个读；④识别工作无须人工干预，操作简单，信息储存量大。因此，RFID 技术是现代连锁经营管理的重要信息技术。

（二）RFID 系统的基本构成和工作原理

1．RFID 系统的基本构成

一个基本的 RFID 系统由阅读器和电子标签构成（图 5-12）。RFID 电子标签包含有一个处理芯片和一个天线，阅读器通过射频感应与电子标签之间进行信息沟通。

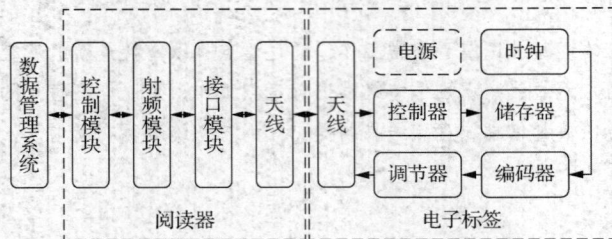

图 5-12　RFID 系统基本结构图

1）阅读器，即 RF 终端，主要负责读取或写入电子标签的信息。典型的阅读器包括控制模块、射频模块、接口模块和天线。阅读器是读取标签信息的专有设备，可设计为手持式、固定式或托盘式终端。

2）电子标签。每个电子标签具有唯一的电子编码，附着在物体上标识目标对象，用来存储需要识别和传输的信息，相当于条形码技术中的条形码，不过电子标签更智能。

3）天线。天线在电子标签和阅读器之间传递射频信号。

2．RFID 系统的工作原理

RFID 系统工作时，阅读器通过发射天线发射一定频率的射频信号，贴着标签的目标对象进入天线工作区域时产生感应电流，电子标签凭借感应电流获得能量，发射存储在芯片中的数据信息，或者电子标签主动发射某一频率的射频信号，阅读器对接收到的载波信号进行解调和解码后传输到数据管理系统，数据管理系统根据逻辑运算判断电子标签的合法性，针对不同的设置做出相应的处理和控制。RFID 在本质上是物品标识的手段，它被认为将最终取代现今应用非常广泛的传统条码，成为物品标识的最有效方式。RFID 系统工作原理如图 5-13 所示。

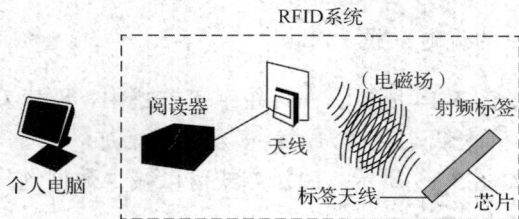

图 5-13 RFID 系统工作原理

（三）RFID 技术在连锁经营管理中的应用

RFID 技术在连锁经营管理中有着非常广泛的运用，主要体现在以下几个方面。

1）库存管理。电子标签因其具有防撞性、封装任意性、使用寿命长和可重复利用等特点，适合应用于现代库存管理系统。将电子标签贴在商品的包装或托盘上，在标签中写入商品的有关资料和存放位置等信息，就可以通过阅读器迅速查阅商品的进出库时间、数量和价格、产地，以及存放位置等详细信息，并通过计算机进行统计和分析，形成相关报表。这就可以减少库存量，降低库存成本，提高库存管理效率。

2）供应链管理。连锁经营供应链涉及生产、运输、储存、加工和销售等众多环节，任何一个环节出问题都会影响连锁企业的信誉和效益。商品从制成之时起就有了"身份证"，实行 RFID 技术管理，可随时对商品信息进行快速查询，及时了解商品在各个环节的情况，明确责任人，有利于加强供应链管理。

3）销售管理。RFID 技术在销售管理上的应用有 3 个方面：①一旦商品缺货，电子标签就会及时发出信息，使商品按需补充，避免由于商品短缺而造成的销售损失；②RFID 阅读器可以跟踪商品的销售速度和销售最好及最差的商品，提高单品管理的效率和质量；③RFID 技术具有安全防盗功能，只要标签中的防窃功能处于激活状态，门店出口处的传感器就能发出警告信息，从而减少失窃损失。

4）顾客服务。提高顾客服务质量是连锁经营管理的重要环节。采用 RFID 技术：①能给顾客带来新的购物体验，顾客可直接了解所购商品的信息，并得到相应的智能服务；②收银员可将顾客所购买的商品进行一次性扫描并结算出总额，大大缩短顾客付款等候的时间；③采用 RFID 技术可全程监督商品的生产经营过程，明确职责，有利于迅速处理顾客投诉，提高服务质量。

二、EDI

（一）EDI 的含义

国际标准化组织将 EDI 描述为"将商业或行政事务处理，按照一个公认的标准，形成结构化的事务处理或信息数据格式，从计算机到计算机的数据传输方式"。EDI 是一种利用计算机进行商务处理的方式，是 20 世纪 80 年代发展起来的一种新颖的电子化贸易工具，可以在公司之间传输电子订单、电子发票等作业文件。EDI 通过计算机通信网络将贸易、运输、保险、银行、海关等行业信息，用一种国际公认的标准格式，实现各有关部门与企业以及企业与企业之间的数据交换和处理，并完成以贸易为中心的全部过程。

（二）EDI 中商业信息的流通方式

1）传统手工方式，如图 5-14 所示。在传统手工方式中，买卖双方之间重复输入的数据较多，容易产生差错，准确率低，劳动力消耗多及延时增加。

2）EDI 工作方式，如图 5-15 所示。EDI 方式可以减少数据的重复输入，准确性高，并且劳动力消耗明显下降。

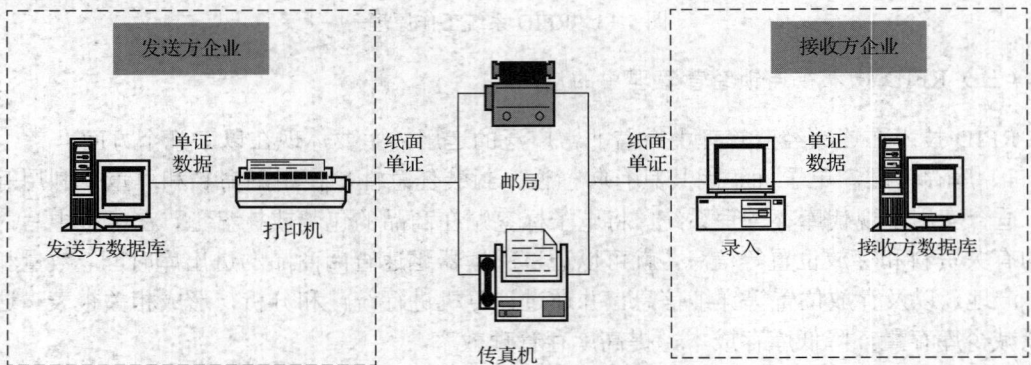

图 5-14　传统手工方式

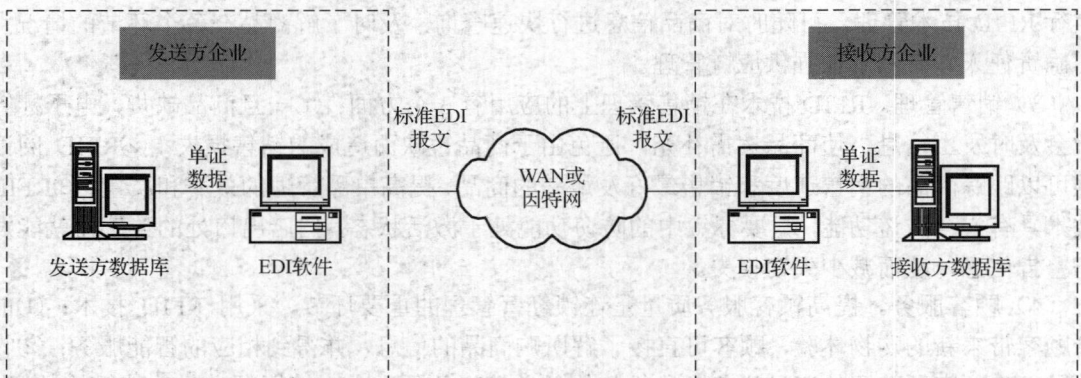

图 5-15　EDI 工作方式

（三）EDI 的积极作用

EDI 作为开展电子贸易的一种信息化手段，对于提高贸易活动的效率，降低贸易成本，促进经济效益的提升发挥着重要作用，主要体现在以下 5 个方面。

1）实现无纸贸易。采用 EDI 后，纸面文件和表格均可由计算机完成，不仅处理和传递速度快，还不易出错，便于反复处理，大大节省成本。

2）节省时间和资金，提高工作效率。利用通信网络发送一份电子单证和发票只需几秒钟的时间，相比传统的邮寄、传真方式大大节省了时间。采用 EDI 之后，订购、制造和货运之间的周期大大缩短，减少了库存开销。

3）提高数据传输的准确性。EDI 意味着更准确的数据，实现了数据标准化及计算机自动识别和处理，消除了人工干预和错误，因而提高了数据传输的准确性。

4）提高企业竞争力。信息传递速度的提高，有利于快速捕捉市场信息，并快速响应客户。EDI 改善了对客户服务的手段，巩固了 EDI 贸易伙伴之间的市场和分销关系，提高了办事效率，进而增强企业的市场竞争能力。

5）扩展客户群。许多大的制造商和零售商都要求其供应商采用 EDI，并在评估选择一种新的产品或一个新的供应商时，其运用 EDI 的能力是一个重要因素。由于 EDI 的应用领域很广，一个具有 EDI 实施能力的公司无疑会扩大其客户群，引来更多的生意。

三、全球定位系统

（一）全球定位系统的构成

全球定位系统（global positioning system，GPS）是 20 世纪 70 年代美国海陆空三军联合研制出的一种空间卫星导航定位系统。它是利用分布在 2 万千米高空的多颗人造卫星，对地面或接近地面的目标进行定位（包括移动速度和方向）和导航的系统。GPS 在物流领域可用于运输工具的跟踪，提供出行路线的规划和导航，并提供查询和报警功能。地面指挥中心可随时与被跟踪目标通话，实行管理或紧急援助。

GPS 由三部分构成：①地面控制部分，由主控站（负责管理、协调整个地面控制系统的工作）、地面天线（在主控站的控制下，向卫星注入信息）和通信辅助系统（数据传输）组成；②空间部分，由 24 颗卫星组成，分布在 6 个轨道平面上；③用户装置部分，主要由 GPS 接收机和卫星天线组成。

（二）GPS 的特点

GPS 以其高精度、全天候、高效率、多功能、操作简便、应用广泛等特点著称。

1）定位精度高。应用实践已经证明，GPS 相对定位精度在 50 千米内可达 6～10 米，100～500 千米内可达 7～10 米，1000 千米内可达 9～10 米。单机定位精度优于 10 米，采用差分定位，尤其在军事、航天方面，GPS 的误差可达到厘米级和毫米级，测速的精度可达0.1 米/秒，测时的精度可达几十毫微秒。

2）观测时间短。随着 GPS 不断完善，软件不断更新，GPS 的观测时间越来越短。目前20 千米以内相对静态定位，仅需 15～20 分钟；快速静态相对定位测量时，当每个流动站与基准站相距在 15 千米以内时，流动站观测时间只需 1～2 分钟，然后可随时定位，每站观测只需几秒。

3）操作简便。随着 GPS 接收机不断改进，自动化程度越来越高，有的已达"傻瓜化"的程度。接收机的体积越来越小，重量越来越轻，极大地减轻了测量工作者的工作紧张程度和劳动强度，使工作变得轻松愉快。

4）全天候作业、抗干扰能力强。目前，GPS 观测可在一天 24 小时内的任何时间进行，不受阴天、黑夜、起雾、刮风、雨雪等气候条件的影响。GPS 采用扩频技术和伪码技术，用户只需接收 GPS 的信号，自身不会发射信号，因而不会受到外界其他信号源的干扰。

5）功能多、应用广。GPS 是军民两用的系统，具有测量、导航、测速、测时等功能，应用范围极其广泛。在军事上，GPS 可以成为自动化指挥系统；在民用上，GPS 可广泛应用于农业、林业、水利、交通、航空遥感、测绘、安全防范、通信、市场规划和紧急救援等多个领域，尤其是地面移动目标监控在 GPS 应用方面最具代表性和前瞻性。

（三）GPS 系统在连锁经营中的应用

1）配送中心位置的确定。连锁门店遍布全国各地甚至世界各地，因此，如何确定配送中心的布局，直接涉及连锁企业的经济效益。通过 GPS 系统的测量可以迅速、准确地了解连锁门店地理位置的分布状况，为连锁配送中心的选址打好基础。

2）合理规划配送路线。连锁企业可把 GPS 系统测量的相关数据和要求输入专门软件系统，由计算机自动设计最佳行驶路线，并显示在电子地图上，指出配送车辆运行路径和运行方法，以提高配送效率，降低配送成本。

3）合理调度控制车辆。配送中心可通过 GPS 系统观测车辆精确的位置、速度、运行方向等信息，对车辆和道路状况实行有目的的全程监控，以便及时发现问题，采取有效措施加以解决；合理调度控制车辆，提高车辆利用率。

4）实时查询商品信息。通过 GPS 系统的实时监控，连锁企业可以及时掌握商品在运输途中的状态及运输时间等信息，提前安排商品的接收、停放及销售等工作，缩短商品周转时间，提升企业经济效益。

▌拓展阅读

货运公司的 GPS 系统

一次，某货运公司的货运汽车在上海卸完货，计划在舟山装冷藏海鲜返回北京，调度中心的地图上已经能看到车辆即将到舟山的摆渡码头。此时，客户突然通知取消此业务，公司马上通过 GPS 系统通知司机结束任务并返回，避免了 4000 元摆渡费的浪费。还有一次，有一个客户临时需要增加一车送去广东的货物，却只有一个司机，通过 GPS 定位系统，监控到有另外一辆货车正从上海驶向终点郑州，公司及时通知即将到达郑州的运货汽车，车辆由北京一个司机驾驶启程，到达郑州后和另一个司机会合，完成了到广州的临时货运任务，避免了增加司机或推迟起运的损失。

（资料来源：根据相关资料整理。）

项　目　小　结

连锁经营管理活动离不开信息的支持和信息技术的运用。本项目重点介绍了连锁企业信息化系统的基本结构 POS、MIS 和 EOS，并对连锁经营管理过程中所应用的 RFID 技术、EDI 和 GPS 进行了详细阐述。

案　例　分　析

RFID 管理资产，永辉再次革新超市运营观

连锁经营的超市，往往面临一个巨大的挑战——超市固定资产的管理。超市的固定资产除了一般的计算机、车辆、冷柜外，还有大量货架、手推车等品类繁多、数量大、单价低，但总价值不菲而又不可或缺的固定资产。再加上地域分散及信息不准确、不及时等因素，管理人员很难及时了解资产的真实状态（如数量、组成组件、存放地点、使用部门、责任人、使用状态等），从而无法快速进行预算审批、业务审批、领导决策等工作。

固定资产管理的重要性显而易见。那么，如今连锁超市固定资产管理的重点、难点是什么呢？答案是盘点。很多连锁超市管理人员之所以难以进行资产管理，最主要的原因是缺少资产的实时盘点数据。大型连锁超市资产数量庞大、地域分散，若采用人工盘点，所花费的人力、物力难以想象。

永辉超市利用 RFID 进行资产管理，率先利用新技术克服了资产管理中盘点这一难题。根据资产管理的实际情况，永辉超市选择了多款 RFID 标签进行资产管理。利用 RFID 进行资产盘点，最大的优势在于远距离群读，大大提高效率。同时，可以避免人工盘点中的失误情况。

RFID 管理资产给永辉超市带来了以下效益。

1）大量节约人力、物力。科技的进步是为了解放劳动力，缩短社会必要劳动时间。RFID 的应用，可以大大提高固定资产盘点的效率，减少在固定资产管理中的人力投入，节约在固定资产盘点中所应用的物资。

2）资产明晰，账实相符。利用 RFID 进行固定资产管理，可以实时获取资产相关信息，做到账面信息与实物信息相一致。对于大型连锁超市而言，这是经营管理中非常重要的一部分，是公司审计顺利进行的前提条件。

3）资源配置，合理利用。固定资产信息实时获取更新，有利于企业的资源配置，将资源更好地在各门店之间进行调度，避免资源的闲置，提高经营效益。

4）利用 RFID 技术进行固定资产管理，于连锁超市而言，是开源节流、提高经营效益的重要途径。

（资料来源：http://www.linkshop.com.cn/web/archives/2017/389375.shtml?sf=wd_search.）

问题：

1）连锁超市固定资产管理的难点、重点是什么？

2）运用 RFID 技术管理资产给永辉超市带来了哪些效益？

自 测 题

一、单项选择题

1. 销售时点管理信息系统的简称是（　　）。

    A. GIS   B. GPS   C. POS   D. EDI

2. 电子订货系统是指（　　）。

    A. POS   B. MIS   C. EOS   D. EDI

3. 电子数据交换系统是指（　　）。

    A. POS   B. MIS   C. EOS   D. EDI

4. 迄今为止最经济、实用的一种自动识别技术是（　　）。

    A. RFID 技术   B. GIS 技术   C. GPS 技术   D. 条形码技术

5. （　　）不是构成 EDI 系统的要素。

    A. EDI 软件   B. 计算机人员

    C. 通信网络及数据标准化   D. 硬件

6. 前台系统是指（　　）。

    A. POS   B. MIS   C. EOS   D. EDI

7. 后台管理系统是指（　　）。

    A. POS   B. MIS   C. EOS   D. EDI

8. 高效率消费者回应系统是指（　　）。

    A. 电子收银系统   B. QR   C. ECR   D. 以上都不是

9. 在连锁商业企业信息系统中，由各种管理系统组成，实现数据的整理、分析、处理，并涉及总部、配送中心和门店的是（　　）。

    A. 后台计算机系统

    B. 电子收银系统

    C. POS

    D. 外部银行、供应商的联系和资料的传递、结算

10. 下列有关连锁企业信息特征的叙述中，正确的是（　　）。

    A. 信息量小   B. 信息更新快

    C. 信息内容简单   D. 信息来源单一

二、多项选择题

1. 下列属于连锁经营管理核心技术的是（　　）。

A．物流管理技术　　　　　　　　　　B．信息管理技术

C．运输管理技术　　　　　　　　　　D．采购管理技术

2．连锁企业物流配送中心的货物分拣一般采用两种方式来操作，即（　　　）。

A．人工分拣　　　　B．摘取分拣　　　　C．播种式分拣　　　　D．机器分拣

3．构成 RFID 系统的主要要素有（　　　）。

A．电子标签　　　　B．阅读器　　　　C．天线　　　　D．数据

4．EOS 的功能主要有（　　　）。

A．销售管理　　　　B．订货管理　　　　C．盘点管理　　　　D．信息管理

5．GPS 在连锁经营中的用途有（　　　）。

A．确定配送中心位置　　　　　　　　B．合理规划配送路线

C．合理调度控制车辆　　　　　　　　D．实时查询商品信息

三、简答题

1．简述连锁经营信息管理系统的主要构成。

2．简述 POS 的构件和功能。

3．简述电子订货系统的主要功能。

4．简述 RFID 技术在连锁经营管理中的作用。

5．简述 GPS 系统的主要特点。

自测题部分
参考答案 5

=== 项 目 实 训 ===

　　以小组为单位，选择当地一家连锁企业，对其信息技术的运用情况进行实地调查，观摩相关人员的操作流程，分析该信息管理系统的组成及其功能特点，并由各小组汇总资料。有条件的学校安排学生进行收银机货款结算的实习和后台管理系统的模拟实训，提高学生的实践技能。

项目六
连锁企业商品管理

项目六课件

案例导入

屈臣氏的商品管理

屈臣氏集团是全球著名的保健品、美容产品、香水及化妆品零售商，在亚洲及欧洲 34 个市场、1800 多个城市共拥有 19 个零售品牌，每星期在全球各地为超过 2500 万人服务。屈臣氏制胜的模式是"独特的产品组合（日用品、美容及保健品、特色商品）＋保证优质＋每周新品不断＋惊喜不断"的购物环境。屈臣氏的自有品牌产品由于具有独一无二的特点，只能在其连锁店才能购买到，形成极具特色的差异化经营模式。例如，屈臣氏针对不少女性消费者被高跟鞋磨脚问题困扰，开发出脚掌贴、脚后跟贴，在业界打出了名气。屈臣氏一直致力于满足消费者的特定需求，推出具有特色的独家产品。在过去几年，屈臣氏在个人护理产品市场中占据了 21%的市场份额；其自有品牌品种数量由最初的 200 多个产品类别，迅速增长到目前的 1000 多个，自有品牌产品由于可靠的品质和良好的性价比赢得了中国消费者更多的认同和信任。

屈臣氏的成功在于其成功的商品管理。连锁企业要做好商品管理主要是做好商品定位与组合、商品编码、管理好主力商品、自有品牌开发、商品促销等工作。

（资料来源：http://baike.baidu.com/view/56468.htm.）

任务一　商品定位与组合

【知识目标】　掌握商品定位的含义、原则和方式；熟悉商品组合、商品群、商品分类的方法。

【能力目标】　培养学生未来为连锁企业进行商品定位和商品组合的能力。

【素质目标】　能够运用商品管理的知识分析连锁企业的商品定位与组合。

一、商品定位概述

连锁企业应考虑用什么商品满足目标顾客的需求，这将直接影响到连锁店的销售额，以及店铺在顾客心目中的形象。商品定位也应随季节、时尚、文化及顾客偏好等因素的变化而随时调整。

（一）商品定位的含义

商品定位是指连锁企业根据目标消费者和生产商的实际情况，动态地确定商品的经营结构，实现商品配置的最优化。商品定位包括商品品种、档次、价格、服务等方面的定位。

连锁企业更倾向注重消费者的利益，商品定位是企业决策者对市场判断分析的结果，同时又是企业经营理念的体现。连锁企业常通过商品定位来设计企业在消费者心目中的形象。例如，太平洋百货通过商品定位确立了其在消费者心中时尚、高档的形象；而沃尔玛的"天天平价"则不断强化其在普通老百姓心目中价格便宜、实惠的形象。

进行商品定位时需考虑以下因素。①顾客满意度。这是商品定位的首要条件。②长期性。商品定位是一种长期行为，通过长期满足目标消费者需求方可确立其良好形象。③竞争性。商品定位能够命中目标消费者的喜好，能够从众多竞争商品中显示出独到之处，吸引消费者选择并重复购买。

总之，商品定位应达到让目标消费者认为你的商品就是比别人的好的目的，从而获得持久的竞争优势，这就是当前市场营销所推崇的"赢在定位"。

（二）商品定位的原则

连锁企业商品定位是一个复杂的过程，受多种因素影响，需要遵循以下4个原则。

1．商品定位须与连锁店业态相一致

每一种零售业态都有其自身基本特征和商品经营范围，业态的差别决定了商品的重点不同。无论哪种业态都应明确解决谁是目标顾客、他们的需求是什么、如何满足他们等问题。例如，仓储式大卖场商品往往大而全，能让消费者一次购足所需的全部商品；便利店仅选择日常生活中常用的商品，商品结构往往窄而浅，品种少，同类产品的选择余地也较小。

2．适应目标消费者需求变化

连锁企业的商品定位一定要与目标消费者日益成熟的消费结构相适应，及时调整商品结构以满足消费者随着生活水平不断提高而日益提高的消费要求。

3．掌握影响目标顾客的主要因素，并进行重点分析、准确定位

影响目标顾客的主要因素有地理因素、人口因素及心理因素。地理因素通常指连锁店所处位置及周围环境。例如，闹市区、城乡结合部、居民住宅区、交通枢纽，以及周围的气候条件等因素都会影响目标顾客的购物习惯。大卖场通常位于自驾顾客方便停车及交通方便的位置，而主要面对工薪阶层的标准超市要考虑公共交通的便利性。人口因素则是指目标顾客的性别、家庭结构、收入水平、受教育程度、年龄等因素对顾客消费习惯和消费心理所产生

的影响。心理因素指目标顾客所处的阶层、生活方式、价值观念、个性等。在收入水平和受教育程度都提高的情况下，目标顾客的心理因素对消费习惯的支配作用在增强，并以较大的力量影响商品定位。因此，连锁企业必须将一些影响较大的因素作为重点进行分析，准确进行商品定位。

4. 遵循个性化、简单化、标准化的原则

个性化即要与同业企业铺有不同的商品定位，经营出自己的特色，从而使目标顾客产生直接联想，一旦需要购买商品首先就能想到这家企业。简单化是指操作程序简洁高效，便于执行。标准化则有利于降低成本。

（三）商品定位的方式

1. 无差异型定位

连锁企业采取这种定位，不考虑细分市场的区别，推出一种产品来追求整个市场。无差异型定位的优越性在于成本的经济性，这种定位方式可以降低存货、运输、广告、调研等方面的成本。无差异方式只适用于提供的产品或服务具有同质性的连锁店，如粮油连锁店，以及大部分快餐连锁店和美容、理发、洗染、冲印等服务业连锁店。

2. 差异型定位

连锁企业采取差异型市场定位就是同时服务于几个不同类型的细分市场，或者根据每一门店所处地理区域内的消费对象来确定服务内容和服务政策。菲利普·科特勒在《营销管理：分析、计划和控制》中提供了一个典型的案例。爱迪生兄弟公司所经营的 900 家鞋店可分为 4 类不同的连锁店，以此来迎合不同的细分市场：查达勒连锁店出售高价的鞋，贝克连锁店出售中等价格的鞋，伯特连锁店出售低价的鞋，威尔达·佩尔连锁店重点销售样式时尚的鞋。尽管商店位置设置接近，却互不影响它们的业务。这一战略，使爱迪生兄弟公司成为全美国最大的女性鞋类零售公司。但是，差异型市场定位会增加连锁店的经营成本，同时在制定不同的、互不冲突的服务内容和服务政策上也存在较大的难度。

3. 集中型定位

连锁企业只选择一个细分市场，这就是集中型市场定位。该定位使连锁企业提供的产品专一化，营销组合也是特定的，经营成本和管理难度都低。因此，只要连锁企业选择的细分市场恰当，就能获得较高的投资回报。如今，很多连锁企业都采取了这种市场定位方式。例如，麦当劳以年轻人为主要目标市场，肯德基以家庭成员为目标市场，星巴克将年轻人和白领作为其目标顾客，北京华联超市主要面向高收入顾客群和外籍人士。连锁企业采用集中型市场定位要慎重选择细分市场，防范经营风险，因为当连锁企业只将产品或服务提供给一个极小的市场时，经营风险便会增加，一旦该目标市场的需求无法满足或者发生变化，连锁企业将面临严重的经营危机。

二、商品组合

（一）商品组合的定义

商品组合又称商品经营结构，即各种商品线、商品项目和库存量的有机组成方式。简言之，企业经营的商品的集合，即商品组合。商品组合一般由若干个商品系列组成。

商品系列是指密切相关的一组商品。此组商品能形成系列，有其一定的规定性。有的商品系列是由其中的商品均能满足消费者某种同类需求而组成，如替代性商品（牛肉与羊肉）；有的是其中商品必须配套在一起使用或售给同类顾客，如互补性商品（手电筒与电池）；有的可能同属一定价格范围内的商品，如特价商品。商品系列又由若干个商品项目组成。商品项目是指企业商品销售目录上的具体品名和型号。图 6-1 所示为某超市的商品组合举例。

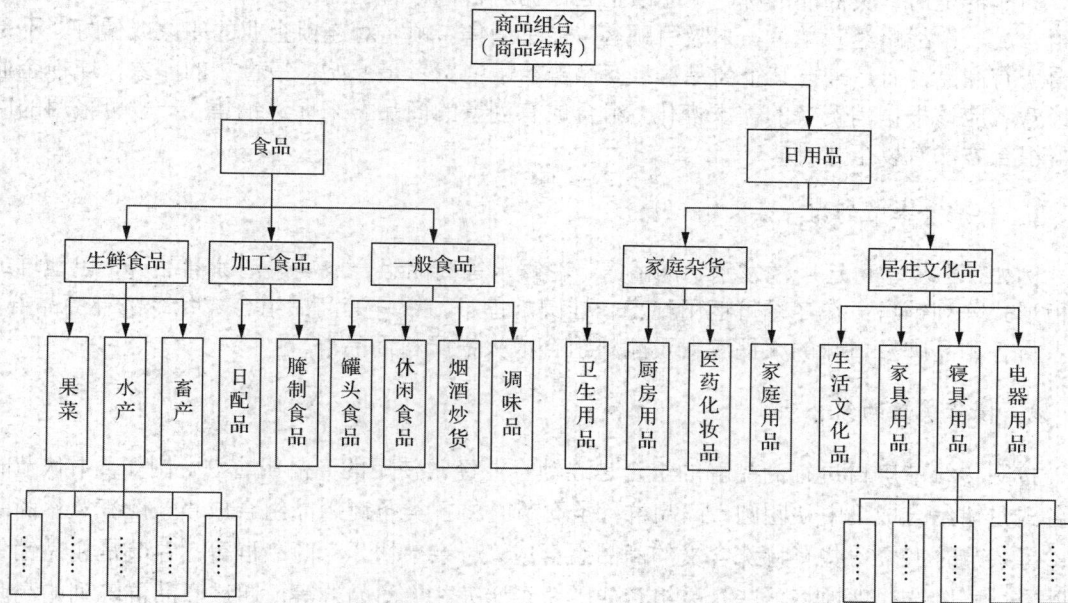

图 6-1　某超市的商品组合

商品组合的目标有 3 个：一是给顾客的生活带来便利，二是能满足顾客的生活必需，三是让顾客购买方便和愉悦。

（二）商品组合的原则

1. 保持适当规模

适当规模是指顾客所能感觉到丰富且充足的商品种类，即让目标顾客感受到自己所需要的商品非常齐全。这时制定衡量标准的是顾客，而不是店铺经营者。就顾客而言，自己所关心的商品是否齐全是问题的关键，店方必须做好商品种类和数量的管理工作。

2．正确补充商品

连锁企业的陈列架上必须始终保持不低于最低陈列量商品。最低陈列量是指减少一定数量的商品时，将导致销售的停顿，即快要缺货的数量。因此，应在达到最低陈列量之前及时补充商品，避免缺货。

3．保持适当的库存时限范围

所有商品应以先进先出的原则来处理和销售，这是保持库存商品新鲜的绝对条件；同时应及时检查快要超过保质期的商品和超过库存时限的商品，做好明确标示。

（三）商品群组合方法

商品群是对一类商品的称呼，连锁企业依据对目标顾客的需求分析，通过一定方式将商品组合成一个战略经营单位，来吸引顾客、促进销售。顾客对连锁企业的印象或偏好，不是来自所有商品，而是来自某个商品群。商品群给了消费者最原始、最直接的印象，连锁企业的经营者应该根据消费者的需求变化，组合成有创意的商品群来促进销售。一般可采用的商品群组合方法有以下4种。

1．按消费季节的组合法

例如，在夏季可运用洗发水、沐浴露、花露水等商品组合成夏季清凉商品群，以地堆或专柜形式陈列销售；在冬季可运用红枣、桂圆、莲子、银耳等商品组合成冬令滋补商品群，或者将各种品牌及口味的火锅底料及蘸料组合成火锅配料商品群。

2．按节庆日的组合法

按照传统节庆日进行商品群的组合是连锁企业经常使用的商品组合法。例如，中秋节时以各式月饼组合成"中秋团圆"商品群；圣诞节时将各类圣诞用品组合成"圣诞狂欢"商品群；母亲节时汇聚一些有特殊含义的商品组合成"母亲节快乐"商品群等；春节是礼品销售的旺季，可以选择性地将一些礼品组合成"新春送大礼"商品群等。通过商品群陈列的高曝光率可以大大促进商品的销售。

3．按消费便利性的组合法

随着城市居民收入增加和生活节奏的加快，便利性成为消费者越来越旺盛的需求之一。例如，根据消费者追求便利性的特点，连锁超市可适时推出方便净菜系列、熟食制品系列、即食沙拉系列、水果拼盘系列等，并设立专柜供应。

4．按商品用途的组合法

在家庭生活中，许多用品在超市中可能分属于不同的部门和类别，但在使用中往往没有这种区分，如厨房用品系列、卫生间用品系列、沐浴用品系列、烧烤工具系列等。在旅游的旺季，连锁企业还可推出旅游方便食品和旅游用品的商品群等。

由于现代化社会中消费者需求变化的多样性，连锁企业的经营者必须及时发现消费者的变化特征，适时推出新的商品群，使商品的战略地位不断地充实新的内容。值得连锁企业经营者注意的是，构成商品组合的商品品项，必须使消费者有一个选择的内容，如商品的等级、价格、使用方法等都要做差异化的配置。

三、商品分类

（一）商品分类的概念

连锁企业所涵盖的商品范围非常广泛，特别是超市业态，从生鲜食品到各种杂货，几乎衣、食、住、用、行都是其经营范围。这些商品的特性不一样，储存条件、运输方法、处理技术、陈列技巧也各不相同。为了方便消费者购买，有利于商业部门组织商品流通，提高企业经营管理水平，连锁企业经营者须对众多的商品进行科学分类。连锁企业通常根据这些商品的某些特性或用途功能将近似的商品分门别类地予以归纳，并利用编码原则，有秩序、系统地加以整理组合。

在不同时期，商品的范围、分类对象并不完全相同，因此，商品分类的层次也不一样。目前，我国通常将商品分为大分类、中分类、小分类和单品 4 个层次，整个商店的商品构成由若干个大分类组成（一般不超过 10 个大分类），而大分类由几个中分类组成，中分类又由几个小分类来组成，小分类则是由几十个甚至几百个单品品项构成。商品分类的层次关系如图 6-2 所示。

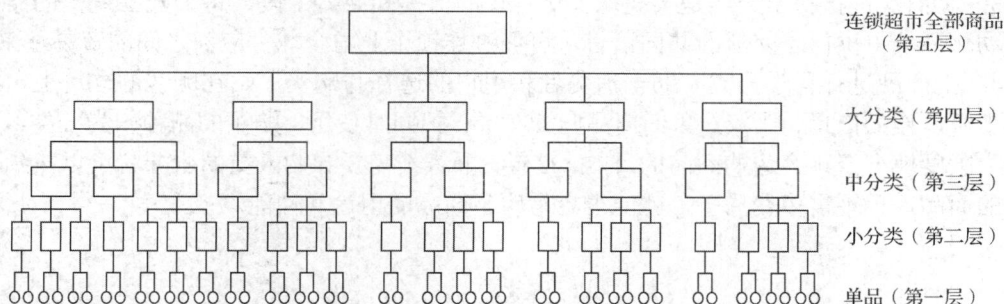

图 6-2 商品分类层次

通过以上的分类划分，商品的类别管理可划分得极其详细，有利于商品陈列和促销，每一次商品促销时都会依据不同类别的商品进行不同方式的促销，为商品销售额的提升奠定良好的基础。商品分类层次及其分类标准如表 6-1 所示。

表 6-1 商品分类层次及其分类标准

分类层次	含义	划分标准	说明
大分类	零售商品中构成的最粗线条划分	商品特性	为了便于管理，大分类一般以不超过 10 个为宜
中分类	大分类商品中细分出来的类别	功能用途	中分类在商品的分类中有很重要的地位，不同中分类的商品通常关联性不强，是商品间的一个分水岭；无论在配置上还是在陈列上都常以中分类来划分
		制造方法	
		商品产地	

分类层次	含义	划分标准	说明
小分类	中分类中进一步细分出来的类别	功能用途 规格包装 商品成分 商品口味	小分类是用途相同，可以互相替代的商品，往往陈列在一起，相邻陈列的不同小分类商品具有高度相关性
单品	商品分类中不能进一步细分、完整独立的商品品项	唯一性	最基本的层面，用价格标签或条形码区别开来

（二）商品分类的作用

商品分类是将成千上万种商品在商品生产与交换中实现科学化、系统化管理的重要手段，在发展生产、促进流通、满足消费，以及提高现代化管理水平和企业效益方面起着重要作用。

1）只有将商品统一分类后，才有可能将研究对象从每一个商品的个性特征归结为每类商品的特征。掌握了每类商品的共同特征，才能深入分析商品的质量变化规律，为提高商品质量和合理使用、储存与运输商品创造条件。

2）将商品进行分类是编制商品目录的基础。只有将商品科学分类，才能使编制的商品目录有条理、层次分明，便于管理和采购。

3）将商品进行科学分类是实现现代化管理的前提和必备手段，可为建立统一的商品信息自动化系统提供信息交流的共同语言，可促进连锁企业与全球供应商之间的贸易往来。

4）把商品进行科学分类有助于消费者和用户的选择与购买。站在顾客的立场上，按照用途把可以作为选择、比较对象的商品归为一类；把同时使用、购买的品种归为一类，以达到最大限度地方便顾客选购商品的目的。这样，顾客不需要导购人员的引导就可以找到自己需要的商品，也不需多费周折，就能很容易明了商品的用途和性能。

任务二 商品编码

【知识目标】 熟悉商品编码的含义、原则和方法。

【能力目标】 培养学生对商品编码理解和运用的能力。

【素质目标】 能够运用商品编码的知识分析连锁企业商品编码存在的问题并进行修正。

一、商品编码的概念

商品编码是指在商品分类的基础上，对各类、各种商品都赋予一定规律性的商品代码的过程。商品代码又称货号或商品代号，通常用一组阿拉伯数字或字母组成。

二、商品编码的原则

商品编码应遵循以下原则。

1）唯一性原则。唯一性是指商品项目与其标识代码一一对应，即一个商品项目只有一个代码，一个代码只标识同一商品项目。商品项目代码一旦确定，永不改变，即使该商品停止生产或停止供应了，在一段时间内（有些国家规定为 3 年）也不得将该代码分配给其他商品项目。

2）无含义原则。无含义原则是指代码数字本身及其位置不表示商品的任何特定信息。在 EAN 及 UPC（universal product code，商品统一代码）系统中，商品编码仅仅是一种识别商品的手段，而不是商品分类的手段。无含义使商品编码具有简单、灵活、可靠、充分利用代码容量、生命力强等优点，这种编码方法尤其适用于较大的商品系统。

3）简明性原则。代码应尽可能简明，即尽可能缩短代码的长度。这样既便于手工处理，减少差错率，也能减少计算机的处理时间和存储空间。

4）可扩性原则。在代码结构体系里应留有足够的备用码，以适应新类目的增加和旧类目的删减需要，使扩充新代码和压缩旧代码成为可能，从而使分类和编码集可以进行必要的修订和补充。

5）稳定性原则。代码必须稳定，不宜频繁变动，否则将造成人力、物力、财力的浪费。因此，编码时，代码应考虑其最少变化的可能性。只要商品的基本特征没有发生变化，代码就应保持不变。这样才能够保持编码体系的稳定性。

三、商品编码的方法

（一）直接使用商品条形码

商品条形码是指由一组规则排列的条、空及其对应字符组成的标识，用以表示一定的商品信息的符号。其中条为深色，空为浅色，用于条形码识读设备的扫描识读。其对应字符由一组阿拉伯数字组成，供人们直接识读或通过键盘向计算机输入数据。这一组条、空和相应的字符所表示的信息是相同的。

条形码技术是随着计算机与信息技术的发展和应用而诞生的，它是集编码、印刷、识别、数据采集和处理于一身的新型技术。1970 年，美国的食品杂货业率先在食品包装载体上使用这种条码，随后扩展到世界范围内使用。商品条码是商品的"身份证"，是商品流通于国际市场的"共同语言"。为了使商品能够在全世界自由、广泛地流通，企业无论是设计制作、申请注册还是使用商品条形码，都必须遵循商品条形码管理的有关规定。目前，世界上常用的条形码系统有两种：一种是以欧洲诸国为主体发展的条码，采用 13 位方式，称为 EAN 码，又称国际通用商品代码；另一种是以北美地区为主体发展的条码，采用 12 码方式，称为 UPC 码，又称美国商品代码。

EAN 商品条形码由国际物品编码协会制定，通用于世界各地，是目前国际上使用最广泛的一种商品条形码，我国目前在国内推行使用的也是这种商品条形码。EAN 商品条形码分为 EAN-13（标准版）和 EAN-8（缩短版）两种。

EAN-13 位编码的组成有条形码符号和相对应的阿拉伯数字符代码两部分，条形码便于机读，数字便于人工使用，其代码结构如图 6-3 所示（注：以下所写的位数从左向右数起）。

图 6-3　EAN 商品条形码

1．商品条形码的构成

1）前缀码（2～3 位）是国家或地区的独有代码，又称国别码。由 EAN 国际物品编码中心负责向世界各申请国家或地区颁发。例如，中国的前缀码为 690～699、471、489，韩国的为 880，泰国的为 885，新加坡的为 888；加拿大的前缀码为 05、07、08。

2）前缀码后面（4～5 位）为各个国家或地区物品编码中心分配给申请企业的企业代码，也就是制造商识别代码。

3）企业代码后面为产品代码（4～5 位），由生产企业自行赋码。

4）产品代码后面为校验码（1 位），是校验条形码使用过程中的扫描正确与否而设置的特殊编码，其数字由前面 12 位数字以一定公式计算得出。

5）以 690 和 691 开头的条码，由 4 位企业代码、5 位产品代码及 1 位校验码构成，例如：

690	MMMM	PPPPP	C
前缀码	企业代码	产品代码	校验码

6）EAN-8 主要用于包装体积小的产品上，其前缀码（2～3 位）、产品代码（4～5 位）、校验码（1 位）的内涵与 EAN-13 码相同。按照 EAN 的规定，只有印制条形码的面积超过总印刷面积 25%以上时才允许用 8 位码。因此，只有 EAN 总部及各国编码中心有权掌握它的分配和使用。

2．商品条形码的其他知识点

1）商品条形码在全世界范围内不重复，即一个商品项目只能有一个代码，或者说一个代码只能标识一种商品项目。不同规格、不同包装、不同品种、不同价格、不同颜色的商品只能使用不同的商品代码。

2）商品条形码的标准尺寸是 37.29 毫米×26.26 毫米，放大倍率是 0.8～2.0。当印刷面积允许时，应选择 1.0 倍率以上的条形码，以满足识读要求。放大倍数越小的条形码，印刷精度要求越高，当印刷精度不能满足要求时，易造成条形码识读困难。

3）商品条形码的诞生极大地方便了商品流通，现代社会已离不开商品条形码。据统计，目前我国已有 50 万种产品使用了国际通用的商品条形码。

（二）连锁企业自行编码

一些连锁企业进货时没有厂商的代码，为了管理方便，自己编制了一些商品信息于条形码上，用于商品结算，自行赋予它一定的意义，称为店内码。店内码的使用大致有两种情况。一种是用于商品变量消费单元的标识。例如，鲜肉、水果、蔬菜、熟食等散装商品是按基本计量单位计价，以随机数量销售的，其编码任务不宜由厂家承担，只能由零售商完成。零售商进货后，要根据顾客的不同需要重新分装商品，用专有设备（如具有店内条码打印功能的智能电子秤）对商品称重并自动编码和制成店内条码标签，然后将其粘贴或悬挂到商品外包装上。另一种是用于商品定量消费单元的标识。按这类规则包装的商品是以商品件数计价销售的,应由生产厂家编印条码,但因厂家对其生产的商品未申请使用商品条码或厂家印制的商品条码质量不好而无法识读,为便于商店 POS 系统的扫描结算,商店必须自己制作店内条码并将其粘贴或悬挂在商品外包装上。图 6-4 和图 6-5 所示是连锁店商品编码时常用的两种分类方法。

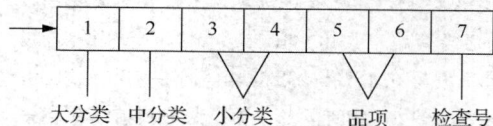

图 6-4　7 码分类法

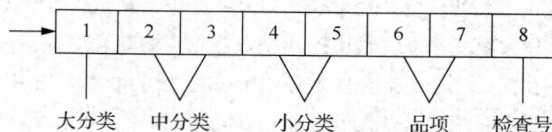

图 6-5　8 码分类法

拓展阅读

部分国家(或地区)的 EAN-13 条形码前缀码如表 6-2 所示。

表 6-2　部分国家(或地区)的 EAN-13 条形码前缀码

前缀码	编码组织所在国家(或地区)/应用领域
00001~00009,0001~0009,001~009, 030~039,050~059,060~139	美国
300~379	法国
400~440	德国
450~459,490~499	日本
460~469	俄罗斯
471	中国台湾
489	中国香港
500~509	英国
690~699	中国
958	中国澳门

注:根据中国物品编码中心网站资料整理。

任务三　主力商品的管理

【知识目标】　熟悉商品结构策略、商品结构类型,主力商品的选择、管理和优化。

【能力目标】　培养学生对主力商品选择、管理与优化的能力。

【素质目标】　能够运用商品结构知识对主力商品进行管理与优化,以提高营销目标。

拓展阅读

盒马鲜生的商品类别

盒马鲜生的经营理念是"新鲜每一刻，所想即所得，一站购物，让吃变得快乐，让做饭变成娱乐"。经营模式采取"线上＋线下＋餐饮"的运营模式，线下门店集合超市卖场、餐饮、仓储、分拣等功能。目前，盒马鲜生金桥店日均销售能达到 40 万元左右，综合毛利率在 18%～23%，客单价在 100 元以上，日均客流线上、线下均为 2000 人次以上（周末线下客流会多一些）。物流配送方面，采取"前场库存＋后场物流"的形式，并实行"免费配送＋零门槛＋3 公里半小时送达+无条件退货"制度。

盒马鲜生的主要目标顾客为中高收入的群体（25～45 岁的女性是其主要的消费群体），商品定位新鲜、健康、时尚、精致，并围绕着"大厨房"概念高度精选 SKU，整体商品结构特点体现为中高端进口商品多，大众商品全。具体类别规划及定编如表 6-3 所示。

表 6-3　盒马鲜生商品类别规划及定编

序号	类别		SKU	
			数量	占比/%
1	盒马外卖		73	1.52
2	蔬菜水果	应季水果	67	1.39
		时令蔬菜	196	4.07
		蔬果工具	34	0.71
3	餐饮料理	餐饮料理	16	0.33
		包装熟食	79	1.64
		切配净菜	155	3.22
4	海鲜水产	海鲜精选	16	0.33
		虾类	40	0.83
		蟹类	14	0.29
		贝类	39	0.81
		其他水产	12	0.25
5	肉禽蛋品	主题推荐	96	2.00
		牛肉	107	2.22
		猪肉	80	1.66
		羊肉	12	0.25
		禽肉	57	1.19
		蛋类	28	0.58
		腌腊制品	10	0.21
6	烘焙甜点	精致烘焙	126	2.62
		甜品饮品	24	0.50
7	乳品/低温	乳品饮品	371	7.71
		低温食品	237	4.93
8	酒水饮料	水/饮料	235	4.89
		酒	761	15.82
		冲饮	322	6.69

序号	类别		SKU	
			数量	占比/%
9	粮油干货	粮油干货	823	17.11
10	休闲零售	休闲零食	403	8.38
11	日用百货	纸品清洁	147	3.06
		厨房用具	230	4.78
生鲜合计			1281	26.63
食品合计			3152	65.53
日用百货合计			377	7.84
全店汇总			4810	100

（资料来源：http://www.linkshop.com.cn/club/archives/2017/825449.shtml?sf=wd_search.）

一、商品结构的策略

商品的广度是指经营的商品系列的数量，即具有相似物理性质、相同用途的商品种类（如化妆品类、食品类、服装类、衣料类等）的数量。

商品的深度是指商品品种的数量，即同一类商品中，不同质量、不同尺寸、不同花色品种的数量。保持合理的商品结构，对商店的发展有着重要的作用。商品广度和深度的不同组合，形成了不同商品结构配置策略。商品广度与深度的组合方式如图 6-6 所示，商品结构政策分析如表 6-4 所示。

		商品品种	
		深	浅
商品种类	广	商品种类多 商品品种多	商品种类多 商品品种少
	窄	商品种类少 商品品种多	商品种类少 商品品种少

图 6-6 商品广度与深度的组合方式

表 6-4 商品结构政策分析

组合方式	优点	缺点
宽而深	市场大、商品丰富、顾客流量大、能一次购足	资金占用多、形象一般化、很多商品的周转率低、商品易过时
窄而深	市场大、顾客流量大、投资宽而少、能一次购足、方便顾客	花色品种有限、满足顾客购物需要的能力差、形象较弱、顾客易失望
宽而浅	形象专门化、特定商品种类齐全、投资少、满足顾客购物需要的能力强、人员专业化	种类有限、市场有限、顾客流量有限
窄而浅	方便顾客、投资少	种类有限、顾客少、形象弱、顾客容易失望

资料来源：操阳，2008. 连锁经营原理与实务[M]. 北京：高等教育出版社.

二、商品结构的分类

连锁企业经营的商品结构，按照不同标志可分为不同类型。按经营商品的构成和销售比重划分，可分为主力商品、辅助商品、附属商品和刺激性商品。

1. 主力商品

主力商品也称拳头商品，是指那些周转率高、销售量大，在经营中无论是数量还是销售额均占主要部分的商品。大量统计资料表明，在连锁超市经营的全部商品中，销售量在前20%的商品品项的销售额可实现全部销售额的 80%左右，而剩下的 80%的商品品项的销售额实现总销售额的 20%左右。学者把超市经营中的此现象称为"20/80 原则"。其中占销售额80%的这部分商品称为"20"商品，这些"20"商品其实就是连锁经营中的主力商品。主力商品是连锁经营的重点商品，能够塑造企业的个性及差异性，体现企业的经营方针。可以说，主力商品的经营效果决定着企业经营的成败。主力商品除了具有高购买频率和销售额这两个基本特征以外，还有其他 3 个鲜明的特点。

1）协调性。在商品的设计、格调上都要与商场形象相吻合并且要予以重视。

2）季节性。很多商品在不同季节存在巨大的销售额差异，而主力商品通常都是配合季节的需要，能够多销的商品。由于主力商品群具有明显的季节性特征，所以连锁经营的主力商品不是一成不变的。

3）差异性。连锁企业主力商品通常能体现本企业的经营特色和个性，与竞争者同类商品相比，比较容易被顾客选择购买。这种差异性既可以是商品低价格的成本差异，又可以是商品"名、特、优、新"的差异。

微课：主力商品的管理

2. 辅助商品

辅助商品是指在价格、品牌等方面对主力商品起辅助作用的商品，或以增加商品宽度为目的的商品。辅助商品多为常备日用品，它可以衬托主力商品的销售。与主力商品相比，辅助商品的季节性和差异性特征相对较弱。其主要品类有以下 3 种。

1）价廉物美的商品。在商品的设计、格调上无须太重视，但对于顾客而言，价格较便宜，而且实用性高。

2）常备的商品。对于季节性方面可能不太敏感，但不论在业态或业种上，必须与主力商品具有关联性而且容易被顾客接受的商品。

3）日用品。即不需要特地到各处去挑选，而是随处可以买到的一般目的性的商品。

3. 附属商品

附属商品是辅助商品的一部分，其基本特征是购买频率和销售比重较低，与主力商品的关联性较差。它们通常是顾客在连锁店临时做出购买决定的商品，对满足消费者多样化需求起到不可或缺的作用。其主要品类有以下 3 种。

1）易接受的商品。即展现在商店中，只要顾客看到，就很容易接受而且立即想买的商品，如饰品。

2）安全性商品。具有实用性，但在设计、格调、流行性上无直接关系的商品，即使卖不出去也不会成为不良的滞销品。

3）常用的商品。即日常所使用的商品，在顾客需要时可以立即指名购买的商品。

4．刺激性商品

为了刺激顾客的购买欲望，连锁企业可以在上述 3 类商品群中，选出重点商品（必要时挑出某些单品来），以主题、系列的方式，在卖场显眼的地方大量地陈列出来，借以带动整体销售效果。刺激性商品的主要品类有以下 3 种。

1）战略性商品。即配合战略需要，用来吸引顾客，在短期间内以一定的目标数量来销售的商品。

2）新开发的商品。为了考虑今后的大量销售，商店积极地加以开发，并与厂商配合所选出的重点商品，包括连锁店开发的自有品牌商品。

3）特选的商品。通常由企业精心挑选出来，利用陈列的表现方式加以特别组合，具有强烈的吸引力且易引起顾客购买冲动的商品。

三、主力商品的选择

（一）主力商品选择应考虑的因素

主力商品选择应考虑如下因素。

1）影响顾客感觉的商品是门店在设计和整体格调上要重视的商品。

2）配合季节需要能够大量销售的商品。

3）与竞争店相比较容易被消费者选择的商品。

（二）选择主力商品的常用方法

1．信息统计法

信息统计法是指采购人员根据本企业 POS 汇集历史同期的销售信息来选择主力商品的方法。这些信息资料包括销售额排行榜、销售比重排行榜、周转率排行榜、配送频率排行榜等。这 4 个指标之间存在密切正相关性，核心指标是销售额排行榜。根据以上排行榜，挑选出排行靠前的 20%的商品作为主力商品。例如，超市经营的商品品项总数为 8000 种，则销售额排名 1～1600 位的商品就构成主力商品目录。信息统计法统计的信息完整、准确、迅速，是连锁超市尤其是规模较大的连锁企业选择主力商品的首要方法。

2．竞争店调查法

如果连锁企业刚成立不久，历史同期销售统计资料缺乏或者不全，可采用竞争店调查法来选择主力商品。通常是派出采购人员选择营业高峰刚过而理货员来不及补货的空档（如12:00～13:00 或 20:00 以后），到竞争店卖场去观察陈列主力商品的"磁石点"货架（如端头货架、堆头、主通道两侧货架、冷柜等）上的商品空缺率。通过对主力商品货架空缺情况的调查，将那些陈列空缺较多的商品初步定为主力商品的备选目录。这种方法简便易行，但调查容易受到竞争店店员的阻挠，且带有一定的偶然性。用这种方法选出的主力商品要考虑到竞争店是否将该商品作为特价促销。

3．经验法

对于那些规模小、尚无 POS 的连锁企业则可采用经验法。参照历史统计资料结合人工统计，在总商品品种中选择出销售额排名的前 20%品项作为主要商品。但要注意统计资料时间上的一致性，以及严格按照季节划分。经验法依靠人工统计，工作量大，主要适宜于 POS 系统尚未建立、规模较小的连锁企业。

四、主力商品的调整

由于主力商品群具有鲜明的季节性特点，加上消费需求和供货因素的不确定发生，连锁企业经营的重点商品是不断变化的，主力商品目录也应随之不断调整。

1．按季节变化调整

随着季节的变化，连锁企业的主力商品目录在一年的春夏秋冬至少要做 4 次重大的调整，每次调整的主力商品约占前一个目录总数的 50%。即使在某一个季节内，不同的月份因气候、节庆、假日等影响，主力商品也会存在一定差异，每个月主力商品的调整幅度一般会超过 10%。

2．按供货因素变化调整

例如，当某种商品的生命周期从导入期进入成长期、成熟期时，它可能会被引入主力商品目录；而当它从成熟期转入衰退期时，必然会在主力商品目录中被删除。又如，当某种新商品被成功开发引入超市专场时，或当某种商品即将组织一次大规模促销活动时，它们理应进入新的主力商品目录。

3．按消费需求变化调整

例如，某一位有号召力的明星正在为某种产品做大规模宣传广告，预计会对消费者偏好和消费时尚产生巨大的影响和推动时，这种商品很可能会进入新的主力商品目录。

以上 3 种变化调整中，从变化的规律性和预测的准确性角度看，季节变化的规律性最强，调整的准确性最高；而消费需求变化的规律性最不易掌握，调整的难度最大；供应因素变化规律性介于两者之间。

五、主力商品的保证

既然主力商品在连锁企业经营中占有举足轻重的地位，是经营管理的重点，那么如何强化管理，保证主力商品发挥应有的作用就成为商品管理的重中之重。一般而言，对于已选定的主力商品主要通过以下 5 种方式确保其主力地位。

1．采购优先

在制订采购计划时，连锁企业应将主力商品采购数量指标的制订和落实作为首要任务。

为保证主力商品供货的稳定和足量，应优先足额安排主力商品的采购资金，以保证主力商品在任何门店和任何时间都不会断档缺货。在此基础上，连锁企业应做好主力商品供应商的管理，保持长期合作以确保供应环节的稳定。

2．储存库位优先

在配送中心，要将最佳库存位置留给主力商品，尽可能使主力商品在储存环节中物流线路最短，这不仅是连锁企业降低物流成本的需要，也是保证主力商品指导思想在储存环节上的体现。

3．配送优先

在主力商品由配送中心运送到门店的运输过程中，应要求配送中心优先安排充足的运力，根据门店订货、送货要求，以最有效的运输方式保证主力商品准时、准量、高频率地配送。

4．陈列优先

在做采购计划时，应将卖场最好的区域、最吸引顾客的货架，指定留给主力商品，并保证主力商品在货架上有足够大的陈列量。主力商品一般应配置在卖场中的展示区、端架、主通道两侧货架的"磁石点"上，并根据预期销售额目标确定排面数。

5．促销优先

连锁企业促销计划的制订及实施都应围绕主力商品进行。主力商品的促销应成为超市促销活动的主要内容，各种商品群的组合促销应突出其中的主力商品。不要采用传统小商店经常让处理商品作为促销活动主角的做法，否则会因小失大，影响经营效益。

拓展阅读

大润发的堡垒商品

在门店管理方面，大润发堪称一个矛盾体。门店不具有正常销售商品的调价权，也不具有采购权，但在敏感性商品的价格方面，店长却享有业内最自主的权力——调整品类，可对敏感性商品进行竞争性调价。大润发内部称为堡垒商品。

大润发的堡垒商品共分以下几种：民生必需品、厂商直供的商品、销售量大（日均销量大于300件）的商品、价格最低（别人无法轻易攻破）的商品、好的陈列位置（促销区）的商品和季节性商品。大润发要求对堡垒商品志在必得，每一门店均设6～7人的市调小组，每日收集周边方圆5千米内竞争对手的数千项常购商品价格。在价格方面，大润发颇具有进攻性，敏感性商品价格每天调价一次，即使亏损也在所不惜。产品一变价，信息管理系统就会自动更新该产品的毛利率。而毛利率则直接与采购人员绩效挂钩，以刺激其低价采购。

（资料来源：根据相关资料整理。）

任务四　自有品牌的开发

【知识目标】　熟悉连锁企业自有品牌开发的意义和过程。

【能力目标】　培养学生对连锁企业自有品牌开发策略的理解和运用能力。

【素质目标】　能够运用相关知识分析连锁企业自有品牌开发的现状并提出建议。

拓展阅读

零售全球化带来自有品牌全球化

全球的零售格局在不断变化，自有品牌始终是其中一个重要的组成部分。

过去全球的零售企业用相同的方式扩张，一家公司通过在新的国家和地区开店或者和当地的零售企业进行合作开店来扩张，那么零售商自有品牌就会在这些海外新开设门店的货架上出现，开始培养新的客户群。在新零售时代，零售企业在通过创新的方法将其自有品牌推送到那些曾经的忠实客户及新客户手中。

在美国，得克萨斯州连锁卖场 HEB 将其自有品牌商品送到那些离开得克萨斯州去外地的顾客手中。方法很简单，如果是生活在纽约的得克萨斯州人，只需上网点击购买，产品就会送上门。UKROP 通过和其他零售企业合作将其自有品牌商品卖到自己门店以外的市场。在西班牙，Tesco 尝试吸引 30 万移居到西班牙的英国人，并和 Ei Corte Ingles 达成合作协议，将 Tesco 品牌的商品放在他们货架上。Waitrose 则采取比较激进的做法，采用同样的方法与 60 个国家的零售企业合作，尝试让海外成千上万的英国人能够在丹麦的 Coop 门店，在迪拜的 Spinneys 货架上，在澳大利亚、百慕大群岛、中国香港、沙特阿拉伯等多地买到 Waitrose Baby、Waitrose Duchy Organic 等品牌的商品。

通过自有品牌策略和合作，零售企业在新市场发现了新客户。Tesco 通过与西班牙的合作，同时获得了很多潜在客户的关注。最近 Tesco 宣布已经和 ALPHA 卖场达成协议，Tesco Goodness、Tesco Finest 和 Tesco Everyday 品牌已进入巴基斯坦。EMART 则与麦德龙合作，将其 No Brand 品牌的商品第一次在门店以外的地方销售，如在北京、上海、南京和杭州的麦德龙货架上销售。通过这个合作，他们可以触及 6000 万的中国消费者。而最新的做法是，这些零售企业不再和实体零售合作，而是通过和互联网巨头（如亚马逊、阿里巴巴及 Google）合作，将其触角伸向世界各地，同时消除所有的边界。德国零售商 Tegut 和亚马逊签署合作协议，通过合作，Tegut 能够提供给消费者购买几千种新产品的机会，而不用增加销售渠道。亚马逊也正在世界范围内进行扩张，计划进入印度、澳大利亚和南非市场，有计划要开设 Amazon Go Grocery 门店。同时，亚马逊也在尝试设立自己的全球配送系统以对抗竞争对手。

亚马逊不是唯一的互联网巨头，中国的阿里巴巴和众多零售企业成为合作伙伴，这些零售企业通过天猫平台销售其自有品牌商品。例如，Sainsbury、Aldi 和 Waitrose 通过平台可以触及 4 亿多阿里巴巴用户。Sainsbury 的首席财务官约翰·罗杰斯说："中国线上客户对于高质量产品的需求在不断增长，到目前为止英国早餐和下午茶系列产品的高销售证明了这点。这些产品包括 Sainsbury Taste &

Difference 早餐果干燕麦片、蜂蜜和坚果、茶、酥饼和 UHT 牛奶。"同时，这些互联网巨头也在布局自己的全球自有品牌，亚马逊是最突出的。亚马逊已经开发了食品和非食品的多个品牌，如 Mama Bear、Prestol、Wickedly Prime、Happy Belly 和 Elements Lines，涉及从饼干、婴儿产品到宠物产品和电池等多类产品。最近的 1010DATA 调查显示，亚马逊 ELEMENTS 产品在美元销售额中获得 16%的市场份额，仅次于 HUGGIES（33%）和 PAMPERS（26%）。报告还显示，消费者购买亚马逊自有商品的意愿高出其他同品类商品的 3 倍。因为这些自有品牌商品越来越受欢迎，这些品牌最终会逐渐成为真正的全球品牌。

　　一个全球扩张的零售新时代正在形成，并且由零售商及其自有品牌主导和引领。之前零售企业通过自有品牌策略获得了成功，它们将继续通过新的方法使其自有品牌依然站在零售前沿。

（资料来源：根据相关资料整理。）

一、自有品牌开发的概念与意义

（一）自有品牌开发的概念

　　自有品牌（private brand）是指由连锁企业开发、组织生产并归其所有的商品或公司符号和标记。自有品牌开发是指连锁企业通过收集、整理、分析消费者对某种商品的需求信息及要求，提出新产品的开发设计要求，并选择合适的制造商进行生产或自行设厂生产制造，最终以连锁企业自己的品牌进行销售的一种策略。

（二）自有品牌开发的意义

1. 有利于增强商品的竞争力

　　自有品牌的开发增强了商品竞争力，最突出的表现在于它实现了商品的低价。其中的原因主要有以下几点：①自己生产或组织生产有自家标志的商品，节省了流通费用；②内部销售，减少广告费；③包装简洁大方，节省包装费；④规模生产和销售，降低成本。

2. 有利于形成差异化的特色经营

　　连锁企业根据市场情况及时组织生产和供应某些自有品牌商品，可以使企业的商品构成和经营富有特色。企业以自有品牌商品为基础向消费者提供更全面的服务，借助于自有品牌又可进一步强化企业形象，两者相得益彰，形成企业自身对消费者独特的诉求。

3. 有利于充分发挥无形资产的优势

　　自有品牌开发与实施使企业的无形资产流动起来，也等于给企业增加了利润来源。通过商品赢得商标的信誉，使这种商标的信誉最终变成企业的信誉，从而赢得稳定的市场。

4. 有利于掌握更多的自主权

　　连锁企业以自有品牌进行销售活动，取得市场经营的主动权，同时也获得了定价的主动权。企业不仅获得商业利润，还可以获得部分加工制造利润，增强了抗击市场风险的能力。由此，连锁企业从厂家的销售代理人转变成为顾客的生产代理人。

5．有利于准确把握市场需求

自有品牌战略的选择，使大型连锁企业的优势能够得到有效的发挥。企业直接面对消费者，能够迅速了解市场需求动态，并及时做出反应。大型连锁企业实施自有品牌战略往往能够领先生产者一步，无形中增强了企业自身的竞争力。

6．有利于提高零售企业的经营管理水平

实施自有品牌战略，要求连锁企业必须造就和培养一批高素质的经营管理人才，因为此时的连锁企业不仅销售商品，还要负责产品开发设计、品牌管理、生产与质量检验、促销宣传等一系列复杂的整体营销工作，需要大批专业人才。

▌拓展阅读

零售商自有品牌正在流行

在英国的大超市里，自有品牌产品在货架上随处可见。近年来，零售商在自有品牌商品方面的信息不断增强，不断推出自有品牌的产品，并以低于其他品牌产品的价格销售，吸引了大量的消费者。当然，价格低并不是吸引消费者的唯一因素，更重要的是，零售企业自有品牌更具特色，在包装和质量上丝毫不逊色于其他品牌产品。

例如，英国零售商 Waitrose 销售的山核桃包装非常简单，塑料包装纸是透明的，标签上仅有单词 Waitrose，白色字体，黑色背景，旁边有一条橘色线。这种包装有着简约主义色彩，和寿司店等城市年轻专业人士钟爱的其他事物风格不谋而合。

对消费品制造商而言，这意味着更大的挑战。多年来，它们经常输给零售企业自有品牌，在欧洲尤为如此。因为零售企业自有品牌不需要做广告，并且可以降低价格。如今，与世界上主要消费品公司合作的包装设计师们表示，客户们纷纷对大型零售商的美学挑战做出回应。零售企业自有品牌不再效仿竞争对手，而是确定了自己的风格潮流，超市货架上的"丑小鸭"正在变成"白天鹅"。

自信源于实力。美国沃尔玛和英国 Tesco 等零售商的规模可带来诸多优势，包括卓越的信息优势，它们了解消费者的需求，并且正将其运用于设计当中。一般来说，创新新产品的主体是制造商而非零售商，但零售商的设计优势在于灵活性，可以针对特定群体进行量身定做的设计。这些品牌设计轻松、精炼、简约，富有地方特色，并且由于能够控制商店货架，很容易引起顾客的注意。

（资料来源：https://www.globrand.com/2010/477515.shtml.）

二、自有品牌的开发过程

（一）自有品牌商品的选择

如果单从市场盈利这个角度来说，只要毛利率高、市场上又存在制造商品牌空缺的商品，就可以在该产品类别中引入自有品牌商品。但是，并不是连锁企业内所有商品都适合开发自有品牌。在很多大型连锁零售店里，消费者会经常看到自有品牌的烘焙产品、蔬菜水果、小零食、巧克力、日用品、小工具、家纺产品及服饰等。一般来说，具有以下属性的商品比较适合开发自有品牌：①科技含量不高的大众消费品；②购买频率较高的商品；③价格较低的商品；④品牌意识不强的商品；⑤售后服务要求不高的商品。

（二）自有品牌商品的价格策略

一般来说，自有品牌商品的价格要明显低于同类商品的价格，比较合理的让利比例是20%~30%。如果定价比市场上的品牌商品低得太多，不但压缩了连锁企业的利润空间，而且很容易让消费者产生"价低质劣"的担心，不利于自有品牌商品的销售。在自有品牌发展的高级阶段，随着自有品牌商品的品质提升和品牌价值的增加，连锁企业自有品牌商品的价格和其他制造商品牌商品的价格差距逐渐减小，有些自有品牌商品的价格甚至要高于制造商品牌。例如，沃尔玛旗下的山姆会员店一直坚持高品质打造差异化自有品牌商品，其自有品牌"会员优选"便定位为"会员第一、品质第一"。目前，"会员优选"已成为山姆会员店的第一大品牌，其产品特质是独特而优质。

（三）自有品牌商品的开发方式

1. 战略联盟模式

战略联盟模式是指自有品牌开发企业与实力较弱的中小型制造商结成联盟，企业根据市场变化和消费者需求，进行产品的研发创新，制定产品的生产标准，然后委托这些中小型制造商加工生产，待验收合格后在产品上冠以企业自有品牌进行销售的一种策略。这种模式的优势在于连锁企业无须在生产场地和设备上投入大量的资金，运用生产企业的技术和产能就可以进行自有品牌商品的生产，使本企业专注于自有品牌的开发和商品销售。在该模式中，连锁企业要对生产过程进行全程的质量控制和监督，以确保自有品牌商品的质量符合标准。目前，战略联盟模式是自有品牌商品开发的主要方式。

2. 联合开发模式

联合开发模式是指连锁企业与实力强劲的大生产商联合开发自有品牌商品，共同分担开发费用，共担风险，共享利润。商品不但冠以连锁企业自有品牌，还冠以在市场上为公众所熟知的生产商品牌，形成鲜明的双品牌现象。例如，名创优品和洽洽食品集团合作了冠以"MINISO 洽洽瓜子"品牌的山核桃味与焦糖味瓜子。其原料葵花子产自内蒙古赤峰，粒大饱满，采用洽洽秘制配方和革新工艺制作，产品上市之后因"好吃不贵"成为坚果零食市场上的爆款。这种模式的优势在于可以充分利用实力强大的生产商的声誉及其在市场上的知名度，为消费者提供双重质量保障，降低消费者的购物风险，有利于提高连锁企业自有品牌的知名度和市场份额。

3. 自主开发模式

自主开发模式是指连锁企业进军生产领域的一种品牌开发模式。连锁企业充分利用盈余的资本投资设厂，自主设计、开发和生产产品，然后在自己的产品上加注自有品牌并置于自己的企业内进行销售，是一种典型的"前店后厂"模式。这种模式的优势在于连锁企业将从生产到销售的整个价值链整合在一起，有利于对其中各个环节的有效控制。例如，美国休斯敦的拉笛尔蔬菜超市是一家种植与销售融为一体的特色商店，该商店的生产基地——蔬菜农场与超市只隔着一层玻璃，人们可以从超市清楚地看到将要购买的蔬菜是如何生长的。由于拉笛尔蔬菜超市省去了到各地收购、运输和中间商等环节，损耗率极低，其售价比市场价普遍低 5%～7%，与同类蔬菜市场相比具有明显的质量和价格优势。

拓展阅读

沃尔玛的自有品牌商品

世界零售巨头沃尔玛是世界上自有品牌发展最快的零售商，在全球拥有 40 个自有品牌，其中 23 个是全球性品牌，在全球范围内已开发出了超过 19 万种商品。沃尔玛自从 1996 年进入中国市场之后，一直在中国市场积极开发和推广自有品牌，推出"质优价更优"的自有品牌商品。沃尔玛从已有的全球自有品牌中挑选出 13 个品牌在中国区发展，现阶段重点推广的三大自有品牌分别是"Great Value 惠宜"（日用品、食品）、"Mainstays 明庭"（家居日用、厨具、纺织品、箱包、文具、五金工具、园艺工具）和"Simply Basic 简适"（普通服饰）。沃尔玛的自有品牌商品品类非常丰富，而在陈列上，沃尔玛在自有品牌的推广上比较高调，卖场里凡陈列有自有品牌商品的货架上，均插有明显的标示牌，非常好找。沃尔玛在中国市场上的自有品牌如表 6-5 所示。

表 6-5　沃尔玛在中国市场上的自有品牌

英文品牌名称	中文品牌名称	涉及品类	品牌特征
Great Value	惠宜	日用品、食品	有价值、买得起的必需品
Mainstays	明庭	家居日用、厨具、纺织品、箱包、五金和园艺工具	功能强、简单、基本、传统、好用
Simply Basic	简适	普通服饰	简单大方，舒适超值
Select Edition	精选	纺织品、厨具	温暖舒适，温馨之家
Equate	宜洁	护肤及美容用品	清新自然，美丽生活
725 Originals	—	青春时尚服饰	青春潮流、个性、时尚
Penmans	彭曼	男士正装及配件	成熟大方，品质保障
Athletic Works	运动源	运动服饰、器械	活力四射，舒适大方
Kid Connection	—	玩具、童装	有趣多样，可靠安全
Durabrand	劲霸	小家电、家电配件	精巧实用，安全超值
Everlast	久耐	电池	可靠、持久
Parent's Choice	双亲之选	纸尿裤	舒适，安全
Extra Special	特选	有机食品	天然，健康

（资料来源：根据相关资料整理。）

任务五　商 品 促 销

【知识目标】　熟悉连锁企业促销方式及促销检查评估方法。

【能力目标】　培养学生获得商品促销的设计与执行的能力。

【素质目标】　能够积极有效地开展促销活动并进行简单促销方案的设计。

拓展阅读

支付宝牵手罗森试水跨国促销

日本大型便利店连锁企业罗森（LAWSON）集团（以下简称罗森）和运营支付宝的蚂蚁金融服务集团于 2017 年 6 月 15 日缔结了在日本的推广协定。从 7 月 1 日起的 1 年时间内，在日本罗森门店使用支付宝"花呗"结算，可按购物金额的一定比例获得返现。每逢周六在日本罗森门店使用支付宝还能获得打折券，打折券可用于阿里巴巴及蚂蚁金融服务集团旗下的网购、旅行等多种服务。

支付宝和罗森最早从 2016 年开始合作。2016 年 1 月，罗森位于成田机场的 9 家门店率先引入支付宝。此次则将范围扩大至全国 12 839 家罗森便利店。在日本，便利店有万能商店之称，其服务不仅深受当地民众喜爱，也满足了许多游客所需。据日本观光厅的调查显示，访日外国游客光顾便利店的概率从 2014 年的 52.8%上升到 2016 年 9 月的 65.2%。访日游客会在便利店里购买面包、饭团、酒和饮料等商品。

近年来，为了吸引中国消费者，日本商家纷纷引进中国移动支付服务。无印良品、高岛屋、近铁百货、优衣库、东京成田国际机场、大阪关西国际机场等，以及日本当地近 2 万个商户门店选择接入了支付宝。"双 12"期间，日本更是成为支付宝跨境线下交易的第三大海外市场。

（资料来源：http://www.linkshop.com.cn/web/archives/2017/380861.shtml?sf=wd_search.）

一、促销的内涵与作用

连锁企业促销是指对现有和潜在顾客，运用各种积极的方式来告知、劝说、提醒、吸引他们，进而刺激其购买需求，以增进连锁企业各类商品销售的一系列传播沟通活动。

对于连锁企业的经营活动而言，促销是非常重要的环节，有以下几个方面的作用。

（一）促销是扩大销售量、提高销售额的主要手段

随着顾客日趋成熟，市场竞争也不断激烈，促销已成为连锁企业扩大消费量、提高销售额的重要手段。连锁企业为了稳定销售额进而巩固其市场地位，频繁采用促销方式，特别是连锁商业零售业。某大型连锁百货与超市业态的经营商承认，在 2018 年的 365 天中，仅有 70 天没有促销活动，其余的 295 天都有各种促销，从节日到开业纪念日及自创的（如"火锅节"等）主题活动。通过各种促销，时刻提醒和刺激顾客消费，巩固连锁企业在顾客心中的形象。连锁企业通过促销诱导和激发消费需求，当商品处于低需求时，扩大需求；当需求

处于潜伏状态时，开拓需求；当需求波动时，平衡需求；当需求衰退时，吸引更多的新客户，保持一定的销售势头。

（二）促销是竞争取胜的有力手段

促销源于竞争，一般在促销策划时必须首先掌握竞争者的动向，特别是其促销方式、规模和影响。促销使顾客的单一品牌忠诚度下降。通过促销还可以集中强化顾客对商品的特定需求。此外，当连锁企业开展促销活动时，竞争者会采取对抗活动，为此连锁企业又必须采取应对措施。因此，通过进行卓有实效的促销活动是连锁企业在竞争中取胜的有力手段。

连锁企业为了吸引顾客，进行促销策划时往往强化其门店与顾客之间的信息沟通，在顾客心目中形成特定形象，使其对连锁企业门店及商品产生偏爱。

（三）促销可以有效反映连锁企业的经营活力

"价值导向"的营销观引导顾客消费，促销使顾客了解和乐于购买新商品。连锁企业的促销方式往往"寓教于售"，让顾客在学习过程中接受新事物。连锁企业通过新商品的现场试用、食品免费品尝及免费赠送等方式，迅速将新商品推荐给顾客，同时通过了解顾客反应和需求的变化也加深了企业对消费者的了解。

在日益同质化的竞争环境下，连锁企业通过独具特色的促销活动，反映自己独特的经营理念，突出不同的主题、特色商品和特色服务；大力宣传其与竞争对手的不同特点，强调本企业带给顾客的特殊利益，从而在市场上建立与巩固良好形象，使顾客产生亲切感和信任感，进而乐于到本企业门店购物，并可能积极口头宣传本企业，扩大企业知名度和可信度。

当门店通过特色广告或商品展示将顾客吸引到门店后，通过让顾客全面感知店面设计、服务等，树立企业的良好形象。例如，某大型超市在其周年店庆上推出"孝"文化，通过"十大孝子"评选及店面设计中突出的各种"孝"文化的提示牌等，使顾客（特别是中老年顾客）产生信赖与亲切感，从而偏爱到企业门店购物。

二、连锁企业商品促销的方式

（一）店头促销

店头促销是门店的一种形象促销活动，意味着门店要以最佳状态来吸引顾客，给顾客留下良好印象。店头是卖场形象的"指示器"，主要指门店卖场中的堆头和端头。堆头指在展示区、过道和其他区域做落地陈列的商品。堆头多做塔式陈列，即随地陈列。堆头不受体积大小限制，可以扩大品牌陈列面与顾客接触面，但需要认真规划，否则反而影响门店视觉效果。端头指卖场中央陈列货架的两端陈列的商品，由于顾客较易接触到，容易促进购买。

店头促销的主要表现形式有 3 种：特别展示区、货架两端（端头）和堆头陈列。这是顾客反复通过、视觉冲击力最强的地方，通常陈列促销商品、特别推荐商品、特价商品和新产品。这种方式尤其适合于大卖场这种连锁超市业态。通常一个堆头或端头与一个大供应商或大品牌对应。

店头布置必须迎合顾客的购物习惯，在商品层次、视觉、听觉等方面给予顾客足够的促销信息。店头促销对非计划型购物的顾客会起很大作用，在促销时所收集到的信息可以帮助连锁企业总部制订采购计划，选择供应商，确保企业的竞争优势。通过做好店头促销，改变商品陈列方式，增加销售势头好的商品数量可以强化和提高顾客满意度。

（二）现场促销

现场促销活动是指门店在一定期间内，针对多数预期顾客，以扩大销售为目的进行的促销活动。现场促销通常会结合人员促销以达到扩大销售额的目的。在现场促销活动中通常要注意控制时间与节奏，把握不同方式的促销卖点和特性。

现场促销通过现场促销人员的营业推广、快速开拓、多维营销、介绍商品、请顾客试用、张贴广告、赠送促销品等活动使门店和促销商品给消费者留下较深刻的印象。另外，现场促销活动的主体是门店，虽然可能由供应商提出建议并参与现场促销策划与协助活动执行。现场促销的效果是以促成销售额的多少来衡量的，现场促销的主要对象是多数有购买愿望或购买可能性较强的预期顾客。

现场促销的方式有以下几种类型。

1）限时折扣。门店在特定营业时段提供优惠商品刺激顾客购买的促销活动，如"店庆三天全场买200送100"等，限时折扣以价格为着眼点，针对顾客追求实惠的心理，刺激其在特定时段内采购优惠商品。通常限时折扣应通过宣传单预告或是营业高峰时段以广播的方式告知预期顾客，价格上有三成以上的价差才有足够的吸引力。

2）面对面销售。由门店店员直接与顾客面对面进行促销与销售，连锁超市的生鲜柜台往往采用面对面销售方式满足顾客对某些特定商品适量购买的需求，同时可以适时进行说明，以促进销售。面对面销售通常需要规划合适位置，并有具有专业知识及销售经验的人员来销售；强调商品特色及配合促销人员亲切服务，并让顾客自由选择，可以产生更好的效果。

3）赠品促销。这是顾客免费或付出某些代价即可获得特定物品的促销活动，如配合大型节庆或特定意义的日子的促销活动向顾客免费赠送气球、纸巾等，或是供应商推出新产品时实施的赠品促销。一般来说，赠品价值虽不高但必须实用、适量、具有吸引力。赠品有免费赠品（如气球、纸巾等），也有购买商品后送的赠品（如洗手液、玩具等）。

4）免费试用。免费试用即现场提供免费样品供顾客使用的促销活动，如免费试喝咖啡、试吃饼干、试用香水和护肤品等。这种方法可以提高特定商品的销售量，因为通过实际试用和专业人员介绍，能够增加顾客的购买信心和今后持续购买的意愿。

（三）POP 广告促销

1. POP 广告的含义

POP（point of purchase，卖点广告/店头陈设）广告的主要目的是将店家的销售意图准确地传递给顾客，在销售现场直接促进顾客即时购买的冲动。

POP 广告的概念有广义和狭义之分。

1）广义的 POP 广告是指凡是在商业空间、购买场所、零售店的周围、内部，以及在商品陈设的地方所设置的广告物，都属于 POP 广告。例如，商店的牌匾，店面的装潢和橱窗，店外悬挂的充气广告、条幅，商店内部的装饰、陈设、招贴广告、服务指示，店内发放的广告刊物，卖点进行的广告表演，以及广播、录像电子广告牌广告等都属于广义的 POP 广告。

2）狭义的 POP 广告仅指在购买场所和零售店内部设置的展销专柜，以及在商品周围悬挂、摆放与陈列用于促进商品销售的广告媒体。

由于 POP 广告符合现代的消费习惯，并且成本低廉、简单快捷，具有其他促销手段无法比拟的优势，在国际连锁零售业中担当着商品销售的重要角色。

2. POP 广告的作用

1）吸引顾客注意，引发购买兴趣。

2）塑造企业形象，与顾客保持良好的关系。

3）丰富促销手段，传达商品信息。

4）营造店内的购物气氛。

5）促进商家与供应商之间的互惠互利。

3. POP 广告的种类

在实际运用时，可以根据不同的标准对 POP 广告进行分类。不同类型的 POP 广告，其功能也不尽相同。按时间性及周期性可分为 3 种类型，即长期 POP 广告、中期 POP 广告和短期 POP 广告；按陈列的位置和陈列方式进行分类，有柜台展示 POP、壁面 POP、吊挂 POP、柜台 POP 和地面立式 POP 5 个种类；按不同位置 POP 广告的影响进行分类，POP 广告可分为招牌 POP（包括店面、布幕、旗子、条幅、电子屏幕等，其功能是传达企业识别标识、销售信息）、粘贴 POP（主要是以海报的形式反映店内商品信息、活动信息）、标志 POP（是超市内的卖场引导标志牌，用来向顾客传达购物方置的）、包装 POP（主要以礼品包装、赠品包装等形式促进商品的销售）、灯箱 POP（将灯箱固定在货架的端侧或者上侧，起到指定商品的陈列位置和形成品牌专卖的形象作用）等。

4. POP 广告的设置与摆放

POP 广告的设置高度要合适，数量要适中，时间要与促销活动时间保持一致，与商品之间的摆放位置要合理，而且需要保持清洁整齐。

（四）DM 广告促销

1. DM 广告的含义

DM 是 direct mail 的缩写，即直接邮递广告，也称直邮广告，即通过邮寄、赠送等形式将宣传品送到消费者手中、家里或公司所在地的广告。除了用邮寄投递以外，还可以借助于其他媒介，如传真、杂志、电视、电话、电子邮件及直销网络、柜台散发、专人送达、来函索取、随商品包装发出等方式将广告传递至消费者手中。由于 DM 广告具有操作简单、广告费用低等特点，现已被大多数超市采用。例如，家乐福每隔一段时间就会派发一次 DM 广告——家乐福快讯，如图 6-7 所示。

图 6-7 家乐福 DM 广告

2．DM 广告的分类

1）优惠赠券。当开展促销活动时，为吸引广大消费者参加而附有优惠条件和措施的赠券。

2）样品目录。零售企业可将经营的各类商品的样品、照片、商标、内容详尽地进行介绍。

3）单张海报。企业精心设计和印制的宣传企业形象、商品、劳务等内容的单张海报。

三、促销活动的检查与评估

促销活动结束后，应及时进行评估检查，找出经验或问题为以后的促销活动提供参考。应召集各部门相关人员就实施促销的效果与目标差异进行分析，进一步提升促销策划水平，巩固既有促销效果。

（一）促销活动检查

促销活动实施阶段，相关负责人一定要做好控制工作，保证促销活动严格按照具体操作计划实施；同时，及时收集相关信息与促销目标对照，根据外界变化和与预期目标不一致的情况制定相应的应对措施。整个过程中应及时对促销范围、强度、额度和重点进行调整，保持对促销方案的控制。

（二）促销效果评估

促销效果评估的方法主要有以下 3 种。

1）目标评估法。促销策划方案里会列出促销活动的目标，如销售量达到或提高多少，促销活动中及活动后应及时统计整理相关资料，以进行评估促销目标的达成情况。

2）促销前后对比法。选择促销活动开展前、中、后不同时段的销售量进行比较，通过比较结果来判断促销的成功与否。在采用促销活动后销售量有了明显增长，取得预期效果的促销是成功的，反之则是得不偿失。这一方法是判断促销成功与否的最直观依据。

3）消费者调查法。消费者是促销的直接对象，他们的意见最能体现出促销效果，因此通过组织相关人员抽取合适的消费者样本进行调查，了解消费者参与促销活动人数的多少、满意度高低来了解促销活动效果。一般主要评估消费者参与促销活动的踊跃程度，事后有多少消费者记得促销活动，他们如何评价、是否得到好处，对其今后购物选择是否有影响等。

▌拓展阅读

超市常见的 8 种促销方式

（1）降价式促销

降价式促销就是将商品低于正常的定价出售。其运用方式最常见的有库存大清仓、节庆大优惠、每日特价商品等方式。

1）库存大清仓。以大降价的方式促销换季商品或库存较久的商品、滞销品等。

2）节庆大优惠。新店开张、逢年过节、周年庆时，是折扣销售的大好时机。

3）每日特价品。由于竞争日益激烈，为争取顾客登门，推出每日一物或每周一物的特价品，让顾客用低价买到既便宜又好的商品，同时还能带动其他正常利润商品的销售。低价促销如能真正做到物美价廉，极易引起顾客的"抢购"热潮。

（2）有奖式促销

顾客有时总想试试自己的运气，所以抽奖是一种极有效果的促销活动。因为抽奖活动一般会有很多有诱惑力的奖品，容易激起顾客的参与兴趣，可在短期内对促销产生明显的效果。通常参加抽奖活动必须具有某些资格条件，如购买某特定商品、购买某一商品达到一定的数量、在店内消费达到固定金额，或回答某一特定问题答对者等。另外，需要注意的是，举办抽奖活动时，抽奖活动的日期、奖品或奖金、参加资格、如何评选、发奖方式等务必标示清楚，且抽奖过程需公开化，以增强顾客的参与热情和信心。

（3）打折式优惠

一般在适当的时机（如节庆日、换季时节），超市以低于商品正常价格的售价，即打折出售商品，使消费者获得实惠。

1）设置特价区。在店内设定一个区域或一个陈列台，销售特价商品。特价商品通常是应季大量销售的商品或是过多存货的商品，或是快过保质期的商品，或是外包装有损伤的商品。注意，不要把一些变质、损坏的商品卖给顾客，否则，会引起顾客的反感，甚至会被顾客投诉。

2）节日、周末大优惠。在新店开业、逢年过节或周末，将部分商品打折销售，以吸引顾客购买。

3）优惠卡优惠。向顾客赠送或出售优惠卡，当顾客在店内购物时，凭手中的优惠卡可以享受特别折扣。

4）批量作价优惠。消费者整箱、整包、整桶或较大批量购买商品时，给予价格上的优惠。这种方法一般用在周转频率较高的食品和日常生活用品上，可以增加顾客一次性购买商品的数量。

（4）竞赛式促销

竞赛式促销是融动感性和参与性为一体的促销活动，由比赛来凸显主题或介绍商品，除了可打响商品的知名度以外，更可以增加销售量，如喝啤酒比赛等。此外，超市还可举办一些有竞赛性质的活动，如卡拉 OK 比赛等，除了可使卖场气氛活跃外，还可借此增加门店的话题，加深顾客对门店的印象。

（5）展览和联合展销式促销

促销时，商家可以邀请多家同类商品厂家，在门店内共同举办商品展销会，形成一定声势和规模，让消费者有更多的选择机会；也可以组织不同类别商品的展销。在这种活动中，各厂商之间相互竞争，有效促进商品的销售。

（6）集点赠送式促销

想吸引顾客持续购买，并提高品牌忠诚度，集点赠送是一种非常理想的促销方式。这一促销活动的特色是消费者要连续购买某商品或连续光顾某零售店数次后，累积到一定积分的点券，可兑换赠品或折价购买商品。

（7）赠送式促销

赠送式促销是指在店里设专人对进店的消费者免费赠送某一种或几种商品，让顾客现场品尝、使用。这种促销方式通常是在门店统一推出新商品时或老商品改变包装、品位、性能时使用。赠送式促销的目的是迅速向顾客介绍和推广商品，争取消费者的认同。

（8）免费品尝和试用式促销

在促销时，门店可以在比较显眼的位置设专柜，免费品尝新包装、新口味的食品。非食品和其他新商品实行免费试用，鼓励顾客试用新商品，进而使其产生购买欲望。例如，许多连锁百货店设有美容专柜，免费为愿意试用新品牌化妆品的顾客做美容。国外零售店的香水柜台也常常进行免费试用。

（资料来源：根据相关资料整理。）

项目小结

连锁企业商品管理是连锁企业运营管理的核心所在。本项目主要介绍了商品定位的意义与方法，商品组合的内容及方法，商品编码的方式，商品结构的内容，主力商品的选择、管理与优化，自有品牌的作用及开发过程，商品促销的作用、方式、检查与评估等内容。

案 例 分 析

MINISO名创优品联手洽洽食品，打造年轻人最喜爱的"网红"坚果

众所周知，MINISO 名创优品有许多被"粉丝"买断货的爆款，如通过抖音走红的香体喷雾，补货速度跟不上售卖速度的粉红豹、牙刷、耳机、名创冰泉等。在这一群抢眼的佼佼者中，其实还有一个不是那么引人注目的"隐藏爆款"，那就是 MINISO 名创优品的各种零食。

MINISO 名创优品的草莓干、芒果干、坚果等，都曾经多次登上美食博主推荐的名单前列，微博关键词搜索也是好评如潮。据了解，MINISO 名创优品的芒果干仅在自有渠道的月销售量就高达近 40 万袋、草莓干月销售量近 30 万袋。很多人在排队买单时，随手拿起来丢进购物篮后，从此就爱上了它们。很多年轻女性说，现在只要来到 MINISO 名创优品的店铺，都会选择一些看似不起眼实则非常好吃的小零食，作为日常学习、工作时的消遣零食。

好吃不贵是 MINISO 名创优品零食一贯的原则，很多消费者爱上 MINISO 名创优品的零食，都是"始于颜值、陷于价格、忠于口味"的。一流的精选口味、一流的供应商、一流的食材、一流的生产环境，是 MINISO 名创优品零食质量保证的秘诀。

国内知名老牌食品企业洽洽食品也是看到 MINISO 名创优品对待消费者的这份认真负责的态度，决定与其合作，联合推出了一系列深受好评的干果系列，如开心果、夏威夷果、碧根果、山核桃瓜子、焦糖瓜子等。商品采用卡通式的包装设计，里面是独立小包装，干净又精致，口味又沿袭了洽洽坚果一直以来的酥、脆、咸、香，如今也是销量惊人的爆款产品。

每一样产品都受到消费者追捧，对品牌来说自然是一件值得庆祝的事，但比起树立品牌、打造"爆款"，MINISO 名创优品更希望消费者能从品牌理念、产品中得到一种启发，树立一种积极健康的生活方式。MINISO 名创优品从没有刻意去打造网红爆款产品，"无心插柳柳成荫"，品牌将每一样产品都做到最好的认真用心，才是让每一样产品都能成为"网红"的真正原因。

（资料来源：http://vr.sina.com.cn/news/hz/2018-04-27/doc-ifztkpip0447119.shtml.）

问题：

1）MINISO 洽洽品牌坚果采取的是什么样的自有品牌开发方式？该模式适合怎样的企业之间合作开发？有什么优点？

2）为什么坚果系列产品适合进行自有品牌的开发？

自 测 题

一、单项选择题

1. 不能进一步细分、完整独立的商品品项是（　　）。
   A. 大分类　　　　　B. 中分类　　　　　C. 小分类　　　　　D. 单品

2. 目前绝大部分商品都采用（　　）。
   A. 原印码　　　　　B. 自编码　　　　　C. 店内码　　　　　D. 条形码

3. 主力商品选择最常用的方法是（　　）。
   A. 排序法　　　　　　　　　　　B. 信息统计法
   C. 随机挑选法　　　　　　　　　D. 按供应商挑选

4. 打破原有商品分类，将凉席、灭蚊剂、电风扇等组合成一个新的商品群，这是按（　　）组合的方法。
   A. 节庆假日　　　　　　　　　　B. 消费便利性
   C. 消费季节　　　　　　　　　　D. 商品用途

5. 将光明乳业生产的不同品质商品（如鲜奶、纯鲜奶、酸奶、高钙奶）、不同目标顾客商品（如婴儿奶粉、学生奶粉、孕妇奶粉、老人奶粉）、不同包装（如盒装、袋装、瓶装）、不同容量（如 250 毫升、750 毫升）的奶制品组合成一个光明乳业乳制品商品群。上述的商品群组合方法是（　　）。
   A. 按消费便利性组合　　　　　　B. 按商品用途组合
   C. 按价格组合　　　　　　　　　D. 按供应商组合

6. 将超市商品按商品特征划分为畜产、水产、果菜、日配加工食品、一般食品、日用杂货、日用百货、家用电器等是属于商品分类中的（　　）。
   A. 大分类　　　　　B. 中分类　　　　　C. 小分类　　　　　D. 单品

7. 将浴巾、拖鞋、肥皂、洗发膏、香水、剃须刀等组合成常用沐浴用品商品群。这是（　　）。
   A. 按消费便利性组合　　　　　　B. 按消费季节组合
   C. 按商品用途组合　　　　　　　D. 按供应商组合

8. 主力商品是企业经营的重点商品，它在商品结构中占 20%～30%的比例，但创造整个卖场（　　）的销售业绩。
   A. 20%～30%　　　B. 40%～50%　　　C. 70%　　　　　D. 80%

9. 在连锁超市中，鲜鱼、肉制食品、散装水果、蔬菜等宜采用（　　）。
   A. 免费试用法　　　　　　　　　B. 赠品促销
   C. 限时折扣　　　　　　　　　　D. 面对面销售

10. 某服饰品牌专卖店每年新年都会将一些品牌服饰实行两小时（如 8:00～10:00）五折销售活动，此种促销方式为（　　）。

　　A．展示促销　　　　　　　　　　　　B．店头促销
　　C．赠品促销　　　　　　　　　　　　D．限时折扣促销

二、多项选择题

　　1．下列商品定位的方式中，正确的有（　　　）。
　　A．无差异型定位　　B．差异型定位　　C．专业型定位　　　　D．集中型定位
　　2．为保证主力商品的核心地位，必须做到（　　　）。
　　A．采购计划与进货数量优先　　　　　B．资金安排与付款落实优先
　　C．储存库位与配送运力优先　　　　　D．陈列优先
　　3．商品可以从不同角度加以组合，形成不同类别的商品群。其中，较为常用的划分办法是根据各种商品群在卖场销售业绩中所引起的不同作用将商品结构分为（　　　）。
　　A．应用性商品群　　　　　　　　　　B．主力商品群
　　C．辅助性商品群　　　　　　　　　　D．附属性商品群
　　4．商品编码的原则有（　　　）。
　　A．唯一性原则　　　　　　　　　　　B．无含义原则
　　C．可扩性原则　　　　　　　　　　　D．稳定性原则
　　5．（　　　）比较适合开发自有品牌。
　　A．购买频率高的商品　　　　　　　　B．价格较高的商品
　　C．品牌意识不强的商品　　　　　　　D．科技含量不高的商品

三、简答题

自测题部分
参考答案6

　　1．商品条形码是如何组成的？查看任意一种商品的条形码并分析其构成。
　　2．主力商品是如何进行选择的？
　　3．如何保证主力商品的供应和销售？
　　4．适合开发自有品牌的商品都有哪些特征？
　　5．开发自有品牌对连锁企业有什么好处？
　　6．简述促销的内涵与作用。

项 目 实 训

　　以小组为单位，对本地3家不同业态的连锁企业进行调查，观察其商品组合，调查商品的大分类、中分类和小分类，找出其主力商品、辅助商品、附属商品和刺激性商品，并比较分析各种业态的连锁企业商品结构的特征和商品组合策略。

项目七
连锁企业门店营运管理

项目七课件

案例导入

新店"变脸"，Logo 追求时尚现代

近来，玩"变脸"的大牌还真不少。麦当劳的门面颜色不再是熟悉的红黄色组合，黑色的门面透着一种经典和时尚的味道；卖咖啡的星巴克把 Logo 里的"Starbucks Coffee"字样"拿"掉了；李宁品牌把标志里的"一切皆有可能"改成了"LI-NING"。这些"变脸"的背后，透露出企业经营策略的调整。

1. 新标志追求时尚、现代

记者在凤起路上新开的麦当劳店看到，与以往的红黄色调不同，门面换成了看上去偏黑的色调。

"今年浙江麦当劳的装修风格采用了全新 Form 经典设计。"麦当劳相关人士告诉记者，这种设计起源于欧洲，这也是麦当劳餐厅的全新升级，现在新开的麦当劳都采用了这一风格。如今，麦当劳的招牌设计风格各异，门头招牌设计一方面要体现品牌的视觉形象，但是也要符合当地的文化及店面环境特点，"未来几年中国市场 80%的餐厅都将进行形象升级"。显然在进入中国市场那么久后，"洋品牌"也想改变一下在中国老百姓心目中的固有印象，将自己定位得更现代、更时尚，力求吸引更多已经成长起来的"90 后"消费者。

想通过改头换面来吸引"90 后"消费人群的不仅仅是"麦当劳，国内运动品牌李宁也选择向时尚靠拢。李宁品牌原来的 L 形标志换成了"李宁交叉"动作的抽象表现，希望通过标志的改变，塑造品牌的高端形象，吸引"80 后"和"90 后"消费者。

2. 大公司换标风盛行

星巴克也展示了自己的新标志，一个"拿"掉了"Starbucks Coffee"字样的美人鱼形象开始正式启用。换标后的星巴克不再仅是开咖啡店，还计划着将自己批量生产的咖啡、蛋糕、冰激凌等摆到超市的货架上。此外，星巴克的速溶装咖啡已经进入各大超市货架。

（资料来源：http://www.xixik.com/content/6668bba588b67875.）

任务一　认识连锁企业门店营运管理

【知识目标】　理解和掌握连锁企业门店（以下简称门店）的营运管理的目标，以及连锁企业总部对门店营运的控制途径。

【能力目标】　培养学生对门店进行营运管理的工作能力。

【素质目标】　能够运用门店营运管理的知识，对门店进行现场管理。

一、门店营运管理的目标

（一）制定门店营运管理目标的意义

许多连锁企业之所以成功，是因为它们制定了统一、相对固定的经营模式。例如，麦当劳、肯德基、家乐福、沃尔玛等，都在全球进行着统一和标准的成功运作。统一和标准意味着高效率，是现代连锁企业管理的核心内容。

连锁经营的规模效益是通过连锁门店的发展得到的。门店营运依靠的是门店店长及其带领的其他管理人员的管理，且各门店之间营运水平有所不同，必须按营运的标准化、规范化、系统化来体现每一个门店的工作质量、操作质量、商品质量和服务质量，从而达到最佳的经营效益。

门店营运管理是一个作业化管理过程。连锁经营各环节是专业化协作的分工，体现在各岗位上的作业过程是简单化和单纯化的作业性配合，因此较易产生分工所带来的高效率。可以说，连锁企业从工业生产中导入了专业化分工协作的经营方式，完全改变了传统零售业的工艺过程，使现代零售业的作业方式焕然一新。

围绕着连锁经营这根规模发展轴的运转，管理标准对于轴的驱动具有核心作用。也就是说，如果管理的发展跟不上连锁店的规模发展，那么规模越大效益越差，门店开得越多，产生的亏损面可能越大。管理标准和管理活动本身就是维系连锁经营统一运作的根本，因此明确的管理目标与制定严格的科学管理标准是驱动连锁公司规模发展的核心。

（二）门店营运管理目标的内容

门店营运管理的要求，用一句话来概括，就是不折不扣、完整地把连锁企业总部（以下简称总部）的目标、计划和具体要求体现到日常的作业化管理中，实现连锁经营的统一化。门店营运管理的目标主要有以下两个方面。

1. 销售的最大化

门店的营运必须按部就班，从各项基本的事务着手，使门店能够步入正轨。为了圆满实现营运目标，门店管理人员应重点抓销售，因为销售本身就是门店的主要业务。只有尽可能扩大销售额，才能实现门店的利润目标。销售的最大化并不是盲目地或单纯地运用各种促销方式来达成的，而是必须通过正常的标准化营运作业来实现。

2. 损耗的最小化

提高门店的销售额似乎是每个零售业者努力的目标。但是不管提高了多少销售额，如果不严格控制门店各环节的损耗费用，那么门店可能只有很低的利润，甚至没有利润乃至亏损，所有的努力都是白费的。因此，损耗的最小化是提高经营绩效的一条重要途径，同样也是门店营运管理的主要目标。

二、总部对门店营运控制的内容

连锁经营通过总部与门店的分工，实现了决策与作业的分工。总部是决策中心，而门店是作业现场。门店根据总部制定的营运与管理标准，实施具体的作业程序，最终实现门店的协调运作。总部制定的营运与管理标准，实质上就是详细、周密的作业分工、作业程序、作业方法、作业标准和作业考核。总部就是依据这些标准对其门店营运进行有效控制的。总部对门店营运控制的主要内容有以下7个方面。

1. 商品布局与陈列控制

门店的商品布局与陈列是根据总部的商品布局图与商品配置表来实施的，其反映了连锁企业的经营思想和营业目标。如果门店对总部所确定的商品布局与陈列做了很大变动，就无法实现连锁企业统一的营业目标。因此，门店管理人员必须把控制门店商品布局与陈列和实现总部目标联系起来，一般可以从以下两个方面加强控制。

1）商品位置控制。总部在检查门店时，应根据商品的布局位置图，核对各类商品位置是否变化。特别要注意展示区、端架上的商品是否已做了移位，以保证门店商品布置符合总部要求，体现连锁经营的统一性。

2）商品陈列控制。商品陈列控制的重点：一是商品陈列的排面数是否发生了变化，排面数实际上确定了商品的最高陈列量和出样面，不得低于或高于营业手册规定的排面数；二是商品货架陈列位置是否按总部要求进行布置。

2. 商品缺货率控制

对于还没有采用自动配货的连锁企业来说，总部会强调主力商品的订货数量，目的是防止门店发生主力商品的缺货。商品缺货率的管理主要是对主力商品缺货率的控制，至于缺货率控制在什么比例，各连锁企业可自定，一般定为2%左右较为合适。

3. 单据控制

门店每天都要接收大量的商品，不管是配送中心还是供应商送来的货都必须随带送货单据。总部要严格规定单据的验收程序、标准、责任人、保管和走单期限等，以控制违规签单、违规保管、违规走单，保证货单一致的准确性，从而保证核算的准确性和供应商利益，同时也控制门店的舞弊现象。

4．盘点控制

盘点是总部控制门店经营成果的重要手段，其主要内容包括以下 3 个方面。

1）检查盘点前的准备是否充分，但要防止在盘点开始前几天，普遍发生门店向配送中心要货量较大幅度下降的状况。

2）检查盘点作业程序是否符合标准，是否实行了交叉盘点和复盘制度。

3）制定并实施总部对门店的抽查制度。有条件的连锁企业可成立专业的盘点队伍，专职进行门店抽查工作。

5．缺损率控制

缺损率是失窃率和损耗率的统称，缺损率失去控制就会直接降低门店的盈利水平。目前，国内大部分连锁企业实行缺损率承包责任制，落实到人。这种方法虽然很有效，但要注意负面影响，今后方向是在加强责任制的同时，注重设备的保养和先进技术的应用。

6．服务质量控制

门店服务质量直接关系到连锁企业的信誉和市场影响力，其管理手段主要有 3 个方面：第一，增强服务意识，进行教育与培训，充分认识到教育与培训是控制服务质量的重要手段；第二，加强技能训练，不断提升服务水平和顾客满意度；第三，增设必要的服务设施，为门店服务质量的提升打好基础。

7．经营业绩控制

总部对门店经营业绩一般可采取月销售额（含工资和奖金）的方法来进行控制。使用此方法控制时应注意月销售额目标含义理解的明确性和销售指标确定的科学合理性。

三、总部对门店营运控制的途径

总部对门店营运的控制主要通过以下 3 种基本途径来完成。

1．编写门店营业手册

编写门店营业手册并监督、检查门店执行情况是总部的重要职责之一。门店营业手册的编写实质上是将门店经营的经验、技巧上升为明确的原则、标准和程序。任何一个总部所制定的营业手册应包括门店经营过程中的每个作业环节和岗位的流程及操作要求，使门店员工有章可循，按总部要求和目标开展门店的各项作业，达到对门店营运的有效控制。

2．建立完整的培训体系

对连锁企业而言，标准化操作的前提是要有高质量的培训。离开培训，门店营业手册所规定的作业标准就难以为员工所理解、接受和执行，总部对门店的控制就无法实施。因此，建立完整的培训体系是总部实施有效控制的关键所在。通常，完整的培训体系按纵向可分为以下两个层次。

（1）职前培训

职前培训是指新员工进店后的基础培训，偏重于观念教育与专业知识，让新员工明确连锁企业的规章制度、职业道德规范，以及相应工作岗位的专业知识。职前培训的基本内容如下。

1）服务规范培训。服务规范培训的目的是让每个员工真正树立依法经营、维护消费者合法权益的观念。培训的基本内容包括服务仪表、服务态度、服务纪律和服务秩序等。这些培训有助于提高门店的服务质量，树立良好的企业形象。

2）专业知识培训。专业知识培训的目的是使员工在树立正确的经营观念基础上，理解各自工作岗位有关的专业知识。专业知识一般可分为售前、售中、售后3个阶段的专业知识。售前，即开店准备阶段，主要包括店内的清扫、商品配置及补充，以及准备品的确认等；售中，即营业中与销售有关的事项，主要包括待客销售技巧、维护商品陈列状态和收银等事项；售后，主要包括门店营业结束后的工作事宜，建立良好的顾客利益保障制度和商品盘点制度等工作。

（2）在职培训

在职培训偏重于在职前培训基础上的操作实务性培训。培训内容按各类人员的职位、工作时段、工作内容和发展规划等开展，主要涉及人员有店长（值班长）、理货员、收银员等门店工作人员。

1）店长的培训。主要包括店长的工作职责、作业流程、现场指导、员工问题的诊断与处理、商品管理、会议的准备与召开、顾客投诉处理、报表填写与分析、门店促销和资料管理等内容。

2）理货员的培训。主要包括理货员的工作职责、作业流程、商品陈列、商品标价和商品盘点等内容。

3）收银员的培训。主要包括收银员的工作职责、收银操作、顾客应对技巧、简易包装技巧和货币的识别等内容。

4）一岗多能的培训。在门店营运管理中，为了减少用工人数和费用支出，提高门店盈利水平，企业必然会要求员工除了掌握本职岗位所需的知识和技能外，充分发挥其一专多能的作用。因此，需要进行一岗多能培训，以提高劳动效率。

3．运用现代技术实行动态控制

总部为了实现对门店的有效控制，可运用现代计算机技术和网络技术建立统一管理的技术平台，对整个系统的营运情况进行实时监控与分析，并实时查询门店的营运与管理状况，实现门店业务数据的动态传递，使总部能及时发现门店经营管理中的问题，采取有效措施加以解决。

四、门店现场管理

门店现场管理是指店长按营业手册制定的操作规范和程序对门店营业现场所进行的计划、指挥和控制等活动。门店现场管理的目的是创造良好的企业形象，增加来店顾客数量，提高客单价，扩大销售。

门店现场管理的重点有5个方面。

1）卫生管理。门店应按卫生管理规范的要求确保营业场地整洁，过道通畅，设备、货架布局合理，时刻保持设备、货架、柜台、橱窗等的干净、明亮，不擅自乱贴店内广告等。

2）陈列管理。要求门店做到卖场布局合理、商品丰富、货架丰满，并根据商品保质期做到先进先出；商品应显而易见、易取易放，商品组合合理等。

3）商品管理。开展科学的商品管理，注意收集 POS 系统的信息和利用 ABC 分类法筛选畅销商品，灵活订货、补货，扩大畅销商品的陈列空间，定期检查畅销商品的库存和货架卡，以确保畅销商品不断档。

4）服务管理。使用规范的服务用语，按规定的程序和要求处理好缺货及客户投诉等问题，以提高顾客满意度，防止顾客流失，稳定顾客队伍。

5）现金管理。应重点抓好收银管理，按规定的收银流程和要求进行收银作业，把差错率降低到最低限度。

任务二　连锁企业门店的设计与布局

【知识目标】　了解连锁门店设计与布局的基本原则；掌握门店外观和内部的设计方法。

【能力目标】　培养分析连锁门店外观和内部设计与获得好的经营效果之间关系的能力。

【素质目标】　能够运用门店设计与布局的知识进行门店外观和内部的设计。

拓展阅读

门店的店面装修照明设计

在愈演愈烈的商战中，门店的店面装修照明正在逐步进入人们的视野成为商场设计中重要的一部分，并被视为重要的营销手段。飞利浦照明中国工程渠道总监认为："好的店铺照明，是提供诸多吸引顾客进入店铺的有效方法之一，并使他们对商品发生兴趣，从而帮助商家销售产品。"

1. 门店的店面照明——明亮与节能大行其道

成功的门店店面照明设计，需要以优质的照明产品来贴合顾客的感受，营造轻松愉悦的气氛，引导顾客产生积极的消费心理。在门店店面照明领域，飞利浦不仅扮演照明产品供应商的角色，还是一位出色的照明顾问，为业主提供专业、全方位的照明解决方案。从装修风格和布局基本照明，到货品陈列的特殊照明，在每个细微之处，飞利浦为顾客购物创造出与众不同的光环境，让顾客尽情享受整个购物过程，体验购物带来的乐趣。

巴黎春天百货是一家大型的百货集团，定位于向顾客提供高端时尚精品。为契合巴黎春天百货要求的人性化购物环境，店堂的基本照明主要使用了飞利浦三基色荧光灯。因为其显色性较高、光照自然，能让商家和顾客始终保持轻松愉悦的好心情，达到专业的照明水准；而且它还有一个显著的优点——节能。对于商场要求明亮（光源使用量大）、关注销售额（营业时间长）和为顾客营造良好购物氛围的现实需求，使用三基色节能荧光灯，带给业主的是可观的成本节约和商场魅力指数的节节攀升。由于百货业的营业时间长，店面分布广泛，且维修时间必须在营业时段外，对灯的质量要求尤为重要。而飞利浦照明产品寿命长的特性出色地满足了业主的这一要求。

2. 专卖店照明——撷取奢侈品和运动品门店照明之长

传统的奢侈品门店照明要求低照度，希望营造出高端和品位的吸引力；而传统的运动品牌门店照明要求让灯光反映出受众需要的青春和活力。在如何撷取两家之长方面，NIKE 专卖店的灯光设计一直延续着全球运动品牌专卖店的经典。

NIKE 专卖店使用了在业内被誉为"商业场所照明之王"的飞利浦陶瓷金卤灯。其准确分布的灯光不仅能很好地揭示陈列商品的独特性，还具有防强烈反射光线的功能。在这样的光线下，消费者能充分感受 NIKE 商品的高档质感。NIKE 专卖店的另一个显著特点是让从店堂外到店堂内的光线过渡流畅，且又层次分明。为了做到这点，设计师匠心独运：从进门开始，明亮的光环境和不同区域有层次感的照度分布，能帮助消费者产生愉悦的购物心情，刺激消费者的购物欲，这些都构成了 NIKE 专卖店的活力的源泉。

专业的照明设计和实施，有力地推动了 NIKE 系列商品的销售业绩，更让 NIKE 的品牌形象更加深入人心。

（资料来源：根据相关资料整理。）

一、门店设计与布局的基本原则

门店的设计与布局，关系到门店经营的成败。因为它是一种较微观的经营手段，所以，对顾客的影响较大。门店的外部设计具有方便顾客和广告促销的作用，它可以吸引顾客注意门店，并进入门店。门店的内部设计和布局，也称店堂布局，它的本质是以入口为始点、出口为终点的消费通道。科学的店堂布局，可以达成最佳的消费通道，使消费流合理流动，促进消费的连续实现。

门店设计与布局应当遵循以下原则。

1. 醒目、刺激顾客的原则

连锁企业开设门店的目的是让顾客消费，而顾客消费的前提是进入门店；顾客进入门店前必须先关注门店；而顾客关注门店的前提是门店给顾客以刺激。达到醒目、刺激顾客的手段很多，如富有创意的店名、醒目新颖的店名字体、简洁明快的标识、有特色的大门、宽敞的店前广场、五颜六色的条幅等。

2. 方便顾客的原则

方便顾客是连锁店铺经营的基本点之一，主要包括以下几点内容。
1）从交通往来角度讲：方便顾客到达、离开和寻找店铺。
2）从交通工具停放角度讲：停车场要宽敞方便，进出畅通无阻，收费合理。
3）从进入门店角度讲：店门外不能有任何障碍物，使顾客能方便地进入商店。

4）从顾客购买商品的角度讲：让顾客在店内能够方便地接触到所有商品，店内所有商品的摆放都能让顾客看得见、摸得着。无论高处的商品还是低处的商品，不用服务人员的帮助，顾客可以自如地取放商品。

3. 促进消费的原则

促进消费也就是尽量延长顾客在店内的停留时间，使顾客尽可能多地消费。到超市、百货店、便利店购买商品的顾客，即时性购买的比例占 70%~80%。因此丰富、新鲜的商品，会大大刺激顾客的消费欲望。顾客在货架前停留的时间越长，购买商品的可能性就越大。

4. 创造良好的购物环境，使顾客快乐的原则

门店是一个取得顾客好感、让顾客留下美好回忆的空间。经营者应尽可能利用售卖空间，做到照明（灯类）、音响（声音）、装潢布置（视觉）、气味（味觉）、温度（体觉）的有机配合，创造一个良好的、有独特个性的购物环境。这样留给顾客的是满意、满足和快乐，使其成为回头客。

5. 安全性原则

连锁店铺是人员聚集的地方，也是货物、资金、设备集中的地方，一旦出现安全事故，损失会非常严重。店铺设计应侧重于安全事故的防范和安全撤离。这里的安全事故主要包括倒塌、火灾、毒气、疾病、地震等。

二、门店的外观设计

门店的外观主要是指店面和门店周围环境的布局，它主要起着吸引顾客注意并进入店铺和方便顾客的作用。一般来说，连锁企业的外观设计主要有以下三种类型。

1）全开放式，也称敞开式。这种类型的门店的店面完全敞开，没有橱窗（图 7-1）。这种设计过去主要用于水果、蔬菜等销售生鲜商品的零售店铺，现在已经延伸到越来越多商品品类的零售店，如快时尚服装商店、杂货店、面包店、奶茶店、餐饮店等。

图 7-1　全开放式店铺

2）半开放式，或称为半敞开式。这种类型的门店设有陈列橱窗，但是橱窗较小而出入口较大，顾客通常可以在路过商店的时候很方便地看清楚商店内部的情景（图7-2）。大多数精品服装商店或礼品饰品商店采用这种类型，肯德基、麦当劳、星巴克等外资餐饮店也以这种类型为主。

图7-2　半开放式店铺

3）全封闭式。这种类型的门店的出入口较小，通常有陈列橱窗，顾客进出要开关门（或自动启闭）。这种设计方式的好处是店内和店外隔离，顾客可以自在地挑选商品而不受外界干扰。受传统商业习俗和气候的影响，我国北方的门店多采用封闭式的店面设计。其他经营黄金首饰、珠宝、工艺品等的门店也多采取全封闭的设计方式。此外，很多日式餐饮店的设计也通常采取全封闭式的设计风格。

三、门店的内部设计

顾客对门店环境的评价，不仅仅表现在外部环境上，更主要地表现在内部环境上。营业场所内部的布局设计，无论是对顾客购物，还是对企业进行管理、销售人员现场操作都是十分重要的。它不仅可以提高商店有效面积的使用率、营业设施的利用率，还能为顾客提供舒适的购物环境，使顾客获得购物之外的精神上和心理上的某种满足，使他们产生重复购买行为。因此，营业场所的布局设计历来被认为是能否获得好的经营效果的关键因素之一。

1．地面的设计

在门店中，顾客通过的地方和陈列售货的地方，地板可以统一装潢，而不必用不同的材料铺设。但商场内地板材质的选择，要求和天花板、墙壁的选用材料形成一个系列，三者协调。另外，地板是店堂中和顾客接触最直接、最频繁的地方，要十分注意其带给顾客的良好触觉印象，还要顾及商品陈列与地板的配合效果。地板在图形设计上有刚、柔两种选择。以正方形、矩形、多角形等以直线条组合为特征的图案，带有阳刚之气，比较适合经营男性商品的零售门店使用；而圆形、椭圆形、扇形和几何曲线形等以曲线组合为特征的图案，带有柔和之气，比较适合经营女性商品的零售门店使用。

2．墙壁与天花板的设计

大型卖场内墙壁设计的总体要求是坚固、廉价与美观，因为大型卖场的壁面绝大多数被货架和物品遮挡。相较于高档服装连锁店、电器连锁店，大型卖场商品陈列与壁面配合的效果要求要低得多，在大型卖场壁面装潢上要尽可能节约，但材料必须坚固，这是因为大型卖场经营冷冻食品，产生的水汽对墙壁有侵蚀作用。而对于高档连锁店，则应该重点考虑墙面的装饰材料和色彩。

天花板的作用不仅仅是把商店的梁、管道和电线等遮蔽起来，更重要的是创造美感，创造良好的购物环境。天花板设计力求简洁，在形状设计上通常采用平面，也可以简便地设计成垂吊型或全面通风型。天花板的高度根据卖场的营业面积决定，如果天花板做得太高，难以调动顾客的购物情趣。但做得太低，会使顾客产生一种压抑感，无法享受视觉和行动上舒适和自由浏览的乐趣。一般营业面积在 300 平方米左右时，天花板高度为 3～3.3 米；营业面积在 600 平方米左右时，天花板高度为 3.3～3.6 米。

天花板的设计装潢除了要考虑高度之外，还须将其他相关设施结合起来考虑，如卖场的色调与照明协调，空调机、监控设备、警报装备、灭火器的位置等。

3. 照明设计

灯光照明是对店铺的"软包装"，体现着店铺在一定时期内的经营思想，也可向顾客传达信息。店铺内柔和明亮的照明，能够准确地传达商品信息，消除陈列商品的阴影，展现商品的魅力，美化环境，同时还可引导顾客入店，便于顾客采购商品。商店照明一般分为以下几种类型。

1）基本照明。采用天花板上配置白炽灯和荧光灯为主，以保持整个商店的均匀亮度。设计商店的基本照明时，若以店内照度为准，并设它等于 1，则其他各部分应取不同比例。例如，大约店前照度为其 1/10，主要是考虑顾客有一个短暂的视觉适应过程，并引导顾客入店；店内正面照度为其 2.5 倍，以展示商品；橱窗照度为其 3 倍，以突出橱窗内的商品。

2）重点照明。重点照明是指对商品及其陈列商品的货架进行照明，以方便商品的选购。重点照明一般采用聚光灯、探照灯等进行定向照明，亮度为基本照明的 4～5 倍。而且，灯光应根据商品种类、形状、性能采用不同照射角度。

3）装饰照明。装饰照明是作为店内装饰空间层次而使用的照明，主要采用彩灯、壁灯、吊灯、挂灯和霓虹灯等照明设备。例如，有选择地在商品货架上方设置霓虹灯广告牌，能以强烈的光线、绚丽的色彩，烘托出购物气氛；在营业厅中小格局式的店中店内装饰各种彩灯、壁灯等，也会给顾客以赏心悦目的感受。

4. 色彩设计

卖场的内部色调变化主要体现在地面、天花板、墙面、货架柜台等部位。色彩可以对顾客的心情产生影响和冲击，采用明快、庄重、和谐的色调会取得不同的艺术效果。例如，暖色系统的货架，放的是食品；冷色系统的货架，放的是清洁剂；色调高雅的货架，放的是化妆用品等。因此，在色彩的设计上，注意色调设计的变化与和谐的统一，以及与企业标准色的配合。一般有以下几种色彩设计方式。

1）对比手法。充分利用标准色，与其他同类商店形成明显区别，并形成自己的风格，便于顾客识别。

2）利用色调变化，衬托商品。这里需了解不同颜色所产生的视觉刺激和心理效应。例如，红色、橙色、黄色等暖色比较显眼，容易引起人们的注意，用来表现兴奋、快乐的情绪；紫色、蓝色、绿色等冷色不太显眼，用以表达宁静、安详的气氛。根据商品的消费特性恰当进行配色将直接影响购买者的购物感受。

3）根据季节性变化，调节商店环境的色调变化。例如，春季调配嫩绿等冷色调，给人以春意盎然、万物更新之感；夏季调配淡蓝色等冷色调，给人以凉爽宜人之感；冬季则可调配浅橘红色等暖色调，给人以温暖舒适之感。

4）根据不同年龄段的人对色彩的不同偏好，对相应商品的陈列环境进行色彩设计。例如，幼儿偏爱红色、黄色（纯色）；儿童偏爱红色、蓝色、绿色、黄色（纯色）；青年人偏爱红色、蓝色、绿色；中年人偏爱紫色、茶色、蓝色、绿色；老年人偏爱深灰色、暗紫色、茶色。

5．气味与声音的设计

商场里的气味，对营造良好的氛围来说，显得至关重要。如果气味异常，商品的销售就不会达到预期的销售目标；气味正常，人们的嗅神经就会对这些气味做出反应，吸引顾客购买商品。例如，餐馆利用食品气味增加人们的食欲，化妆品店利用芳香气味吸引顾客，宠物商店利用动物的自然气味和声音讨好顾客等。声音同样影响顾客的情绪，并有助于氛围的形成。超市中慢节奏的音乐能使人们走得更慢；临近打烊时播放萨克斯名曲《回家》有助于顾客尽快离场回家；过年、过节时轻松愉快的节日音乐让顾客在购物时更加心情愉悦，流连忘返。

调查结果显示，在卖场里播放柔和而节拍慢的音乐，会使销售额增加 40%；播放快节奏的音乐会使顾客在商店里停留的时间缩短而购买的商品减少。因此，每天商场刚刚开门营业时，适合播放舒缓柔和的轻音乐，而当晚上即将息业打烊时，就需要播放节奏较快的音乐或歌曲，促使顾客早点离场。

6．营业现场的通道设计

营业现场的通道包括主通道与副通道。主通道是引导顾客行动的主线，而副通道是指顾客在店内移动的支线。主、副通道设置的目的不是迁就顾客的随意走动，而是要与商品的配置位置与陈列相适应。良好的通道设计，能引导顾客按设计的自然走向，走遍店堂每一个角落，让顾客接触到各种商品，使营业现场空间得到有效利用。因此，营业现场通道设计应从方便顾客行走，有利于大件商品的进出和便于顾客浏览、挑选商品等方面考虑。具体来说，营业现场的通道设计有以下几点要求。

1）宽敞。宽敞意味着通道要有足够的宽度，要能保证顾客提着购物筐、推着购物车或端着商品能与同行的顾客并肩而行或顺利地擦肩而过。一般来讲，营业面积在 600 平方米以上的零售店铺，主通道的宽度要在 2 米以上，副通道的宽度要在 1.2～1.5 米，最小的通道宽度不能小于 90 厘米，即两个成年人能够同向或逆向通过（成年人的平均肩宽为 45 厘米）。当通道设计过于窄小时，表面上看是增加了陈列面积，但实际上却给顾客造成了不便，甚至转身、拿底层货架上的商品都成为很困难的事，这样就会挤走部分顾客，反而适得其反。

2）笔直平坦。通道要尽可能地设计笔直的单向道设计，尽可能避免迷宫式的布局，使顾客能依货架排列方式行走。平坦意味着通道地面应处于同一层面上，尽量不要有坡度或高低错落。在有些无法避免的高低接口处，台阶也应设置明显，防止顾客不慎跌倒。

3）避免死角。死角是顾客不易到达的地方或者顾客必须折回才能到达的地方。死角可能使顾客无法看到陈列商品，或使顾客多走了冤枉路。调查表明，顾客光顾死角货位的次数明显少于其他地方，这非常不利于商品的销售。因此，零售店在通道设计时务必要注意不能留有死角。

任务三　卖场磁石点理论与应用

【知识目标】　理解卖场磁石点理论的含义和作用；掌握磁石点的分布规律。
【能力目标】　培养按照磁石点的分布进行商品配置工作能力。
【素质目标】　能够运用卖场磁石点理论分析门店商品配置的合理性。

▌拓展阅读

磁石点理论

超市是和老百姓生活息息相关的地方。当消费者走进超市，面对琳琅满目的商品时，往往会按照自己的喜好进行挑选。殊不知，消费者的购买行为其实在不知不觉中被"超市布局"引导。成熟的超市往往会运用一定手段，主动吸引消费者购买。而磁石点理论就是超市经常运用的策略之一。

磁石是自然界中的一种矿石，通常称为吸铁石。这种矿石具有磁性，一碰到铁就牢牢吸住它。磁石点理论是指超市通过合理布局，在最吸引消费者注意力的地方，配置"磁石商品"，布置不同的"磁石点"，提高消费者冲动性购买比重。

典型的超市卖场中通常会设置5个"磁石点"，这些磁石点分别针对消费者购买过程中的种种心理特征进行设置。一般而言，超市的通道划分为主通道和副通道。主通道是用来诱导消费者行动的主线，而副通道是消费者在店内移动的支流。良好的通道设置，往往是为了引导消费者按照设计的走向，使其走向卖场的每一个角落，尽可能地接触所有的商品，从而引发最大限度的购买行为。

磁石点理论能够帮助商家运用科学的手段，在最能吸引消费者注意力的地方配置好消费者最有可能购买的商品，在卖场的不同角落布置好有针对性的磁石点。消费者一旦走进超市，便牢牢地被"磁石"吸引住，从而进行购买。

（资料来源：根据相关资料整理。）

一、磁石点的含义与作用

磁石是指超市卖场中最能吸引顾客注意力的地方；磁石点是顾客的注意点。磁石点理论的运用必须依靠商品的配置技巧来完成。

在商品配置时，磁石点理论运用的意义是在卖场中最能吸引顾客注意力的地方配置合适的商品促进销售。商品配置能引导顾客逛完整个卖场，提高顾客冲动性购买率（冲动性购买率为 60%～70%），增加销售额。销售额计算公式为

$$销售额＝来客数×客单价$$

式中，来客数——在超市实现购物的顾客数；

客单价——平均每位顾客的购买额。

客单价又与每位顾客购买商品的数量和商品的单价成正比。提高销售额的关键是增加顾客冲动性购买率。

商品布局和陈列是营销人员的主要销售技术，合理的商品配置可以提高 20%～30%的销售额。磁石点理论的运用目的在于提高销售额，吸引顾客增加冲动性购买动机并形成购买行为，提高利润率。磁石点理论的运用也是一种艺术和技巧，可以推陈出新，不断创造出新的运用方式。

二、磁石点的分布及商品配置

1．第一磁石点：主力商品

第一磁石点位于主通道的两侧，是顾客必经之地，也是商品销售最主要的地方。此处应配置的商品为能吸引顾客至店铺内部的商品，包括消费量大的商品和消费频率高的商品。消费量大及消费频度高的商品是绝大多数顾客随时要使用的，也是时常要购买的。因此，可将其配置于第一磁石的位置以增加销售。

微课：卖场磁石点理论与应用

2．第二磁石点：展示观感强的商品

第二磁石点穿插在第一磁石点中间，一段一段地引导顾客向前走，一直走到主通路的末端。第二磁石商品负有引导顾客走向卖场里面的任务。在此应配置的商品有：①最新的商品，将新品配置于第二磁石的位置会吸引顾客走入卖场的最里面；②季节性商品，该类商品是最富有变化的，店铺可借季节的变化做布置，吸引顾客的注意力；③明亮、华丽的商品，该类商品通常是流行、时尚的商品。由于第二磁石点的位置比较暗，可以配置华丽的商品来提升亮度。

3．第三磁石点：端架商品

端架是面对着出口或主通路的货架端头。第三磁石点商品的作用是刺激顾客，留住顾客。在此位置通常配置以下商品：特价商品、高利润商品、季节性商品、促销商品、自有品牌商品等。端架可视其为临时卖场，端架商品需经常有所变化（一周最少两次）。变化的速度可刺激顾客来店采购的次数。

4．第四磁石点：单项商品

第四磁石点指卖场副通道的两侧，是陈列线中间能引起顾客注意到的位置。这个位置的配置，不能以商品群来规划，而必须以单品的方法，对顾客表达强烈诉求。可配置的商品有热门商品、特意大量陈列的商品和广告宣传商品。

5. 第五磁石点：卖场堆头

第五磁石点位于结算区域（收银区）前面的中间卖场，是可根据各种节日组织大型展销、特卖活动的非固定性卖场，以堆头为主，主要商品是低价展销品、假日促销商品，如饮料、食品、小百货等。

磁石商品配置表如表 7-1 所示。某超市的磁石商品布局如图 7-3 所示。

表 7-1　磁石商品配置表

磁石点	店铺位置	配置要点	配置商品
第一磁石点	主通道两侧，是顾客必经之地，是商品销售最主要的位置	位置优势明显，是所有顾客的必经之处，不必刻意装饰即可达到很好的销售效果	主力商品 消费量大的商品 消费频率高的商品 采购力强的商品
第二磁石点	穿插在第一磁石点的中间	起着引导顾客走到卖场各个角落的任务，需要突出照明度及陈列装饰	最新商品 引人注目的商品 季节性商品
第三磁石点	陈列货架两头的端架位置	顾客接触频率最高的位置，盈利机会大，应重点配置，商品摆放应三面朝外	特价商品 高利润商品 厂家促销商品
第四磁石点	副通道的两侧	重点以单项商品来吸引顾客，需要在陈列方式和促销方式上刻意体现	热销商品 促销标志商品 有意大量陈列的商品 广告宣传商品
第五磁石点	收银处前的中间位置，是非固定卖场	能够吸引顾客、烘托门店气氛，展示主体商品，需要不断变化	大型展销商品 特卖活动商品 假日促销商品

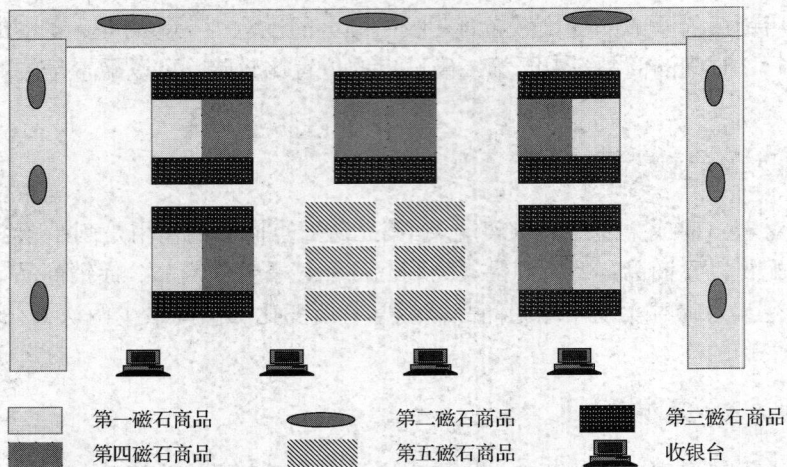

图 7-3　某超市的磁石商品布局

任务四 商品陈列

【知识目标】 理解商品陈列的含义与作用，掌握商品陈列的原则。
【能力目标】 培养学生进行商品陈列的工作能力。
【素质目标】 能够运用商品陈列知识分析商品陈列对销售的影响。

▌拓展阅读

MINISO 名创优口商品陈列的营销力量

MINISO 名创优品（以下简称名创优品）的门店往往坐落于都市的核心商圈，200 平方米左右的宽敞空间，加上完美的陈列设计，使门店得以充分展现名创优品种类繁多、缤纷多姿的商品。象牙白是名创优品永远的主色调，这款舒适温和的配色使店铺少了几分纯白色的虚幻冰冷，显得大方热情，再辅以暖黄色的柔和灯光，为名创优品营造出和谐开放的购物氛围。宽敞的入口也是名创优品的特色，两边只保留较窄的门边，剩下的空间全部与商场连通，营造出开放宽容的购物环境，从心理上减少消费者的购物压力，也适应了名创优品人流量大的现实。店内悬挂的液晶电视里时刻播放着品牌的介绍与广告，营造出满满的品牌氛围，吸引消费者驻足了解，潜移默化中增加了"粉丝"黏性。

对于展示商品陈列效果的货架，名创优品坚持高标准，追求高品质，其货架与路易威登同厂出品，但不同于路易威登的高贵雅致。名创优品自创立之初起就将简约自然写入品牌的"基因"，其货架风格也完美延续了这种品牌哲学。18 毫米厚的实木板材上保留着原始的自然纹理，坚固的合金支架上包着象牙白的优质漆涂，质感细腻、工艺严谨，呈现出钢琴烤漆般的光泽。

在具体的陈列上，门边的阶梯形货架上永远优先摆放最吸引消费者的精致香水与华丽彩妆，紧随其后的是一排排整齐的微梯形货架，用于盛放护肤品、电子产品、文具等小物。不同于常见的垂直货架，名创优品特别采用了有一定斜度的微梯形货架，不仅增加了视觉美感，还有效减少了消费者的视觉盲区，使货架低层的商品也能获得关注。靠墙的三面货架则采用储物格的方式，摆放零食、玩偶、日用家居等体积较大的产品；而最顶端的三排，则往往整齐地摆放着白色的库存纸箱。

名创优品每家门店都有大约 3000 种商品在售，为了帮助消费者快速找到所需要的产品，店内陈列的第一要务就是明确品类分区。名创优品大致有六大区域，分别是彩妆区、护肤品区、文具区、电子产品区、食品区、家居区，每个区域依据热度占据店内不同位置，同一类的产品比邻而排，方便消费者对比选择。例如，小饰品的货架旁边就是镜子货架，方便了消费者试戴后查看效果。正是这种细节处的人性化设计不断积少成多，拉开了名创优品与其他品牌的差距。此外，借助陈列为促销活动升温也是名创优品的制胜之道。门口紧邻彩妆的地方永远是活动专区，物美价廉的促销爆款摆放整齐；同时，收银台边的空间也是重要的促销阵地，消费者凑单或顺手购买的概率极高，名创优品往往在这里精心布置一些广受大众欢迎的商品，如巧克力、糖果等，销量成绩喜人。这些独特创意，使名创优品成功避免了传统零售行业将最底层作为库存区对空间的浪费。

（资料来源：https://www.sohu.com/a/100323516_246834.）

一、商品陈列的含义与作用

商品陈列是指连锁店为了最大限度地便于顾客购买，利用有限的资源，在门店总体布局指导下，实施货架顺序摆放、商品码放、店内广告设计，合理运用照明、音响、通风等设施，创造理想购物空间的活动过程。科学、合理的商品陈列可以起到刺激销售、方便购买、节约人力、利用空间、美化环境等作用。

商品陈列不仅是一门艺术，更是一门科学。商品陈列通过视觉与顾客沟通，以商品本身为主题，利用其形状、色彩、性能，通过生动化（艺术造型）陈列及与环境的相互协调来向顾客展示商品的特征，增强商品对顾客的吸引力，加深顾客对商品的认识。商品陈列的优劣，决定着顾客对店铺的第一印象。陈列的精彩变化，不同陈列方式相互对照，在一定程度上影响着商品的销售数量。

商品陈列是零售现场管理工作的一项基本内容。它在吸引顾客进店选购商品，激发顾客购买欲望，以及在达成交易中起着重要的作用。商品陈列是一种无声而又重要的推销方式，是销售现场活生生的广告。特别是在大型连锁超市，陈列着几万种商品，如果没有一定的方法，那顾客进门就无从选择，或者为了买一件商品来回几遍也找不到。规范化、科学化、生动化的商品陈列能使顾客较快地找到自己满意的商品，而且省时又省力。

消费者进入卖场，不仅希望能买到自己需要的商品，还希望购物环境优美且赏心悦目。有艺术性和感染力的陈列将大大增加顾客的视觉美感，提高商品的档次，吸引顾客注意，激发顾客的购买欲望。同时，良好的陈列还能传递企业的经营宗旨，给顾客经营有方的良好形象。

二、商品陈列的原则

1. 一目了然的原则

1）商品陈列分类要便于顾客选购。目前，国内外营业面积 100 平方米以上的便利店经营的商品一般在 2000～2500 种，500～1000 平方米的超市经营的品种有 5000～10 000 种。店内商品的大、中、小分类要表示清楚不能混乱，使顾客在超市内很容易找到自己所需的商品。

2）商品的陈列位置要容易找到。陈列位置要符合顾客的购买习惯。季节性、节日性的新商品、促销品、特价商品的陈列要醒目显著。

3）陈列的商品要使顾客容易看见。要正面朝向顾客。商品陈列要从左至右，标价牌固定在第一件商品的下端，作为商品的起点标志和隔邻商品的分界线。商品陈列在货架下端时可做倾斜式陈列。

2. 容易挑选的原则

商品陈列的状态要使顾客容易挑选，如按商品分类进行陈列，并标注商品配置位置图。商品的价格牌、POP 广告牌要摆放正确，使顾客进店后，马上能找到自己所需的商品。一般来讲，顾客最容易看到的范围是眼睛的平行线至胸前的高度。在顾客购买行为中，只有能让顾客亲自触摸的商品才能引起他们的购买兴趣。商品货架离地 120～160 厘米高度的区域亦称黄金位置。该位置高度的堆头、端架、临通道区域应陈列高利润商品、季节性商品或需突出陈列的特价商品，也可用于陈列主力商品或公司有意推广的商品；此处上、下的位置为手可以触摸到，一般用于陈列低毛利、补充性和体现量感的商品，上端还可以有一些色彩调节和装饰陈列。因此，在不同业态的货架陈列中，要认真地考虑顾客触摸商品的销售状况，合理地安排商品的陈列位置。

3. 便于取放的原则

商品的陈列位置要恰当、方便。面向顾客的商品应陈列在距离上隔板二指的高度（2～3厘米）；体积（重量）较大的商品应陈列在货架下层，体积（重量）较小的商品应陈列于上层；儿童用品陈列于较低位置（与儿童身高接近，即约1米的高度）。货架陈列商品要稳定，排除倒塌的现象，给顾客以安全感。商品的陈列要使顾客有比较性的选择，便于顾客区分挑选。同类商品要垂直陈列，便于顾客查询商品。

4. 丰满陈列的原则

货架上的商品必须要经常、充分地丰满陈列，这样可以增加商品展示的饱满度和可见度，给顾客商品丰富的感觉。空荡荡的货架会让顾客产生门店经营状况不佳的感觉，降低顾客的购买热情。货架丰满陈列的同时，可以减少内仓库存、加速商品周转，有利于提高连锁店铺的经营水平。

5. 先进先出的原则

当商品第一次在货架上陈列后，随着商品不断地被销售出去，就要进行商品的补充陈列。补充陈列的商品就要依照先进先出的原则来进行，其陈列方法是按出厂日期将先出厂的产品摆放在最外一层，最近出厂的产品放在里面，避免产品滞留过期。端架、堆头的货物，至少每两个星期翻动一次，先把原有的商品取出来，然后放入补充的新商品，再在该商品前面陈列原有的商品。排在后面的商品比较容易落灰，要特别重视后排商品清洁，一般可用抹布擦干净。

6. 关联陈列的原则

将同类别关联性商品或不同分类但有互补作用的商品陈列在一起，以方便顾客购买。值得注意的是，对关联性商品，应陈列在通道的两侧，或陈列在同一通道、同一方向、同一侧的不同组货架上，而不应陈列在同一组双面货架的两侧。

7. 保持新鲜感陈列的原则

无论是生鲜食品，还是加工好的熟食，其新鲜感对顾客的吸引力是至关重要的。保持新鲜食品陈列可以增加顾客的购买欲望，也会令顾客有安全感。此外，采用多种商品陈列方法，并定期变化，增加店内布局的新鲜感、变化感，也可以吸引更多的顾客。

三、商品陈列的基本方法

对连锁企业来说，商品陈列的方法非常关键。尤其对于超市来说，其商品种类繁多，各类商品的陈列要求也不一样，这就需要掌握一定的陈列方法。本节以超市为例，讲述如何针对不同类别的商品进行正确陈列。

（一）封闭式陈列

封闭式陈列，也称柜台式陈列，即利用柜台陈列商品，有的商品放在柜面上，有的放在柜台内。封闭式陈列主要放置贵重商品，如照相机、贵金属、摄像机、手机等，再就是放置一些较小的商品，如装饰品、化妆品、电池、手表等。柜台主要起保护商品、防止被盗的作用。

（二）开架式陈列

开架式陈列主要是在货架上或类似货架的物品上陈列商品。它根据陈列方式不同，又分为以下几种常见的陈列方式。

1. 垂直陈列

垂直陈列又称竖式陈列，是指同类商品在陈列时按照单品类别进行竖式陈列，尽量避免横式陈列，如图 7-4 所示。其优点是垂直陈列会使同类商品呈一个直线式的系列，体现商品的丰富感，起到很强的促销效果；同时，同类商品垂直陈列会使同类商品平均享受到货架上各个不同段位的销售利益，从而避免因横式陈列而使同一商品或同一品牌商品都处于一个段位上而产生销售要么很好、要么很差的现象，同时也为不同身高的顾客选购商品带来便利。

图 7-4　垂直陈列

2. 端架陈列

端架是指一个陈列货架的两端，是距离通道最近、顾客在流动线转弯时首先看到的陈列位置。顾客可以从 3 个方向看到陈列在端架上的商品，因此，端架是商品陈列的黄金位置。端架陈列的商品主要是高毛利商品、新品、促销商品或要尽快处理的滞销商品等。端头陈列可以是单一商品大量陈列或多品种商品组合大量陈列，必须充分利用，如图 7-5 所示。美国学者曾经进行过一项调查，调查结果显示：在端架陈列中将单一的商品陈列改为组合商品陈列时，销售额会有显著提升。

图 7-5 端架陈列

3．堆头式陈列

堆头是超市中一种常见的促销陈列方式。堆头有时是一个品牌商品的单独陈列，有时是几个品牌商品的组合堆头。堆头中的商品可以放在花车上，也可以直接堆码在地上。堆头的主要作用是展示形象和增加陈列面以吸引顾客，其一般伴有特价促销活动。堆头大多数陈列在超市的主通道中或者位于出入口的促销平台上。堆头的外形多种多样，可以是正方形、长方形、圆柱形的，也可以设计成艺术造型，以吸引顾客，如图 7-6 所示。由于堆头可以最大限度地展示活动内容和促销商品，一般供货商要向超市缴纳一定费用才能申请到。对于最佳的堆头地段，供应商甚至需要通过激烈的竞争才能争取到。

图 7-6 堆头式陈列

4．岛屿式陈列

在连锁卖场的入口处、中部或底部，有时不设置陈列架，而配置以特殊陈列的一组展示台、展示柜、展示桶等，这种陈列方式称为岛屿式陈列。岛屿式陈列的主要工具有大型矮式冰柜、网状货筐、平台、木桶或塑料桶、屋顶架等。一般来说，岛屿式陈列的高度不能超过顾客的肩部，否则会影响整个卖场的视野，顾客可以从 4 个方向看到岛屿式陈列的商品。岛屿式陈列通常用于蔬菜、水果、冷冻食品的陈列，如图 7-7 所示。

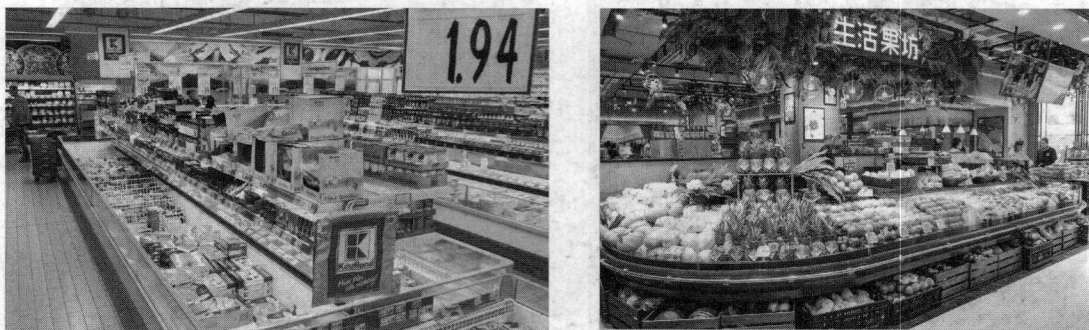

图 7-7　岛屿式陈列

5. 悬挂式陈列

悬挂式陈列是指将一些无立体感、扁平、细长或无法直立的商品悬挂在固定的或可以转动的有挂钩的陈列架上的陈列方式，如图 7-8 所示。有些商品由于物理性能方面的限制，其外表平淡无奇，不足以打动顾客。运用悬挂式陈列，能使顾客从不同角度观察商品，可以增加其观赏性，有利于销售，如衣架、拖把、内衣、袜子、书包等。有的商品在实际运用时，为增加陈列效果，也将商品悬挂起来，以增加感性认识，如电热水器、空调等。食品类的坚果、蜜饯、肉制品等也可以采用悬挂式陈列。

图 7-8　悬挂式陈列

6. 盘式陈列

盘式陈列又称割箱陈列，是指将包装纸箱底部以上的部分割去，露出一排排的商品，再以底为盘，以盘为单位，将商品一盘盘码放在一起的陈列方式。盘式陈列并不将商品从纸箱中完全取出，而是将纸箱割除 60%～70%，露出商品的品牌。袋装托盘陈列商品必须高于纸箱 10～20 厘米，其目的也是突出商品的量感，并提示顾客可以整箱购买。此方法主要用于陈列饮料、啤酒等商品，如图 7-9 所示。

图 7-9　盘式陈列

7. 量感式陈列

量感式陈列指陈列商品时，不用讲求陈列造型与图案，而是把商品随便堆放在固定货架上的陈列方式。其工具主要有四角形、圆形网状器或带有凹槽的货架，主要用来陈列特价品或想给顾客留下"特价品印象"的商品，如随便堆放的特价拖鞋、围巾手套、过季服装，以及榨菜、糖、盐、咸菜、小食品等，如图 7-10 所示。

图 7-10　量感式陈列

8. 突出式陈列

突出式陈列也称突出延伸陈列，是指在不影响顾客购物通道前提下，将商品超出通常的陈列线，面向通道突出陈列的陈列方式，如图 7-11 所示。突出式陈列有很多种做法，有的在中央陈列架上附加延伸架，据调查，这可能增加 180%的销售量；有的用陈列架、篮子、花车或存物筐将商品直接摆放在紧靠货架的地上。这样，不但打破了一般陈列的单调感，而且还扩大了货架的陈列量，并将商品强迫式地映入顾客的眼中。

图 7-11　突出式陈列

9．关联式陈列

关联式陈列也称配套陈列，即把不同类型但有互补作用的商品陈列在一起的陈列方式，如图 7-12 所示。关联式陈列的目的是当顾客购买商品 A 后，也顺便购买陈列在一起的关联商品 B 或 C。关联式陈列可使卖场的整体陈列活性化，同时也大大增加了顾客购买商品的件数。关联式陈列的原则是商品之间必须有很强的关联性和互补性，要充分体现商品在顾客消费使用、食用时的连带性。例如，冬天是吃火锅的季节，这边放的是羊肉片，而对面货架上就可以陈列粉丝、火锅调料等产品。

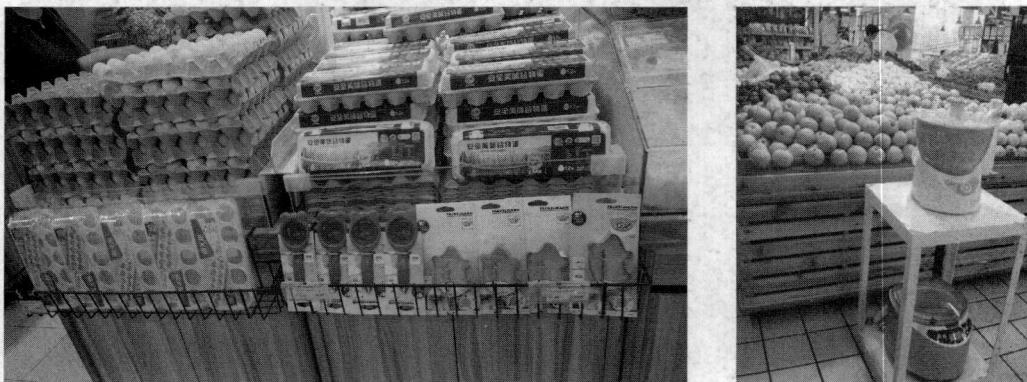

图 7-12　关联式陈列

10．果蔬陈列

果蔬的质量关系到消费者的身体健康，果蔬陈列要注意两个问题：一是新鲜，二是干净。连锁企业中果蔬的陈列主要有排列、置放、堆积、交叠、装饰5种基本方式，如图7-13所示。排列是将果蔬有顺序地并排放置在一起；置放是将商品散开放置在容器中；堆积是将商品自上而下放置在一起，上少下多、立体感强；交叠是将大小不一、形状各异的商品进行交错排列，其目的是使商品看起来整齐一些；装饰是将一些商品放在另一些商品上，起陪衬的作用，作为装饰。

图7-13 果蔬陈列

项目小结

门店营运管理的目标是销售的最大化和损耗的最小化。本项目介绍了总部对门店营运的内容、总部对门店营运控制的途径及门店现场管理，重点介绍了店面设计与布局的基本原则，卖场磁石点的原理、类型，商品配置、商品陈列的原则，以及商品陈列的基本方法等。

案例分析

伊藤洋华堂精细化管理的细节

成都伊藤洋华堂在业内以精细化管理著称，它并不靠规模效应取胜，而是更聚焦于让每平方米产生更多价值。要把每平方米的价值发挥到最大，一方面需要降低损耗，另一方面需要增加销售额。

原日本伊藤社长三枝富博曾经说过："卖场销售不好的原因不在电商，而在自己！"

事实上，追求经营质量的伊藤洋华堂，不追求规模，不以营业额评估业绩，而是以顾客为中心，站在顾客立场上思考，打造能让更多顾客由衷说"谢谢"的企业；贴近顾客需求，营造充满快乐，让顾客愉悦、便捷的门店；积极努力聆听顾客的声音，不断改善，创造新意。精细化管理源于用心，在于行动，把对顾客的关爱做到极致，只有这样，才能让顾客感受到连锁企业存在是有价值和意义的。当然，经营体系也要不断应对顾客的需求变化。

1. 细节体现出对顾客的关怀

去过伊藤洋华堂的人都能从其细节之处感受到其用心良苦。例如，商场每层的中庭都用皮制的长凳围了一圈，长凳安放的密度远远大于大多数百货和购物中心，而摆放的方法让顾客无论从哪个店逛出来，都能迅速找到休息的地方。又如，在伊藤洋华堂的女卫生间里，除了洗手区，还有一块地方被专门辟为化妆区，里面配备啫喱水、梳子、棉签和护手霜。在化妆间和洗手台的镜子面前，还设置了专门给顾客放包的平台。不仅如此，伊藤洋华堂还将婴儿手推车和带有一次性纸杯的饮水机放在了商场每层最显眼的地方。

2. 改进设施设备，贴近顾客的生活变化和需求

在中国开放"二胎政策"，迎来大量新生儿的今天，为了让顾客更加安全、安心，伊藤洋化堂积极更新设备，带给顾客无微不至的关怀。例如，母婴休息室的温奶器、给宝宝热饭用的微波炉、宝宝成长日记、洗手用洗手台和调奶用洗手台的区分、专门用于更换尿不湿的场所、专门放置婴儿车的场所等，不单是帮顾客想到，还需要精心去完成。人性化的水龙头还有温馨提示，"专门用于清洗0~2岁宝宝的小屁屁，每天进行消毒，让妈妈们放心使用"。

3. 推陈出新让顾客找到新鲜感

传统零售商面临着功能性的转变，伊藤洋华堂的门店不仅是售卖商品的地方，还是创造感动的场所，例如：为顾客提供高品质商品，切实解决顾客生活的烦恼，提供超出顾客预期的商品和服务，让顾客获得更多的愉悦；透过商品不间断推陈出新以提升顾客满意度，让顾客总能找到新鲜感；婴儿用品馆的一站式购物体验，从细节上为顾客考虑，婴儿车、床，睡眠，洗护，喂养，电器，礼品等几大主题商品，使顾客不管在任何情况下都能发现亮点。

（资料来源：http://www.linkshop.com.cn/web/archives/2018/397442.shtml?sf=wd_search.）

问题：
1）伊藤洋华堂门店的精细化管理为何能得到顾客的欢迎？
2）连锁企业在门店营运管理上还可以有哪些创新和变革？

自 测 题

一、单项选择题

1.（　　）位于主通道的两侧，是消费者的必经之地，也是商品销售最主要的地方。
    A．第一磁石点　　　　　　　　　　　B．第二磁石点
    C．第三磁石点　　　　　　　　　　　D．第四磁石点

2.在连锁超市中陈列的肥皂旁边同时陈列肥皂盒，属于（　　）。
    A．关联性陈列　　　B．垂直陈列　　　C．分类陈列　　　D．主题陈列

3.连锁店卖场装饰照明一般使用的是（　　）。
    A．LED 灯　　　　B．彩灯　　　　C．聚光灯　　　　D．白炽灯

4.（　　）位于主通道末端，通常是在超市的最里面。
    A．第一磁石点　　B．第二磁石点　　C．第三磁石点　　D．第四磁石点

5.（　　）连锁店铺，这种类型的店铺出入口较小，顾客进出要开关门（或自动启闭），并通常有陈列橱窗。
    A．全开放式　　　B．半开放式　　　C．全封闭式　　　D．以上均可

6.商品货架离地（　　）高度的区域亦称"黄金位置"。
    A．120～160 厘米　　　　　　　　　B．80～130 厘米
    C．50～80 厘米　　　　　　　　　　D．130～170 厘米

7.把相同商品依不同规格或不同数量予以分类，并陈列在一起供顾客选购的陈列方式是（　　）。
    A．关联式陈列　　　　　　　　　　　B．比较陈列
    C．突出式陈列　　　　　　　　　　　D．岛屿式陈列

8.商品的陈列位置要恰当方便。体积（重量）较大的商品应陈列在货架的（　　）。
    A．上层　　　　　B．中层　　　　　C．下层　　　　　D．以上均可

9.营业面积在 600 平方米以上的零售店铺，最小的通道宽度不能小于（　　）厘米。
    A．60　　　　　　B．70　　　　　　C．80　　　　　　D．90

10.卖场副通道的两侧是（　　）。
    A．第一磁石点　　B．第二磁石点　　C．第三磁石点　　D．第四磁石点

二、多项选择题

1.对门店店长的能力要求主要有（　　）。
    A．指导培训能力　　　　　　　　　　B．沟通协调能力
    C．自我提升的能力　　　　　　　　　D．榜样和承担责任的能力

2.连锁店铺中果蔬陈列的方式主要有（　　）。
    A．排列　　　　　B．置放　　　　　C．堆积　　　　　D．交叠

3. 商店照明一般分为（　　　）。

　　A. 重点照明　　　　B. 基本照明　　　C. 装饰照明　　　D. 专业照明

4. 岛屿式陈列通常用于（　　　）的陈列。

　　A. 蔬菜　　　　　　B. 水果　　　　　C. 冷冻食品　　　D. 服饰

5. 端架陈列的主要是（　　　）。

　　A. 高利润商品　　　B. 特价品　　　　C. 新开发产品　　　D. 热销商品

三、简答题

1. 连锁总部对门店营运控制的主要内容有哪些？

2. 商品陈列的原则有哪些？

3. 卖场内部照明的类型有哪些？

4. 什么是磁石点理论？第三磁石点的位置及商品配置是什么？

5. 什么是商品的垂直陈列法？商品垂直陈列的优点是什么？

自测题部分
参考答案 7

项 目 实 训

参观、调查本地连锁超市的商品陈列，分析其运用了哪些商品陈列的方式和技巧，还有哪些可以改进的地方。在调查中拍摄商品陈列的图片并制作成 PPT 文件，完成不少于 800 字的调查报告。

项目八
连锁企业顾客服务

项目八课件

善待顾客就是善待自己

美国有一位主妇每星期都会固定到一家超市购买日用品。在保持购买了3年之后，有一次因这家超市的服务员对她态度不好，于是她去了其他超市购物，从此不再光顾这家店。12年后，这位主妇来到这家小超市，告诉超市的老板自己为何不再来购物，老板耐心地听完并向这位主妇道歉。随后，老板算了一笔账，假设这位主妇每周都到自己的超市购物花费25美元，那么12年时间里自己损失了1.56万美元的生意。

因服务态度不好而气走一位顾客，导致该超市1.56万美元的生意损失，这在一些商家看来，似乎无关紧要，认为消费者多的是，不差那一两个人，这种想法和做法其实是很危险的。不错，就一个商店而言，某个人的不光顾似乎无碍大局，一两个人不到场，生意照样做。但是，如果商家不能及时反思自己工作上的失误，不能自始至终地善待顾客，这就不是小事情了。因为商家态度不转变，今天得罪了甲，明天得罪了乙，后天又会得罪丙，如此循环往复，迟早有倒闭的那一天。路上行人皆有口，商家在服务态度、服务质量上存在着问题，一传十、十传百地传播出去，商家就没了信誉。一家商店没了信誉，谁还会光顾？市场经济不仅需要货真价实，还需要优质的服务。在货比三家的今天，人们不仅要看谁的商品质量好，还会比谁的服务质量优。因此，多一些完善的服务措施，多一些"为顾客着想"，常常能收到意想不到的效果。

（资料来源：李德勇，李南，2002. 小生意诀窍多[J]. 中国中小企业（8）：56.）

任务一　认识顾客服务

【知识目标】　掌握服务的含义和特点，理解顾客服务在连锁经营中的重要作用。

【能力目标】　培养学生增强对顾客服务的理解和工作能力。

【素质目标】　能够运用一定的知识和服务技能提升顾客服务水平。

一、顾客服务的概念

顾客服务又称客户服务，是指为顾客提供的各种周到的服务。对此学术界主要有 3 种观点。

美国经济学家菲利普·科特勒指出："服务是一方能够向另一方提供的基本上是无形的任何行为或绩效，并且不会导致任何所有权的产生。它的产生可能与某种物质产品相联系，也可能毫无联系。"也就是说，服务可能以实体产品为依托，也可能与实体产品没有任何关系，只是一种技术或智力付出。服务是一方向另一方的付出，这种付出可以使接受者满意；服务不会产生物权，但会产生债权。

与科特勒同时代的著名营销学家西奥多·莱维特给顾客服务下了另一个定义。他认为，服务是能够使顾客更加了解核心产品或服务的潜在价值的各种行为和信息。因此，顾客服务是以顾客为对象，以产品或服务为依托的行为，其目标是挖掘和开发顾客的潜在价值；顾客服务的方式可以是具体行为，也可以是信息支持或者价值导向。

著名管理学家拉洛德·河津斯泽认为，顾客服务是一种活动、绩效水平和管理观念。把顾客服务看作一种活动，是指顾客服务是企业与顾客之间的一种互动，在这种互动中，企业要有管理控制能力；把顾客服务看作绩效水平，是指顾客服务可以精确衡量，并且可以作为评价企业的一个标准；把顾客服务看作管理理念，则是强调以顾客为核心的重要性和顾客服务的战略性。

综上所述，可以将顾客服务的概念界定如下：顾客服务是指所有与顾客接触或相互作用的活动，其接触方式可以是面对面的方式，也可以是电话、传真、网络等非面对面的方式。例如，为顾客介绍商品或服务、提供相关资讯、接受顾客询问、接受订单或预订、运送商品给顾客、商品的安装及使用说明、接受并处理顾客投诉、商品的退换货或修理、服务的补救、顾客资料的建档及追踪服务、顾客满意度调查及分析等。此外，就最广泛的意义而言，任何能提高顾客满意程度的行为都应当属于顾客服务的范畴。

二、顾客服务的特征

1. 无形性

服务通常是无形的，这是实物商品和服务之间最基本的区别。顾客在接受服务之前无法对服务的质量和服务价值做出精确的判断和评价。

2．不可预测性

服务常常是不可预测的，顾客的出现也是随机的，服务组织和服务人员很难预先知道将出现什么样的顾客，以及他们有什么样的服务预期。而且，由于顾客的经历、背景、年龄、性别、文化程度等不同，顾客对服务的评价常会带有个人色彩。

3．不可储存性

服务是不可储存的，因为很多服务的提供和消费会同时进行，顾客消费的过程也是接受服务的过程。因此服务无法被储存、转售或者退回。

4．一次性

服务通常是一次性的，因为如果服务发生了问题或事故，不可以通过重复来消除已发生的问题或事故，只能做到某种程度的弥补。

5．异质性

服务是由人表现出来的一系列行动，服务的质量更依赖于企业员工的素质。由于没有两个完全一样的员工，也没有两个完全一样的顾客，也就没有两种完全一致的服务。

三、顾客服务的重要性

当前，顾客服务已经成为商业运作链条中的重要一环。在许多情况下，正是顾客服务使当前的商业活动能够顺利地进行，服务人员还经常起到扭转局面的作用。连锁企业在经营过程中，比传统单一经营企业接触市场的面更大，在市场上的影响力也更大，一个连锁门店出了问题会影响到整个连锁企业，因此，连锁企业在处理顾客服务时，要更为谨慎。

管理大师彼得·德鲁克有 3 个著名的问题：你的业务是什么？谁是你的顾客？顾客认知的价值是什么？其中有两个问题与顾客有关。这也充分说明了顾客在企业经营活动中的重要性。具体来说，顾客服务对企业的重要性体现在以下几个方面。

1．满足顾客的全面需求

消费者购买商品的目的是获得所购买商品的效用，即其使用价值。例如，顾客购买了一架钢琴，其目的是用它弹奏出美妙的音乐，而钢琴音色不准，就需要获得商家的调试、培训等服务。由于生活水平的不断提高，消费者对服务的要求越来越高，服务内容和形式也越来越丰富；随着现代生活节奏的不断加快，消费者对服务的效率和效果提出了更高要求。例如，消费者希望能在甲地消费，到乙地享受服务。因此，顾客服务可以全面满足顾客的需求，使顾客获得更大的利益。

2．扩大产品销售

连锁企业和服务人员可以通过提供各种优质的全方位服务，使顾客获得更多的便利和满足。例如，员工及时为顾客提供各种信息，使顾客增长消费知识，了解市场信息和商品信息，掌握商品的使用方法，以便于购买商品，促进企业销售。服务不仅可以吸引顾客，还有利于树立良好的企业形象，可以增强顾客购买本企业产品的信心和购买频率。

3. 塑造企业品牌

连锁企业在市场和消费者心中树立品牌最主要的是靠产品质量和服务。质量是企业的生命，没有质量其他无从谈起；但仅靠质量，企业只能做大，不能做强。于是，在市场竞争日益激烈、商品同质化越来越严重的当下，服务就成为塑造企业品牌的重要砝码。良好的顾客服务可以在消费群中树立口碑，建立企业良好的形象，并提升企业的品牌价值。大量的成功实践证明，顾客服务就是增值销售，对于购买周期较长的产品来讲更是如此。因此，可以说顾客服务是 21 世纪企业塑造强势品牌，获得竞争优势，保持长期发展的最有效手段。

4. 提高企业竞争力

服务竞争力优势就是我有的服务你没有，你有的服务我比你更加优质。例如，某企业实行"三包"服务，你也实行"三包"服务；别人有服务礼貌用语，你也有服务礼貌用语。此时，你就无法建立起自己的服务竞争力优势。反之，如果在服务形式和内容上，你有更多的创新与特色服务而别人没有，或者你提供的服务更胜人一筹，这样你就获得了优于他人的服务竞争力优势，并最终转化为企业竞争力。

5. 提高企业的经济效益和社会效益

顾客是连锁企业生存和发展的支柱，企业的利润完全来自消费者。顾客盈门，企业的经济效益就好；反之，企业就难以实现自己的经济效益。而连锁企业要想更好地满足消费者需求，首先必须吸引消费者购买企业的产品，所以完善顾客服务是吸引顾客前来的重要手段。为吸引更多的消费者，连锁企业在提高产品质量、丰富产品种类的同时，不断完善服务内容、改善服务质量，就可以更好地满足顾客需求，赢得更多的消费者，进而提高企业的经济效益和社会效益。

任务二　顾客服务的分类和内容

【知识目标】　了解顾客服务的分类、内容。
【能力目标】　培养分析顾客服务内容与获得良好经营效果之间关系的能力。
【素质目标】　能够运用顾客服务的知识完善服务内容，提升服务水平。

一、顾客服务的分类

顾客服务的方式多种多样，内容也很丰富，依照不同的划分标准可以对顾客服务进行不同的分类。

（一）按服务的时序分类

1．售前服务

售前服务是指在商品出售之前所进行的各种准备工作，目的是向消费者传递商品信息以引起购买动机，赢得良好的第一印象。售前服务主要包括顾客需求调查、提供商品信息、商品整理编配、商品陈列、货位布局和购物气氛营造、给顾客提供各种便利等。

2．售中服务

售中服务是指售货人员在与消费者进行交易的过程中所提供的各种直接或间接服务，目的是使消费者心情愉快，获得良好的购物体验，如接待顾客、商品介绍、帮助选购、办理成交手续和包装商品等。

3．售后服务

售后服务是指在商品售出后继续为顾客提供的各类服务，是商品质量的延伸和对顾客感情的延伸，目的是增加顾客购买后的满足感或减少购买后的不良情绪，努力使顾客再次消费，成为企业的回头客。售后服务主要包括送货、安装、维修、商品退换货、顾客回访、解决抱怨投诉及赔偿等。

（二）按顾客的需求分类

1．方便性服务

方便性服务是指企业对消费者前来消费提供的各种便利。这类服务应是企业向消费者提供的最基本服务。例如，提供方便顾客的营业时间、商品货位有指示说明标志、商品陈列井然有序、店铺色彩搭配协调、售货人员具备基本的职业素养、有宽敞的停车场等。

2．伴随性服务

伴随性服务是指针对顾客在消费过程中的需求所提供的服务。这类服务与商品购买有着直接联系，能够有效促进产品销售。例如，提供导购人员、现场演示、现场制作、免费品尝或试用、商品包装、送货、安装调试等。

3．补充性服务

补充性服务是指对消费者期望得到的购买商品之外的需求提供服务。这类服务对顾客的消费起着推动作用。例如，提供休息室、餐饮室、儿童游乐场，安装自动取款机，提供电话咨询和预订，帮助照看婴儿等。这类服务能有效吸引消费者、留住消费者，延长顾客在企业的停留时间；同时也有助于形成企业的经营特色，提高竞争力，树立良好企业形象。

（三）按服务的费用分类

1. 免费服务

免费服务是指不收取任何费用的服务。连锁企业为建立企业竞争优势，通常会设计一些免费服务项目以吸引更多的消费者。例如，免费品尝、免费试用、免费停车、免费提供包装袋、为购买裤子的顾客免费扦边、免费送货安装等。这些免费服务可以贯穿在售前、售中和售后服务的任何一个环节。

2. 有偿服务

有偿服务也称收费服务。服务都是有成本的，连锁企业在服务设计时，需要兼顾顾客需求和服务成本的支出。除了免费服务之外，连锁企业还会设计一些有偿收费服务。当然，这类服务并非以营利为目的，只是为了便利顾客，所以收费比较合理，如有偿停车、有偿提供包装袋、电脑维修等。

二、顾客服务的主要内容

顾客服务的内容非常丰富，企业不同，产品不同，服务的方式和具体内容也会存在很大的差别。本书主要从售前服务、售中服务、售后服务3个方面来分析。

（一）售前服务的内容

售前服务是指通过广泛的市场调查，研究、分析顾客的需求和购买心理特征，在向顾客销售之前，采用多种方法吸引顾客的注意力和兴趣，激发顾客的购买欲望而提供的一系列服务。常见的售前服务主要有以下几种。

1. 广告宣传

广告宣传实际上是一种售前服务的方式，它通过向顾客传送有关产品的功能、用途特点等信息，使顾客了解产品并能激发顾客的购买欲望，还有利于扩大企业的知名度，树立企业的良好形象。因此，连锁企业必须高度重视广告宣传。企业在选择广告媒体时，应依据目标顾客的特点来进行，除了传统媒体广告之外，售卖现场的 POP 广告、直接发送到顾客手上的 DM 广告，以及越来越普遍的新媒体广告在连锁企业的经营中正发挥着越来越重要的作用，是连锁企业广告宣传的重点。同时，企业还应注意广告的制作，制作精良的广告会给顾客留下深刻印象，带来良好的购物体验。此外，广告的投放时间和频率也是关系广告成败的重要因素。

2. 环境布置

顾客在购买商品时不但重视产品本身和销售人员的服务，对销售环境的要求也不断提高，希望能在舒适、卫生的环境中购买商品。销售场所的环境卫生、通道设计、店面风格、招牌设计、内部装饰、标识设置、灯光色彩、商品摆放、营业设备等因素综合而成的购物环境会给顾客留下不同的印象，由此引发顾客不同的情绪感受，这种情绪将在很大程度上左右着顾客的购买决策。例如，将一件商品放在一个舒适并令人赏心悦目的环境中会让人感到其身价倍增，反之产品在顾客眼中会贬值，甚至令人生厌，更不用说购买商品了。销售环境的布置还对树立企业形象有着重要的作用，因为销售环境能最直接地体现出企业的经营管理状况。因此，它作为售前服务的一种方式，应该得到企业的充分重视。

3．提供多种便利

顾客购买商品不只是看重产品实体本身，还非常重视由此享受到的便利服务。你越是为顾客考虑得周到，顾客越有可能购买你的商品。如今，人们的生活节奏不断加快，闲暇时间越来越少，越来越多的顾客期待着能在有限的闲暇时间里获得最大限度的休息和放松。于是，他们对销售主体所能提供的方便条件也越来越重视，便利性服务甚至成为顾客决定是否决定购买的一个重要因素。因此，连锁企业应尽可能地为顾客提供便利，以吸引顾客。例如，商店设立服务台、咨询处、试衣间、休息室，提供与销售场所相匹配的停车场、有免费班车、位于交通发达便利的地段、为顾客免费提供开水等便利服务。这样，一方面节约了顾客的购物时间，另一方面也让顾客感觉到一种人性的关怀，对门店产生良好印象。

4．提供即时沟通方式

顾客在购买前或购买商品之后经常会产生一些问题要与企业沟通交流。因此，连锁企业提供即时的沟通方式能有效解除顾客的后顾之忧，有信心购买更多的商品。随着信息技术的发展，现在即时沟通的方式特别多，除了传统的热线电话之外，网络平台的在线客服、微信公众号等都能实现良好的即时沟通。即时沟通不仅可以解决顾客购买前的疑问，提供商品推荐；还可以解决很多售后服务问题，处理顾客抱怨和投诉；甚至可以手把手帮助顾客排除商品的故障，既方便了顾客，又树立起企业的良好形象。

5．开展公关服务

公共关系虽然不能给企业带来立竿见影的销售业绩，但是对于建立企业的良好形象，培养顾客的偏爱起着积极影响。连锁企业可以开展的公关活动类型很多，如赞助重大体育赛事、赞助希望小学、为贫困大学生建立帮扶服务、送温暖到社区、周年庆感恩回馈等。这类公关服务的对象和领域往往是人们关注的焦点，社会影响大，能大大提高企业的知名度和美誉度，赢得顾客的好感，进而成为企业的消费者或复购者。

（二）售中服务的内容

售中服务是指企业向进入商店或已经进入选购和消费过程中的顾客所提供的服务，主要包括以下内容。

1．商品介绍

售货人员在向顾客销售产品的同时，必须介绍有关产品的性能、质量、用途、造型、品种、规格等方面的知识。一方面，这是顾客做出购买决策的客观要求，即顾客在决定购买时，必须了解有关知识，以此作为权衡和考虑的依据；另一方面，售货人员详细地向顾客介绍产品，有利于营造良好的销售氛围，形成和谐的人际关系，有促进销售的作用。因此，只有精通商品知识的售货人员才是合格的、令顾客满意的服务人员。

2. 当好参谋

一般而言，顾客在购买产品时对商品知识的了解，绝大部分是从售货人员的现场介绍中获得的。当顾客向销售人员询问商品的价格、质量、性能、用途及优缺点时，售货人员如能根据顾客的需求进行介绍，正确地引导顾客，当好参谋，就能使顾客按理想的方式来权衡利弊，从而有利于促成交易的最终实现。售货人员在帮助顾客选购商品时，一定要设身处地为顾客着想，放弃自身的习惯和爱好，依据顾客的特点和想法因势利导，这样才能促进销售，赢得顾客满意。

3. 现场演示和试用

现场演示能真实地体现出商品在质量、性能、用途等方面的特点，引发顾客兴趣，并激起顾客的购买欲望。在连锁卖场中，很多商品运用现场操作示范的方式可以取得理想的销售效果。例如，拖把、蛋糕机、悬挂式蒸汽熨斗的现场演示能吸引很多顾客的观摩和冲动性购买。电视购物之所以能吸引顾客争相购买，正是将现场演示的功用发挥到了极致。此外，试用方式（如试穿、试吃、试听、试看等）能够使顾客得到真实的消费体验，减少购买新商品的风险，是顾客非常喜爱的一种销售方式。

4. 包装服务

为顾客购买的商品予以妥善的包装，是连锁企业顾客服务中不可缺少的项目。连锁企业提供的包装服务，应与其经营的商品和企业形象相适应。薄利多销的食品、日用品等，只要简单地放在包装袋中即可；高档服装往往放在精美的包装盒及有标志的包装袋中，以便顾客携带回家；某些高档礼品、化妆品等，则应该放在预先定制的礼品盒或礼品袋中，以符合商品及企业自身的整体形象。此外，很多连锁企业会在包装物上印刷本企业的名称、地址和标识，能起到很好的广告宣传作用。

（三）售后服务的内容

售后服务是指在商品出售以后企业向购买者继续提供的服务。售后服务既是一种促销手段，又是扩大企业影响、树立企业良好形象的方法，企业必须予以足够的重视。售后服务承担着无声宣传员的义务，这种无声的宣传比那些夸夸其谈的有声宣传要高明得多，它是顾客最值得信赖的广告。售后服务主要包括以下几个方面的内容。

1. 送货与安装

对购买较笨重、体积庞大、不易搬运的商品或一次性购买数量大、携带不方便或有特殊困难的顾客，连锁企业应该为顾客提供送货上门服务，必要时还要为其安装调试。例如，针对老年顾客提供粮油产品送货上门的服务，家电、家具商品的送货安装服务等。这类服务既给顾客提供了便利，又避免顾客在自行安装过程中出现不必要的麻烦，使顾客一经购买就可以安心使用，如空调、洗衣机、油烟机等。

2. 商品退换货

做好商品的退换货服务是连锁企业提高服务质量的一项重要内容，各企业的退换政策往往并不统一，其退货政策如何，在很大程度上影响着顾客对企业的信任程度，进而影响企业的销售额。一般而言，只要是不影响再次销售的商品，在规定期限（如一周或十天）内都可以实行无条件退换。对于有条件退换或不退换的商品（如烟酒、内衣等），则应该在出售前说明白，以避免商品出售后引发不必要的纠纷。

3. 商品维修服务

对于家电、数码商品、皮装、皮鞋、皮包等特殊的耐用品，顾客在购买商品时会比较关心其维修服务。连锁企业应根据顾客的购买心理制定合理的商品维修政策，在保修期内免费维修，超过保修期则收取一定的维修费用。有条件的企业还可以开展上门维修或检修的服务，使顾客所购买的商品在出现故障后能得到及时维修，这样，顾客就可以放心大胆地选购商品。

4. 售后回访

顾客购买商品以后，连锁企业对于一些特殊商品（如价格昂贵、技术要求高的电器商品）还可以按照一定的概率以打电话或派专人上门的形式进行回访服务，了解顾客使用产品的情况，及时解决顾客在使用过程中产生的问题。这种方法尽管企业需要付出一定的成本，但非常有助于提高顾客的满意度和提升企业形象。

5. 建立顾客档案

建立顾客档案是为了与顾客保持长期的联系。通过这种方式，一方面可以跟踪顾客所购买商品的使用和维修状况，及时主动地给予相应的指导，以确保商品的正常使用；另一方面还可以了解到顾客的喜好，在企业推出新商品或开展促销活动时，及时向感兴趣的顾客推荐。除此之外，销售人员还可以利用顾客档案，以电话、微信、短信等形式与顾客保持长期联系，提高顾客的重复购买率和对企业的忠诚度。

6. 处理顾客抱怨和投诉

由于顾客对商品及服务的期待不同，无论企业提供的商品和售货人员的服务做得如何尽善尽美，有时难免会遭到一些顾客的不满和抱怨。此时，企业和服务人员应认识到顾客抱怨和投诉对企业经营的积极作用，并妥善处理以化解顾客的不良情绪。处理好这些投诉之后，企业不仅可以获得顾客的谅解，还有利于培养顾客的满意度和忠诚度。连锁企业处理顾客抱怨和投诉的方法很多，如可以设置免费热线电话、安排专门人员接待上门的顾客等。在处理这些问题时，服务人员要本着为顾客着想的宗旨，运用一定的服务技巧，尽量使顾客由不满意转变为满意。

拓展阅读

令人满意的服务

　　某家电连锁卖场收到一封顾客发来的表扬信，信中表扬了小家电部的一名补货员。2019年2月，这位顾客在超市购买了一台电动剃须刀，没过几天就坏了。这位顾客经常出差，虽然隔了较长一段时间，但是电动剃须刀没用几次，应属于质量问题。超市补货员及时与供应商联系，说明情况，在征得供应商同意的情况下，为顾客更换了一台电动剃须刀。顾客为家电卖场的服务所感动，特地寄来表扬信。

（资料来源：根据相关资料整理。）

任务三　服务质量的管理与提升

【知识目标】　了解顾客服务的定义和特征，熟悉服务质量提升的方法和意义。
【能力目标】　培养运用顾客服务管理提升服务质量的工作能力。
【素质目标】　能够运用所学知识成为一个高素质的顾客服务人员。

拓展阅读

服务质量的感知

　　除了饭菜是否可口以外，上菜的时间长短也是餐厅服务质量的重要考评标准。有调查显示：如果顾客就餐的等候时间超出40分钟，即便餐厅的饭菜再好吃，绝大多数顾客也不会耐心等候。对于顾客而言，时间就是金钱。方便、快捷就是麦当劳、肯德基得以在全世界获得成功的最重要的原因之一。

　　当你在餐厅用餐时，也许向服务员提出过这样的要求："小姐，麻烦你拿点餐巾纸好吗？"此时，你可能会遇到三种反应：第一种是不说话，直接取来餐巾纸给你；第二种是"等会儿"；第三种是"好的，请稍等，我马上给你拿。"这三种反应，有可能在拿餐巾纸的时间上是一样的，但是给你的感受却是不同的。你更喜欢哪一种？不用说，一定是最后一种。

一、服务质量及其管理

（一）服务质量概述

　　服务质量即顾客对服务感知的质量。顾客感知服务质量是顾客对服务的期望与体验到的服务感受之间的比较。当顾客体验到的服务感受大于服务期望时，则顾客感知的服务质量是良好的，反之亦然。服务质量主要有以下特征。

1. 服务质量的主观性

顾客评价一个企业或服务机构服务质量的好坏，一般是根据自己的期望和实际感知的服务做比较进行判断的。也就是说，由于顾客对服务的期望值各不相同，即使接受了同等水平的顾客服务，他们对服务质量的感知和评价也可能是各不相同的。

2. 服务质量的过程性

由于服务和消费通常是同时进行的，大多数服务需要顾客参与到服务过程中，与服务人员进行面对面的接触。此时，顾客不仅关心商品的质量，也会特别注重服务过程中的感受。例如，顾客在餐厅吃饭时，不仅对环境和菜肴有较高的要求，对服务人员的态度、工作效率也会做出相应的评价。

3. 服务质量的整体性

服务质量体现出一种整体的质量。服务质量的形成，需要企业全体员工的共同参与和协调。在连锁企业，不仅卖场的售货人员的服务，其他如收银员的工作效率、导购人员的热情接待、客服人员的退换货服务、保洁人员的工作质量等都直接影响着顾客对服务质量的感知和评价，甚至企业后勤人员对一线员工的支持也关系到优质服务的提供。

（二）服务质量的管理

1. 树立"顾客满意"的服务目标

树立"顾客满意"的服务目标是指连锁企业应该站在顾客的立场上，使用能直接深入顾客内心的方法，了解顾客对企业、商品及员工的期望，分析顾客期望与企业对服务定义上的差异，并根据顾客的期望及时调整企业对服务的设计，进而提供最能满足顾客期望的服务，提升顾客满意度。此外，连锁企业还要习惯于换位思考。许多企业经营者总是抱怨顾客越来越挑剔，但从顾客角度看，这种挑剔是因为顾客觉得自己没有得到企业的尊重或者期望的目标没有得到满足。而企业通过移情和换位思考才能真正感受到顾客不满意的原因，进而不断改进自己的服务质量。

2. 聘用顾客喜欢的工作人员

由服务的特征可知，顾客服务质量的高低与服务的提供者有着密切关系。连锁企业的特性决定了企业工作人员需要面对大量年龄、性格不同且需求各异的顾客。服务对象的复杂性对工作人员的耐心、热情和主动性提出了更高的要求与挑战。因此，企业在招聘服务人员时，有必要优先选择天性活泼开朗、热情主动、喜欢微笑、有耐心的人员。这些性格特征决定了其比较容易适应顾客服务工作，也能受到顾客的欢迎。企业在员工招聘时，可以运用霍兰德职业性向测试方法，以了解应聘者的兴趣爱好、性格特征是否适应未来的服务工作。此外，企业还要综合考虑应聘者的工作经验、思想品格、职业素养等基本要素。

3. 提高顾客服务人员的基本素质

要提高服务质量，提供优质服务，顾客服务人员的素质是关键。服务人员应具备的基本素质主要包括两个方面：一是外在的职业化素质，也就是一个服务人员呈现出来的职业形象；二是服务人员内在的品格素质。企业的形象很大程度上来自顾客服务人员的外在形象。作为一名优秀的顾客服务人员，应该具备以下基本素质：做事沉稳、诚实守信、值得信赖；善于沟通，亲和力强；对人热情大方、积极主动；做事有干劲、效率高等。标准的职业形象和服务用语，其主要作用是给顾客一个良好的印象，而从根本上决定服务质量和服务水平的，还是专业的服务技能。专业的服务技能包括专业知识、沟通技巧、服务技巧等。

二、服务质量的提升

（一）制定具体可行的服务标准

由于顾客服务的无形性和不确定性，服务的提供者很可能会出于心情、身体状况等影响到服务质量；也会由服务人员个人的素质、经验等差异而造成服务水平的差异。为消除这种服务水平差异，连锁企业必须确定各类服务的具体质量标准和行为准则，对各类服务行为予以规范和要求。例如，"要求服务人员必须在 15 秒之内接听电话"就是一个具体明确的质量标准，这一标准要比要求"服务人员必须尽快接听电话"更加具有可操作性和可考核性。好的服务标准应该十分具体简洁，绝不含糊。我国许多大型连锁企业就建立了一套从顾客进门开始如何接近顾客、如何打招呼使顾客满意的服务行为规范。一些家电企业在执行"送货上门、安装到位"的服务时，还要求操作人员进顾客家门时必须戴手套、穿鞋套、带抹布，以保证顾客的家庭卫生。

（二）加强培训，提高员工的服务技能

娴熟的服务技能是决定服务质量水平的基础，它体现了服务人员的专业素养的和企业的管理水平。服务技能包括服务技术和服务技巧两个方面。服务技术是指服务人员在提供服务时的规范化程度和熟练程度，如收银员在收银过程中的操作规范和工作效率。服务技巧是指在不同场合、不同时间针对不同的服务对象而灵活做好服务工作，达到良好效果的能力。例如，服务人员面对各种类型的顾客处理抱怨投诉的能力便是一种服务技巧。企业在制定服务标准和规范的基础上要加强对工作人员的培训，使员工在工作中不断总结提高、改进服务水平，这样才能确保企业整体顾客服务质量的提高。

（三）树立全员参与的服务理念

在很多企业中，顾客服务往往变成仅仅是销售部门、市场部门和顾客服务部门等直接与顾客接触的部门的工作。而其他部门员工则认为自己不会接触到顾客，因而不会影响到顾客服务质量，并且很多企业领导也只将注意力放在那些与顾客有直接关系的部门和岗位上。其实，这种观念是错误的，服务质量的提升绝不是单一部门或几个部门的事情，它需要企业各个部门的协调一致、通力配合。在现实中，部门之间存在沟通不畅而造成顾客服务的低质量，

甚至引起顾客抱怨与投诉的现象并不少见。要想让一线员工为顾客提供优质的顾客服务，首先要使他们在工作中感受到顺畅和满意。因此，顾客服务是全员性的工作，只有上下同心、相互配合，才能达到完美的效果。

（四）提供个性化的服务

个性化服务是指在规范化服务的基础上通过一些超值、特别的服务内容吸引、留住顾客，这是凸显连锁企业服务竞争力的有效手段。在当今同质化竞争严重、利润空间越来越小的市场环境下，连锁企业要想保持自己的竞争优势，就必须在个性化服务方面做到与众不同。例如，海底捞的美甲服务、笛莎童装的公主学院服务、伊藤洋华堂的母婴休息室服务等。要想实现服务的个性化，企业首先要分析和研究自己的行业特征和产品特色，还要切实了解顾客的需求，以便对不同类型和特点的顾客提供有针对性的服务内容。只有发掘个性化的服务内容，才能创造价值，提高顾客对企业的忠诚度，达到稳定和吸引顾客的目的。

任务四　顾客流失与顾客投诉

【知识目标】　了解顾客流失和投诉的原因，掌握投诉处理的原则和方法。

【能力目标】　培养学生分析顾客服务水平和处理顾客投诉的能力。

【素质目标】　能够运用所学知识维护顾客资源、提高服务质量并减少顾客投诉。

▌拓展阅读

留 住 顾 客

2018 年，苗先生的妻子随其前往美国伴读，半年后怀孕了。在临产前的 3 个月内，他家会定期收到附近一家商场的有关孕妇用品的广告；孩子出生前后那几天，又陆续收到婴儿用品广告及免费试用的几种小包装奶粉。苗先生对此甚觉奇怪："来美国时间不长，常来往的也只有几个中国人，当地的商家是如何得知他妻子怀孕的呢？"后来才得知，他妻子常去购物的这家商场，是根据她以前购买卫生巾的频率及间隔这么长时间没有购物的记录，而推断出她怀孕的。苗先生夫妇为商家对一个普通女客户的细心关注，感到非常满意。从此，苗先生一家更成了该商场的固定客户。

（资料来源：根据相关资料整理。）

一、顾客流失

（一）顾客流失的含义

顾客流失是连锁企业遇到的最常见的发展障碍。顾客流失是指本企业的顾客由于种种原因而转向购买其他企业产品或服务的现象。顾客流失可以是与本企业发生一次交易的新顾客的流失，也可以是本企业老顾客的流失。通常老顾客的流失率会小于新顾客的增加。当连锁企业的顾客不断流失之后，企业的市场占有率会有所下降。因此，顾客流失会严重影响连锁企业的生存和发展，企业经营者应予以高度重视。

（二）顾客流失的原因分析

顾客不满意是顾客流失的重要因素。归纳起来，顾客流失的原因有以下类型。

1．竞争对手夺走顾客

每个企业都有无数的竞争对手，无论是现实竞争者还是潜在竞争者无时无刻不在与其争夺着顾客资源。在商业连锁企业，竞争手段可能会是广告、赠品、降价、免费接送班车、送货上门服务等。一些企业对顾客使出浑身解数，想方设法从竞争对手那里夺走顾客。竞争对手通常会从不足之处入手，一有机会，便会乘虚而入。因此，连锁企业务必经常反省，及时与顾客沟通，注意查找自身的不足和存在的问题，并迅速改进，以提高顾客的满意度。

2．企业波动导致失去顾客

连锁企业在经营中一旦遭遇波动（如连锁企业领导层发生重大事件、企业资金周转出现困难、产品质量出现严重问题等），受到的影响比非连锁企业要大，而在企业波动时期往往是顾客流失的主要时期。这些波动会直接影响到顾客对连锁企业的信任，这种信任可能是对产品的不信任，也可能是对经营管理的不信任，或者是对企业服务的不信任。种种不信任累加起来必然会导致顾客的流失。例如，2009年国美电器在黄光裕事件之后，其市场地位和市场份额受到影响，并很快被其竞争对手（如苏宁电器）反超。截至2018年，国美电器依然难以再现昔日的辉煌。

3．店大欺客，顾客不堪承受压力

很多企业刚起步的时候，只要是有顾客来了，就好好服务。随着企业越做越大，顾客越来越多，企业对顾客的热情和服务意识逐渐下降，甚至制定出一些不平等的条款，损害顾客的合法利益。久而久之，一些顾客不堪重负而离去。

4．自然流失

当原有的顾客搬迁到距离连锁企业较远的地方时，他就失去了在原来企业购物的便利性，于是他就不会再来或者只是偶尔过来一次。这是顾客自然流失的最主要原因，其他如顾客迁移到其他城市生活或者顾客因故离世等都会造成企业老顾客的自然流失。因此，连锁企业在保持老顾客的同时应不断挖掘新的顾客资源，以弥补企业老顾客的自然流失。

（三）顾客流失的应对策略

1．严把产品质量关

产品质量是企业为顾客提供有力保障的关键武器。没有好的商品质量，顾客就失去了前来消费的最大价值，终究会对企业产生失望心理并与之渐行渐远。因此，连锁企业在经营中，应始终以为顾客挑选价廉物美的商品、给顾客带来最大的效用为己任。反之，就不可避免地会出现顾客流失情况。例如，肯德基曾经因原料质量把关不严而出了"苏丹红"事件，致使顾客群体出现部分流失，也让竞争对手有了可乘之机。而且，一旦企业的产品质量出现严重问题，企业若想挽回损失和顾客，需要付出相当大的成本和代价。

2. 提供高质量的顾客服务

服务质量的高低直接关系到企业的经营效益和长期发展。每个企业都在积极寻求用什么样的高质量服务才能留住企业的优质顾客。对于连锁企业而言，随着竞争对手的增多和商品及经营模式的日趋同质化，服务质量越来越成为影响市场份额的关键因素。为顾客提供高质量的服务首先要考虑顾客的感受和期望，只有找准了服务的基本点和顾客的核心需求，企业才能设计出具体可行的执行标准，并通过监督考核确保服务质量的达标。

3. 加强与顾客信息的即时互通

连锁企业在管理上还需要注重与顾客的及时沟通，为其提供各类知识信息，让企业员工维护好与顾客的关系，将顾客的要求和意见及时反馈到企业相关部门，以便及时改进和提高服务水平。这需要企业员工有较高的职业素养、对市场的敏感度，以及娴熟的沟通技巧。企业还需运用先进的信息管理技术和即时沟通工具，以确保顾客与企业之间信息沟通的顺畅。

4. 保持高效快捷的执行力

要想减少顾客流失，保持优质的顾客资源，良好的策略和高效的执行力缺一不可。有些企业虽然能够制定良好的产品与服务策略，却因缺乏执行力而失败。在多数情况下，企业与竞争对手的差别就在于双方的执行力。如果对手比你做得更好，它就会在各方面领先并有可能夺走你的顾客资源。因此，连锁企业在战略规划时，应兼顾策略与执行力的实施。以行动为导向的企业，其策略的实施能力会优于同行，自然能吸引顾客、留住顾客。

微课：顾客流失

拓展阅读

顾客流失是大问题，连锁零售企业要尽快成立顾客管理部

顾客流失是连锁零售企业当前面临的最严重问题。顾客资源已经成为稀缺资源。不能有效解决顾客流失，企业将面临更加严重的问题。

连锁零售企业组织架构的设置是以商品和内部管理为中心。目前，采购部、商品部、运营部是企业的核心业务部门，但其主要职责是管理商品和企业内部组织。有的企业虽然设置了会员管理部门，但并不是企业的核心部门，并且其会员管理的理念还基于传统的顾客管理理念。

为什么要成立专门的顾客管理部？

一是当前顾客资源已经成为连锁零售企业最重要的经营资源。企业务必要把经营、管理顾客资源作为头等大事对待。目前，顾客管理已经远远比商品管理重要。因此，企业必须成立专门的部门，做好顾客资源的管理。

二是当前顾客管理的复杂性，需要专门的部门、高素质的人才来做好研究和管理工作。当前，零售业处于消费升级变化的特殊时期。在这一时期，消费变化有诸多不确定性，消费需求呈现突出的分层化、小众化、个性化的市场特点，消费需求变得更难把握。因此，零售企业特别需要专门的部门来研究顾客需求，结合企业实际更好地细分顾客，更好地把握细分需求。同时，在互联网环境下如何更好地链接顾客，如何用更加有效的方式影响目标顾客，如何有效增强顾客黏性，如何打造顾客终身价值等变得更加多样性。因此，必须由专门的部门来做顾客管理。

三是打造连锁零售企业核心竞争力的需要。当前零售业的竞争已经不是商品的竞争，而变成了顾客资源的竞争。经营顾客的能力已经变成为零售企业的核心竞争力。零售企业必须彻底转变以商品为重心的传统经营理念，建立以顾客为重心的经营理念；要重构以顾客为重心的企业经营体系，把研究顾客需求、细分市场顾客作为基础，建立企业顾客研究机制，研究市场目标顾客细分，研究目标顾客需求、准确把握消费变化；以满足目标顾客的个性化、多样化需求为中心，建立新的有效加强顾客管理的手段与措施。

（资料来源：http://www.linkshop.com.cn/web/archives/2017/388993.shtml?sf=wd_search.）

二、顾客投诉

在连锁经营行业中，顾客投诉是很常见的现象。对顾客而言，买到品质不佳的商品、受到不满意的服务，以及因投诉而造成时间、精力上的浪费，都会使其心里产生一定的不愉快。此时，顾客通常会通过某些方式来表达心中的不满，以获得心理上的平衡。即便是一个性格内向的人，也会通过不再光临的方式来表示自己的不满。对连锁企业而言，抱怨降低了顾客对企业的信任，甚至影响到连锁企业的信誉和营业收入。经验证明，只有一小部分顾客有了抱怨会投诉，大多数顾客则是用"拒绝再次光临或购买"的方式来表达其不满情绪，甚至会告诉其亲朋好友这种不愉快的体验，进而影响到企业的客流量。

（一）顾客投诉的类型

1. 对商品本身的抱怨而引起的投诉

1）商品价格。连锁企业销售的商品大部分为非独家销售的制造商牌商品，价格可比性强，顾客对这些商品的价格敏感性高。因此，在价格方面，大多数的顾客抱怨是某商品的定价比商圈内其他竞争者的定价高，从而要求改善；或者是某商品的结算价格与宣传的促销价格不一致，使顾客利益受损。

2）商品质量。一些商品，顾客在购买时很难当场从外观发现质量问题，往往是买回去使用之后才发现品质不佳。例如，服装穿后不久开线、鞋子穿后不久脱胶、干货类商品内部变质（长虫、霉变）、家电商品使用后发生故障、生鲜商品食用后发生腹泻及食物中毒等。

3）商品完好度。商品买回去之后，发现零组件不齐全而无法使用，或发现商品有瑕疵等。

4）商品有效期。顾客发现所购买的或放在货架上待售的商品，已经超过商品的有效期，或者是保质期即将结束的临期商品，进而对商品和企业不满。

5）标识不符或标签模糊。主要包括进口商品未附有中文标识，中文标识上的制造日期与原装商品上打印的制造日期不符，商品本身外包装上的说明不清，没有制造日期，没有商品的使用说明，以及其他违反《中华人民共和国商标法》的情形。标签模糊是指商品的价格标签模糊不清或有数个价格标签无法鉴别。

6）缺货。连锁企业商品不全或者没有顾客想要购买的商品，导致顾客白跑一趟；或者企业大力宣传的促销商品，因备货不足、销售火爆而在规定时间内缺货，导致前来购买的顾客无法买到。

2．对服务质量的抱怨而引起的投诉

1）工作人员服务态度不佳。例如，不理会顾客的询问要求，回答顾客的语气不耐烦、敷衍，或是出言不逊等。

2）收银作业不当。例如，收银人员不熟练，速度太慢，商品登录错误造成多收货款，少找钱给顾客，不找零钱给顾客，遗漏消磁，遗漏扫描顾客的商品，或者排队过长、等候结账的时间过久等。

3）服务项目不足。顾客要求提供送货服务、加工服务、换零钱服务，或其他形式的额外服务，却得不到满足。

4）服务作业不当。例如，企业提供寄存商品服务，却使顾客寄放的物品遗失或被调换；抽奖及发放赠品等促销活动不公平；顾客填写企业提供的意见反馈表未得到任何回应；或者顾客的抱怨未能得到妥善处理等。

5）企业突然取消原来提供的服务项目。例如，卖场取消 DM 广告的寄发、免费停车改为有偿停车、优惠券或积分换购取消等。

6）其他。例如，食品销售人员不遵守卫生规章操作、操作速度太慢或称重计价发生错误；促销人员的过激促销行为或出现误导顾客购买的言语；顾客退换货的需求没有得到满足等。

3．对购物环境的抱怨而引起的投诉

1）安全方面。购物时顾客发生了意外伤害事件、财物被盗窃；地面积水多路面湿滑；儿童发生意外；商品运输时影响行人交通；货物堆放或作业流程中存在安全隐患等。

2）清洁卫生方面。卖场对废弃物及垃圾处理不当，造成卫生环境恶劣；货架货柜或商品上的污渍、灰尘过多；生鲜销售区域污水横流，有严重的腥臭味；地板有纸箱废纸杂物等；购物车或购物篮太脏；洗手间卫生状况差等。

3）其他环境方面。卖场的音响声音太大，播音员吐字不清晰，现场促销声音太大，顾客购物体验不佳等。

某新开业超市牛奶价格动手脚遭消费者投诉

近日，居民李先生称，在某新开业的大型超市购买牛奶时，发现每箱牛奶标价69元，到实际付款时却是71.8元。虽然超市只多收2.8元，但超市刚开业，交易量大，为了避免其他人的权益受到侵害，李先生便给市消费者协会打了投诉电话。

接到投诉后，市消费者协会工作人员立即将投诉转至辖区监督管理所，工作人员第一时间到该超市进行了调查处理。经了解，李先生反映情况属实，根据《中华人民共和国消费者权益保护法》，由超市方赔偿消费者500元，并对超市进行了批评教育。在检查的同时，市消费者协会建议执法人员调取超市涉及此类商品的销售数据，如有其他欺诈行为，应一同予以查处。

市消费者协会相关负责人表示，在本案中，超市销售的牛奶实际价格与标签价格不一致，有价格欺诈嫌疑。

（资料来源：http://www.linkshop.com.cn/web/archives/2016/344643.shtml?sf=wd_search.）

（二）处理顾客投诉的原则

顾客投诉对连锁企业来说是不利的，但企业要变不利为有利，对外化解顾客的不满情绪，使顾客满意；对内正确对待顾客投诉，充分检讨与改善，将其转化为促进企业发展的一个契机。美国捷运公司副总经理玛丽安娜·拉斯马森曾提出过著名的公式：

处理好顾客投诉＝提高顾客满意度＝增加顾客购买的倾向＝更高的利润

正确处理顾客投诉的总原则是"先处理心情，再处理事情"。顾客购买商品、享受服务时，对商品本身和企业服务都抱有良好的愿望和期望值，如果这些愿望和要求得不到满足，就会失去心理平衡，由此产生抱怨和"想讨个说法"的行为，向企业投诉。一般而言，投诉可以分为两种：一种是善意投诉，即确实因为产品、服务、使用、价格等方面的实际原因而引起的顾客投诉；另一种是恶意投诉，是指出于敲诈钱财、破坏声誉、打击销售等为目的的所谓"投诉"。对于恶意投诉，企业要义正词严，令其立即放弃恶意投诉。如果恶意投诉情节恶劣，或对企业造成经济损失或不良影响，企业应拿起法律武器，通过法律渠道来解决。但对于善意投诉，企业员工务必要认真负责、及时处理，解决问题。处理善意投诉通常有以下几个原则。

1）满意原则。这是处理顾客投诉的首要原则。处理顾客投诉的最终目的不仅是解决问题或维护企业利益，还是问题解决后顾客是否消除了之前的不满，以后是否愿意再光临，这一原则和理念应贯穿于顾客投诉处理的全过程。

2）倾听原则。只有耐心、平静地倾听顾客的抱怨，才能发现问题产生的真正原因，进而想方设法平息顾客的不良情绪，最终才能圆满解决顾客投诉。漠视顾客的需求是处理投诉时的大忌，服务人员应站在顾客的立场上将心比心。对于顾客投诉，无论其合理性是否已经被证实，都不要急着分清责任，而是先要诚心诚意地去表示理解和同情。

3）迅速原则。当顾客已经对产品或服务产生不满时，拖延时间只会使顾客的抱怨变得越来越强烈，使其感到自己没有受到足够的重视。此时，企业要迅速解决问题以减少不良影响。如果问题超出服务人员处理的权限而需要请示上级管理层，要迅速联系管理层，并将解决方案尽快通知顾客。例如，顾客抱怨产品质量不好，企业通过调查，发现是因顾客使用不当所致，此时应及时帮助顾客维修产品，并告知正确的使用方法，而不可认为与企业无关就对顾客不加理睬。此时企业虽然没有责任，但如果问题处理不好同样会失去顾客。

4）不与顾客争辩原则。在处理顾客投诉的过程中，即便是顾客自身失误或沟通障碍而产生的问题，服务人员也不应与顾客发生争辩。因为，当顾客抱怨或投诉时往往带有强烈的不满情绪，此时争辩只会使事情变得更加复杂，使顾客的情绪更加激动，反而不利于事情的圆满解决。双方争辩的结果哪怕是企业赢得了争辩，但最终却失去了顾客与生意，结果是两败俱伤。

5）感谢原则。投诉处理结束后企业服务人员一定要当面或电话感谢顾客提出的问题和给予的谅解，再一次缓和与顾客之间的关系，提高顾客的满意度。

投诉处理完毕后，企业要对每一起顾客投诉及其处理结果做出详细的记录，包括投诉内容、投诉原因、处理方式、处理过程、处理结果、满意程度等。企业要通过分析记录，吸取教训，总结经验，为以后更好地处理顾客投诉提供参考。

（三）处理顾客投诉的步骤和技巧

1．聆听顾客倾诉

1）保持积极主动的态度。
2）面带微笑，保持平静的心情和合适的语速语调。
3）认真听取顾客投诉，不遗漏细节，确认问题所在。
4）不打断顾客的陈述。
5）让顾客先发泄情绪。

2．表示对顾客的同情

1）以专注的眼神及间歇点头回应顾客倾诉。
2）善用自己的举止、语气和肢体语言劝慰对方。
3）对顾客的遭遇表示同情，对其行为表示理解。
4）主动做好顾客投诉细节的记录工作。

3．确认问题所在

1）重复顾客所说的重点，确认是否理解顾客的意思和目的。
2）了解投诉的重点所在，分析投诉事件的严重性。
3）告诉顾客已经明白问题所在，并确认问题是可以解决的。

4．诚心诚意道歉

1）不论责任是否在于本企业，先诚心诚意地向顾客道歉。

2）对顾客在本企业消费遇到的困扰再次表示同情和歉意。

3）对顾客提出的问题表示感谢。

5. 解决问题

1）服务人员可以当场解决的问题，立刻解决。

2）服务人员无法当场解决的问题，立刻请示主管或管理层。

3）当天无法解决的投诉问题请顾客回去等待，并给出大致的处理时间。

4）留下顾客的联系方式，并将企业的联系方式留给顾客。

在顾客投诉的处理过程中，解决问题是最关键的一步。只有有效、妥善解决了顾客的问题，才算完成了对这次投诉的处理。问题解决得好，顾客感到满意，下次自然还愿意来这里购物；如果敷衍了事，顾客就会更加不满，或者闹得更大，或者以后永远不再光顾了。

总之，对于连锁企业而言，投诉不可避免，投诉也并不可怕。只要企业高度重视顾客的投诉，并积极处理好顾客投诉，把每一次处理顾客投诉作为再次赢得顾客、重获商机和重树企业形象的机会，企业就能够获得顾客的理解和认同，进而留住顾客。

项 目 小 结

本项目主要讲述了在连锁企业经营中顾客服务的定义和特征、顾客服务的分类；售前服务、售中服务、售后服务的主要内容。对顾客服务的质量及管理、服务质量的提升等进行了分析和探讨；分析了顾客流失的原因和应对策略，详细阐述了顾客投诉的类型、处理原则，以及处理步骤和技巧。

案 例 分 析

胖东来集团的极致服务

胖东来商贸集团公司（以下简称胖东来）是河南具有知名度、美誉度的连锁零售企业巨头，总部位于许昌市，创建于 1995 年 3 月。胖东来旗下涵盖专业百货、电器、超市。胖东来百货在许昌市、新乡市等地拥有 30 多家连锁店、7000 多名员工。

很多人没去过胖东来，但它却是中国零售界的神话，除了坚持正品好货，极致的服务是胖东来的一大特色。光是一个购物车就有七种不同的款型，值得一提的是老年人专用的购物车，不仅自带可供休息的板凳，还放有放大镜，方便老人查阅商品。除了普通卫生间，胖东来每一层还设有母婴室、儿童卫生间、无障碍卫生间，充满了人性关怀。胖东来为顾客提供免费停车，免费饮水机，免费充电，免费电话，免费打孔、修补、熨烫，免费家电维修；特别是后两项服务，即使产品不是在胖东来买的，也照样可以享受。冰鲜区有保温手套免于手被冻伤，榴莲等表面尖利的产品区有石棉手套免于手被割伤，生鲜区可免费取冰，熟食区配有微波炉方便加热，吃不完还有真空机方便打包带走；随处可见的湿纸巾、干纸巾及免洗洗手液，便于顾客清洁双手，服务贴心到极致。普通超市里，常见的产品说明包括价格、重量、产地，而胖东来的产品说明贴心到"绝望"，包括了产品介绍、菜谱、营养价值等。无理由退货，7日内商品调过价的，顾客可以找超市退差价。

此外，如果你亲身体验，胖东来有哪点做得不好，尽管提出投诉，胖东来会一一落实并公告。《哈佛商业评论》发表的一项研究报告指出："公司利润的25%～85%来自再次光临的顾客，而吸引他们再来的因素首先是服务质量的好坏，其次是产品本身，最后才是价格。"而胖东来的服务足以让对手绝望，这种被关怀、被关注的精致体验可不是谁都能做到的，难怪百姓们就爱到胖东来购物，宁愿排队也不去其他超市。

表8-1所示为胖东来的顾客投诉处理制度。

表8-1 胖东来的顾客投诉处理制度

分类	出现类型	处理办法	涉及部门
价格原因	实际价格与收银小票不符	向顾客道歉： ① 单件商品把本商品免费送给顾客； ② 同品多量的第一件商品送给顾客，其他商品按最低价格销售给顾客	所有部门
	称错商品，错扫、重扫商品条码	向顾客道歉并把商品免费送给顾客	
	商品退差价	顾客持购物小票及商品按照各部门退差价规定给予差价补贴	服装部、家电、金店
商品原因	商品未消磁	向顾客道歉，本商品九折优惠价销售给顾客	所有部门
	菜肴、熟食里出现异物	把本菜品原价退给顾客并免费送给顾客一份同样价格的其他菜品	超市
	食品非人为存放使用不当引发的商品质量问题并影响到顾客健康	凭购物小票相关部门进行批次检测，如情况属实给予顾客10倍补偿，如涉及身体健康及其他原因，协助医院检查	超市
	涉及商品质量引发的顾客投诉	经国家相关部门检测之后，按照国家相关规定及"三包"政策予以处理，并向顾客道歉	所有部门
服务原因	员工在服务中未按公司的服务标准，引发顾客投诉	经核实针对该事情给予200元服务投诉奖或赠送礼物一份，表示歉意	所有部门
环境原因	环境原因引发的顾客投诉	经核实后向顾客道歉并赠送礼物一份	所有部门
管理原因	管理中出现的失误、漏洞及合理化建议	完善标准，向顾客道歉，致谢并赠送礼物一份	所有部门

（资料来源：http://www.linkshop.com.cn/web/archives/2017/377411.shtml?sf=wd_search.）

问题：

1）胖东来提供的顾客服务在哪些方面优于其竞争对手？

2）从胖东来的顾客投诉处理制度来看，你如何评价胖东来的顾客服务管理？

自 测 题

一、单项选择题

1. 顾客服务接触方式可能是（　　）。
   A. 面对面　　　　B. 电话　　　C. 网络　　　　D. 上述全部
2. 顾客服务的内容可以是（　　）。
   A. 关于产品型号的　　　　　B. 关于产品质量的
   C. 关于产品价格的　　　　　D. 所有与产品和服务有关的
3. 顾客服务（　　）。
   A. 能够为企业带来效益
   B. 不能够带来效益，仅能消除顾客的不满
   C. 能否带来效益要看具体情况而定
   D. 说不准
4. 关于顾客服务分类标准，以下说法正确的是（　　）。
   A. 分类标准不同，分类结果不同　　　B. 因人而异
   C. 无分类标准　　　　　　　　　　　D. 不分类
5. 下列不属于售中服务的是（　　）。
   A. 接待顾客　　　　　　　　　B. 帮用户安装产品
   C. 商品介绍　　　　　　　　　D. 帮助选购，办理成交手续
6. 对于顾客抱怨，以下说法正确的是（　　）。
   A. 顾客抱怨是不正常的事
   B. 拒绝有抱怨倾向的顾客
   C. 顾客抱怨是经营过程中的正常现象
   D. 顾客抱怨要追究相关人的责任
7. 处理顾客投诉最重要的是（　　）。
   A. 倾听顾客的投诉　　　　　　B. 为自己辩护
   C. 转移话题　　　　　　　　　D. 高额赔偿
8. 以下情况除了（　　），其他的都会引起顾客投诉。
   A. 产品超过保质期　　　　　　B. 重量没达到标准
   C. 没有提供试吃的样品　　　　D. 劣质包装材料

二、多项选择题

1. 顾客服务能够（　　）。
   A. 宣传企业，塑造企业形象　　　B. 扩大产品销售
   C. 提升企业竞争能力　　　　　　D. 塑造产品品牌

2．下列属于售前服务的是（　　）。

    A．顾客需求调查

    B．提供商品信息

    C．商品整理编配

    D．商品陈列、货位布局和购物气氛营造

3．按顾客需求分类，顾客服务分为（　　）。

    A．方便性顾客服务　　　　　　　　B．伴随性顾客服务

    C．补充性顾客服务　　　　　　　　D．预知性顾客服务

4．顾客流失的对策有（　　）。

    A．提供高服务质量　　　　　　　　B．严把产品质量关

    C．加强与顾客的信息即时互通　　　D．更换企业领导者

5．购物环境的抱怨投诉有（　　）。

    A．安全方面的抱怨　　　　　　　　B．其他环境的抱怨，如噪声太大

    C．清洁卫生的抱怨　　　　　　　　D．金融便捷性差的抱怨

三、简答题

1．顾客服务的特征有哪些？

2．售前服务、售中服务、售后服务的内容有哪些？

3．哪些原因会造成顾客的流失？

4．导致顾客抱怨和投诉的原因有哪些？

5．处理顾客抱怨和投诉的原则有哪些？

自测题部分

参考答案 8

项 目 实 训

扮演神秘顾客，对本地几家连锁企业的服务水平进行体验和评价。评价标准包括商店环境、商品陈列、店员仪表、店员举止态度、店员待客用语、退换货服务、投诉处理等，并对其服务质量的提升提出一些意见和建议。

项目九
连锁企业门店开发和选址

项目九课件

案例导入

家乐福选址秘诀——十字路口

家乐福是世界知名零售商，其选址的科学化备受称道。其通用的选址原则有以下几点。

1）地理位置要求：开在十字路口。第一家店于 1963 年开在巴黎南郊一个小镇的十字路口，生意异常红火。十字路口成为家乐福选址的首要原则，同时还要交通方便，满足私家车、公交车、地铁、轻轨等各种交通要素的通达。该区域人口密度要相对集中，还要具备较大面积的停车场。

2）建筑要求：占地面积在 15 000 平方米以上，建筑物长宽比例为 10∶7 或 10∶6。

3）商圈半径：国内一般标准是公交车 8 千米车程，单程时间不超过 20 分钟的范围。

4）灵活适应当地的特点：家乐福店可开在地下室，也可开在四五层，但最佳为地面一、二层或地下一层。家乐福一般占两层空间，不开三层。

5）租期要求：家乐福能够承受的租金较低，而且一般签订长期的租赁合同（通常是 20～30 年）。

6）外聘公司进行市场调查：一般需要选两家公司分别进行销售额测算，两家公司是集团之外的独立公司，以保证预测的科学性和准确性。

（资料来源：根据相关资料整理。）

连锁企业的发展离不开门店的开发，而门店的开发既包括门店数量的增加（即门店扩张），又包括门店质量的提升。连锁门店的开发如同下棋布局一样，必须具有长远目光，能够从大局着想，这样才能确保门店开发的成功和经营效益。

任务一 连锁门店开发的原则、条件与途径

【知识目标】 了解连锁门店开发的原则，熟悉网点开发的条件和途径。

【能力目标】 培养识别连锁企业门店开发条件和选择网点开发途径的能力。

【素质目标】 能够运用所学知识进行连锁企业门店开发的分析和策划。

一、连锁门店开发的原则

连锁门店是连锁企业的经营场所，直接与顾客接触，是企业利润的直接来源，也体现着企业的经营宗旨和经营方针。因此，连锁门店开发应坚持以下原则。

1. 合理布局兼顾经济性

连锁门店的开发要充分考虑企业发展的方向和长远利益，一方面，根据周边地区的人口数量和结构、消费水平和发展趋势、市场环境和现有商业网点的布局、旅游景点和交通条件等因素，进行统筹规划；另一方面，以满足消费需求为目标，以商业功能区、人口分布、交通网络等要素为依托，优化连锁门店业态结构，合理规划布局。根据经济效益原则，连锁总部在开发连锁门店时必须考虑门店所在地的客流量、消费群的职业和收入、投资大小、运行成本高低，以及发展前景等因素，并在调查研究的基础上进行严密的可行性论证，力求新开门店取得较佳的经济效益。

2. 以顾客为中心

适应顾客是一切商业行为都必须遵循的原则。连锁企业按统一模式在各地开设门店，往往会忽视地域间顾客需求的差异性，从而影响门店开发的成功率。因此，连锁企业要根据顾客的年龄、收入、性别、职业、生活水平、消费态度、地域性等特征决定门店的开设；决定商品结构、商品价格、商店布局、商品陈列及相应的促销活动，尽可能适应顾客的需求。

3. 确保安全和便利性

安全性主要包括顾客安全、店铺安全和商品安全等。顾客安全，如店外的道路交通是否安全，店内的通道是否顺畅等；店铺安全，如是否有健全的防灾防盗设施等；商品安全，如陈列商品是否会倒下来，店铺布局是否有死角，是否装置闭路电视监视系统等。

便利性包括交通及停车，如门店距离车站的远近，是否有停车场、寄存处；能否满足一次性购足的需求；是否有公共卫生设施；出入口的设计是否便于顾客进出；商品陈列能否让顾客一目了然、容易挑选、购买方便；商品包装、展示及收银等作业是否有适当的操作空间；收银机数量是否与客流量相适应等。除了商品和服务，门店还需要提供良好的购物环境和完善的配套设施，以更好地发挥不同零售业态的商业功能，提高顾客的消费满意度。

4．适合长期发展

门店建设是一项长期投资，关系到连锁企业的发展前途和命运。门店一旦确立便难以改动。因此，连锁企业在规划选址时，必须具有长远的眼光。有的选址现在看来是最佳选择，但随着城市的改造和发展变得不适合建店，如城市的老城区。有的选址虽然现在看来并不理想，但却具有商业发展潜力，会成为未来的商业中心。所以连锁企业店铺的开发和选址一定要充分考虑城市的改造和未来的发展规划。

二、连锁门店开发的条件

（一）资金条件

连锁企业的开发无论采取哪一种形式，都需要强大的资金支持。按照大型综合超市开店所需资金1500万元计算，一年若开设10家门店的投资就需要1.5亿元。此外，物流配送中心的建设也是一项庞大的投资，连锁企业只有对资金进行科学规划，才能解决资金短缺的问题。

一般而言，连锁企业可以从以下几个方面解决连锁门店开发的资金问题。①银行贷款。通过向银行贷款进行市场扩张，这是目前连锁企业常用的筹资途径。②争取上市。通过这一途径，连锁企业不仅可以迅速走向现代公司管理的轨道，也可以借此筹集相当一部分的市场拓展资金。③股权稀释。将公司股权多元化，引入资金雄厚的大股东，可以在一定程度上解决资金短缺的问题。但采用这一方法时要注意公司股权的稀释程度，防止公司控股权旁落他人。④开展加盟合作。利用加盟商和合作伙伴的资金、人力、物力发展连锁事业，解决发展中的资金瓶颈问题。

（二）人才条件

人才短缺也是目前制约连锁企业快速扩张的一大瓶颈。随着连锁企业的快速发展，企业人才匮乏的问题越来越突出。外资连锁企业在国内扩张的同时也加快了网罗人才的步伐，而国内连锁企业长期以来缺少吸引、培育和激励中高层专业人才的机制，人才流失比较严重。人才问题已经导致众多连锁企业开店速度变慢，并严重影响了新店的经营管理水平和效益。要解决这一问题，一方面需要连锁企业通过建立健全内部晋升机制、外部吸纳人才机制，以及与高校合作培养等方式来缓解这一问题；另一方面需要连锁企业通过提高连锁经营的标准化管理水平和简单化作业水平来降低对专业人才数量的需求。

（三）管理基础

管理基础是连锁企业发展的根基。连锁企业规模扩张必须有强大的管理协调系统的支持，只有如此才能实现连锁企业质与量的双重扩张。连锁企业的管理层在管理10家连锁门店时，可以应付自如，管理十分到位。但当他们管理100家甚至更多门店时，就可能力不从心、漏洞百出了。因为当企业发展壮大后，对管理的要求随之发生变化，组织机构需要重新设计以适应新的环境变化；信息管理系统需要扩容和升级，不断提高信息处理的能力；仓储和物流配送的能力也要加强,并不断地降低物流配送成本。只有当这一切管理基础具备和成熟时,才能为连锁企业的扩张和发展保驾护航。

（四）市场机会

连锁企业的扩张和发展取决于机会本身。市场机会转瞬即逝,错过了一个市场发展的机会将会损失巨大。反之,即使牺牲眼前的利益或者股权稀释,只要抓住了市场机会就是值得的。当然,盲目冒进和谨小慎微的保守做法都是不可取的,连锁企业唯一可行的是稳扎稳打,并在步步为营以降低风险和孤注一掷跳跃式成长之间权衡利弊,从中找到一个最佳的扩张速度。

三、连锁门店开发的途径

连锁企业门店开发的途径主要有4种:自建、并购、加盟与合作。鉴于这4种方式各有优劣,企业必须对即将进入的市场进行深入研究,结合自身具体情况选择最适合的路径。当然,企业也可以在一个时期同时运用多种方法加速门店开发,但这需要有较高的资源整合能力和运作能力。

（一）自建

自建是指连锁企业以自己筹集的资金,通过对详细的市场调查和商圈分析,对各备选地址逐一进行分析和优选,最终确立店址并开设新的连锁门店。国内外大多数连锁企业在发展早期采取这一方式开设直营连锁门店。

自建方式扩张的优势在于企业在扩张时能够不折不扣地贯彻实施公司原有的经营理念,按照企业统一的经营模式运行,可迅速走向正轨,有利于企业的一体化管理,有助于树立良好的企业形象。由于选址时对商圈进行过周密的调查分析,新店开业后的经营效益有较大的保证。此外,在连锁零售企业盈利模式正在不断转型的今天,很多连锁企业通过对物业的投资和经营不仅获得了商品经营的效益,还得到了地产增值的回报。例如,麦当劳不仅是全球著名的餐饮连锁店,同时还是全球最大的房地产投资商。

自建方式扩张的劣势主要体现在前期投入需要大量资金,企业必须有雄厚的资金支持,发展相对较慢。此外企业需要对新的区域和市场有一个了解、认识和把握的过程,当地消费者也需要时间来了解和接受新的门店,因此新建的门店需要一个过渡期才能站稳市场。

（二）并购

并购是指连锁企业采取资本运营的方式,将当地现有的企业收购、兼并过来,再进行整合,使兼并企业能够与母体企业融为一体。并购是目前国内外比较流行的一种扩张方式。例如,我国家电连锁企业国美电器的扩张方式主要是并购。又如,沃尔玛在中国大陆早期的经营中,通过并购好又多连锁超市迅速地增加了门店数量,扩大了规模。

并购的优势在于:通过收购和兼并,连锁企业可以很容易进入和迅速占领一个新的市场,并且可以充分共享企业的市场资源,扩张顾客基础。如果运作良好,投资成本可以相对减少,而扩张速度也会加快。

并购的劣势在于：被兼并企业本身的组织结构、经营理念、管理制度及企业文化等与母体企业相差较大，还需要对其按照母体企业的标准进行改造，有一个磨合阵痛期，这是需要付出成本代价的。另外，寻找合适的被并购企业需要机会，这可能会贻误进入一个新市场的时机。并购本身及整合被并购企业是一项复杂的工作，需要有较高的管理技术和专业知识。

（三）加盟

加盟也称特许经营，是指连锁总部将自己所拥有的无形资产包括商标、商号、专利和经营管理模式等许可给投资者或加盟商，加盟商按照合同规定在总部的统一指导下从事经营活动。加盟扩张是连锁企业一种低成本高速度的扩张方式，但它需要一定的条件，也存在一定的劣势。

加盟扩张的优势是企业可以节约大量资金投入和时间成本，迅速提高市场占有率，可以节省总部的人力资源和财力，风险较小。经营模式成熟的连锁企业可以充分利用加盟者在当地的人缘优势和经营积极性，大大提高经营的成功率。

加盟扩张的劣势是加盟发展一般只适用于一些较小的门店，不适合所有的连锁企业，这使加盟扩张的范围受到限制。此外，由于产权独立、经营权集中，连锁总部在管理特许门店时难度较大，经营理念和经营模式难以统一，加盟双方有可能出现分歧和矛盾。另外，个别加盟店的不当行为或经营失败会给连锁总部的品牌形象造成损害，不利于树立良好的企业形象。

（四）合作

合作是指连锁企业与有合作意向的伙伴进行多方面合作，包括引入战略投资伙伴，共同开发新市场；与合作方结成联盟体，采取复合连锁的方式进入新市场；或者通过向合作方输出管理、人力资源等方式，共同开发某地区的市场。例如，2015 年 9 月，苏宁与万达达成战略合作，苏宁云店进驻万达广场，万达方面还为苏宁提供物业资源的开发定制，双方打造涵盖电器、超市、母婴、金融、咖啡、百货等"互联网＋"的门店形态。

合作经营的优势是可以利用合作伙伴的人力、财力、物力等资源，减轻连锁总部的投资压力；可以利用合作伙伴的影响力占领市场，降低投资风险。相对于加盟扩张，合作形式更为灵活，也更容易被对方接受，因为双方是在平等互利的基础上谋求双赢。

合作经营的劣势是企业的经营决策必须由合作双方共同参与，连锁企业不能独自决策，这不利于企业的统一管理。市场开拓受到限制，连锁企业不能按照自建扩张的一贯模式运作，时间和速度也难以控制。另外，合作方式不太稳定，一些意想不到的情况，容易导致合作失败或合作终止。

任务二　商圈分析与市场调查

【知识目标】　掌握商圈的概念及分类，熟悉商圈划定的方法和市场调查的内容。
【能力目标】　培养对现有门店及未来门店商圈分析和市场调查的能力。
【素质目标】　能够运用相关知识对连锁门店进行商圈分析和市场情况调查。

拓展阅读

肯德基和麦当劳为何总是扎堆选址

1987 年 11 月 12 日，肯德基在中国的第一家餐厅在北京前门开业，盛况空前。根据当时的媒体记录：天气很冷，飘着雪花，等待的人太多，工作人员不得不求助公安人员来维持秩序。门口排队的人绕了一圈，排队近一个小时才能买到一块原味鸡，可是人们都兴致盎然。30 多年过去了，这家店至今仍然正常营业，并且将"肯德基中国第一店"作为卖点吸引顾客。当人们打开地图搜索这家店的位置时，毫无意外地在旁边发现了麦当劳的踪影。

选择这个地方，耗费了当时肯德基远东地区总裁王大东几个月的时间。当时 43 岁的他已经有着相当丰富的餐饮管理经验。签下这个三层楼的绝佳铺位，肯德基花了 365 万元，当时租期为 10 年。

精准的选址和稳定的商铺对于一家餐厅来说，有着至关重要的意义。事实证明，王大东的策略非常正确，肯德基前门店开张以后，房租仅为营业额的 1%。其实一个商铺租 10 年并非肯德基在中国首创的。1971 年 7 月，第一家麦当劳在日本开业的时候，也是一次性支付了 10 年租金。

麦当劳在中国的第一家店于 1990 年 10 月 8 日开在深圳市罗湖区东门商业步行街，这是深圳形成时间最早、最成熟和最具规模的商业旺区。据当时的媒体报道，这家餐厅拥有 500 个座位，是麦当劳（香港）有限公司的全资附属公司，共投资 4000 万港元。开业时无数深圳人举家前往。人们满腹新奇，队伍从餐厅二楼排到一楼，再绕着整个光华楼转了一圈。餐厅第一批员工仅有 400 多人。实在忙不过来了，公司不得不从香港临时调来 500 多名员工帮忙。同肯德基前门店一样，光华楼麦当劳也仍然在经营，并且，旁边毫无意外地也开着一家肯德基。

对于选址，肯德基和麦当劳都有一套非常严格的计算模型，考察的重点包括且不限于以下几项内容：①该商圈已有的快餐门店数量（至少要 3 万～5 万人口才能支撑一家店，要根据政府的统计数据结合对未来人口的估算）；②该商圈的人口分布（目标选址可覆盖的常住人口分布范围，通常要去居委会查询）；③该商圈用户的消费能力（可以看统计数据人均可支配收入，也可以去打听竞争对手的交易数据）。

以上仅为复杂的选址工作的第一步，很多时候就算找出了最优的位置，也不一定有空置的铺位。选址人员要经常去观察某一商圈房产变动的情况，一旦有铺位出来，就去找业主沟通。

一家完整的餐厅至少需要 500 平方米左右。若一个商圈中人流最密集的铺位被肯德基抢走了，怎么办?麦当劳想出了一个方法——甜品站引流。通常是因为位置最好、面积合适的铺位已经没有了，甚至有可能被竞争对手签了长约，但又不愿意放弃整个商圈，所以麦当劳就采用这种机智的改善方案。

另外一种情况是，商场新开业对肯德基和麦当劳都会定向招租并给出较为优惠的条件。如果商场的客流预期确实不错，也会产生肯德基和麦当劳双双入驻的情况。综上所述，选址模型类似，面对的商圈状况也通常类似，肯德基跟麦当劳经常开在一起，是可以预期的现象。

（资料来源：http://www.linkshop.com.cn/web/archives/2017/373948.shtml?sf=wd_search.）

一、商圈分析

连锁企业门店开发的第一步是商圈分析，即先要明确商业圈范围，评估经营效益，然后才能确定大致地点进行开发。

（一）商圈概述

1．商圈的概念

商圈是指以商店所在地为中心，沿着一定的方向和距离扩展的、能吸引顾客的范围。简言之，就是来店顾客所居住的地理范围。连锁店的销售范围通常都有一定的地理界线，即有相对稳定的商圈。不同的商店由于所在地区、经营规模和经营条件的不同，其商圈的规模和形态存在很大差别。同一个商店在不同的经营时期受到不同因素的影响，其商圈规模也是时大时小，商圈形态表现为不规则的多角形。

为了便于分析，我们把商圈视为以商店为中心，向四周展开的同心圆。商圈包括3个层次，即核心商圈、次级商圈和边缘商圈。核心商圈是最靠近店铺的区域，其辐射半径在1千米左右，包含这一商圈顾客总数的55%～70%。该商圈的顾客在人口中所占的密度最高，消费的客单价也最高，而且与其他商店的商圈很少发生重叠。次级商圈内包含了商圈顾客总数的15%～25%，其辐射的半径在3～4千米，顾客较为分散。边缘商圈处于商圈的最外缘，其辐射半径在7千米左右，拥有的顾客最少，占顾客总数的5%～10%，而且也最为分散。一般只有大型百货商场、购物中心、专业店具备边缘商圈，边缘商圈内主要是一些随机的、偶然的、临时到商店购买的少数消费群体。商圈层次的市场份额、销售额贡献度及顾客覆盖率情况如表9-1所示。

表9-1　不同层次的商圈市场份额、销售额贡献度及顾客覆盖率情况

比较标准	核心商圈	次级商圈	边缘商圈
市场份额	50%以上	30%以上	10%左右
销售额贡献度	70%以上	25%	5%
顾客覆盖率	55%～70%	15%～25%	5%～10%

资料来源：王巍红，2005．零售操作实务[M]．北京：中国商务出版社．

2．商圈的形态

事实上，商店的商圈并非如前所述的同心圆模式，其大小与形状是由多种因素综合决定的。其中包括商店类型、规模大小、竞争者位置、交通便利性和人口密度等。一般而言，商圈的主要形态可分为以下5类。

1）商业区。商业行为集中的地区，其特色为商圈大、流动人口多、各种商店林立、繁华热闹。其消费习性具有快速、流行、娱乐、冲动消费的特色，而且消费金额比较高。

2）住宅区。居住者在 1 万人以上，消费习性为消费群稳定，讲究便利性、亲切感，家庭用品购买率较高。

3）文教区。文教区附近一般有大、中、小学校等。该区消费群以学生为主，消费金额普遍不高，休闲食品、文教用品购买频率高，消费习性相对较休闲。

4）办公区。办公区指办公大楼林立的地区，其消费倾向于便利性、外来人口居多，消费水准较高。上班族的消费特点最主要的是时间稳定、集中。

5）混合区。混合区分为住商混合、住教混合等。混合区具备多种商圈形态的消费特色，一个商圈内往往含有多种商圈类型，属于多元化消费习惯。

3．商圈顾客的来源

商圈内的连锁店一般有其特定的销售范围，在这一范围中，店铺服务的对象即顾客，其来源一般可分为以下 3 个部分。

1）居住人口：居住在该商圈地域内的常住人口，是核心商圈内基本顾客的主要来源，这部分人口对于零售店，尤其对于超市来说是最重要的客源。

2）工作人口：指那些并不居住在该商圈范围内，但是工作在此商圈的人口。这部分人口中不少人利用上、下班时间就近购买商品，他们是次级商圈中基本顾客的主要来源。一般来说，店铺周围工作人口越多，商圈规模相对扩张越大，潜在的顾客数量就越多，对店铺经营越有利。

3）流动人口：在交通要道、商业繁华地区、公共活动场所过往的行人，这些过路人口是构成边缘商圈内顾客的基础。一个地区的流动人口越多，在这一地区经营的零售店铺可以获得的潜在顾客就越多，但由于经营者云集，竞争也越为激烈。

（二）商圈分析的意义

商圈分析是经营者对商圈的构成情况、特点、范围，以及影响商圈规模变化的因素进行实地调查和分析，为选择店址及制定和调整经营方针、策略提供依据。

1．商圈分析是新设店铺进行合理选址的前提

新设店铺在选择店址时，总要力求较大的目标市场，以吸引更多的目标顾客。这首先就需要经营者明确商圈范围，了解商圈内人口的分布状况及市场、非市场因素的有关资料。在此基础上，进行经营效益的评估，衡量店址的使用价值，按照设计的基本原则，选定适宜的地点，使商圈、店址、经营条件协调融合，创造经营优势。

2．商圈分析有助于店铺制定竞争经营策略

连锁门店为取得竞争优势，广泛采取了非价格竞争手段，如改善形象、完善服务、加强与顾客的沟通等，这些都需要经营者通过商圈分析，掌握客流性质、了解顾客需求、采取针对性的经营策略，赢得顾客信任。

3．商圈分析有助于店铺制定市场开拓战略

连锁企业经营方针、经营策略的制定或调整，都要立足于商圈内各种环境因素的现状及其发展规律、趋势。通过商圈分析，可以帮助经营者明确哪些是本店的基本顾客群，哪些是潜在顾客群，力求保持基本顾客群的同时，着力吸引潜在顾客群，制定积极有效的经营战略。

4．商圈分析有助于加快资金周转

连锁门店经营的一大特点是资金占用多，要求资金周转速度快。零售店的经营规模受到商圈规模的制约，商圈规模又会随着经营环境的变化而变化。商圈规模收缩时，若零售店规模不变，会导致流动资金积压，影响资金周转。因此，经营者通过商圈分析，了解经营环境及由此引起的商圈变化，就可以适时调整经营规模，积极应对形势变化。

（三）影响商圈大小的主要因素

1．经营业态

门店经营业态对商圈的大小有着直接的影响。一般来说，购物中心、百货商店、专业店、专卖店及无店铺业态的商圈相对较大，吸引着来自较大地理区域范围内的流动顾客；其次是大型综合超市和食品超市；食杂店与便利店的商圈最小，并且几乎没有边缘商圈。

2．经营规模

随着门店经营规模的扩大，它的商圈也随之扩大。因为规模越大，它供应的商品范围越广，花色品种也越齐全，其市场吸引力越强，因此可以吸引顾客的空间范围也就越大。但商圈范围虽因经营规模而增大，但并非成比例增加。

3．商品经营种类

一般来说，经营传统商品、日用品的商店商圈较小；而经营选择性、技术性强，需提供售后服务的商品及满足特殊需要的商品的商店商圈较大。同时，经营水平高、信誉好的商店商圈较大。

4．竞争对手的位置

相互竞争的两店之间距离越大，它们各自的商圈也越大。如果潜在顾客居于两家同行业店铺之间，各自店铺分别会吸引一部分潜在顾客，造成客流分散，商圈会因此而缩小。但有些相互竞争的店铺毗邻而设，顾客因有较多比较、选择机会而被吸引过来，则商圈反而会因"群体竞争效应"而扩大。

5．交通地理条件

交通地理条件是影响商圈规模的一个主要因素。位于交通便利地区的门店，商圈规模会因此扩大，反之则限制了商圈范围的延伸。自然和人为的地理障碍，如山脉、河流、铁路及高速公路等会无情地截断商圈的界限，成为商圈规模扩大的巨大障碍。

6. 店铺的促销手段

门店可以通过广告宣传，开展公关活动，以及广泛的人员推销与营业推广活动不断扩大知名度和影响力，吸引更多的边际商圈顾客慕名光顾，商店的商圈范围也会因此而扩大。

拓展阅读

全球最贵的商圈位置

国际房地产咨询公司高纬环球 2018 年年底公布的《全球主要商业街租金报告》（以下简称《报告》）显示，中国香港铜锣湾和尖沙咀的主购物街区超越了纽约第五大道，再度成为全球最贵的两个商业街区。

《报告》的调查范围覆盖全球 65 个国家和地区的 446 个顶级商圈，统计的时点为 2018 年 6 月。《报告》指出，时隔 5 年，尽管年均租金下跌了 1.5%，但香港铜锣湾的主购物街区再次以 24 606 欧元/平方米的价格问鼎全球最贵商业街的称号。同期，香港尖沙咀的租金也下滑了 0.4%，降至 23 042 欧元/平方米，但依然高居全球第二。

从整体来看，多个上榜的商业街当前的年均租金比 2017 年同期有所下跌。由于空置率上涨，纽约第五大道的租金从 2017 年 6 月 17 日的 3000 美元/平方英尺下跌 25%（跌至 2250 美元/平方英尺），以欧元和平方米计算，为 20 733 欧元/平方米，位居全球第三。

其他位列全球前十名的还有：纽约的时代广场 Bowtie 区域（42 到 47 街，百老汇大街和第七大道之间）以 16 126 欧元/平方米位列全球第四，价格与 2017 年基本持平；伦敦的新邦德街以 16 071 欧元/平方米的价格位列全球第五；巴黎的香榭丽舍大道以 13 992 欧元/平方米的价格位列全球第六；米兰的蒙提拿破仑大街以 13 500 欧元/平方米的价格位列全球第七；罗马的孔多蒂街以 11 500 欧元/平方米的价格位列全球第八；东京银座以 11 232 欧元/平方米的价格位列全球第九；纽约麦迪逊大道以 10 136 欧元/平方米的价格位列全球第十。

整个亚太市场，中国香港的铜锣湾、尖沙咀和日本东京的银座占据前三位，东京的新宿以 8985 欧元/平方米位列该市场第四位。

中国内地共上榜 28 条商业街，其中北京王府井和商务中心区分别以 4532 欧元/平方米、3831 欧元/平方米成为内地上榜城市中排名最靠前的两位，上海南京西路年均租金同比增长 2.5%至 3145 欧元/平方米，位列第三名。

（资料来源：http://www.linkshop.com.cn/web/archives/2018/413980.shtml?sf=wd_search.）

（四）商圈划定的方法

1. 雷利法则

在划定商圈方面，美国学者威廉·雷利提出了一套法则，称为"零售引力法则"，也称"雷利法则"。雷利认为，商圈规模由于人口的多少和距离商店的远近而有所不同，商店的吸引力是由最邻近商圈的人口和里程距离两方面发挥作用。雷利法则的基本内容是：在两个城镇之间设立一个中介点，顾客在此中介点可能前往任何一个城镇购买，即在这一中介点上，两城镇商店对此地居民的吸引力完全相同，这一地点到两城镇商店的距离即是两商店吸引顾客的地理区域。其公式为

$$D_{ab}=\frac{d}{1+\sqrt{\dfrac{P_b}{P_a}}}$$

式中，D_{ab}——A 城镇商圈的限度（以 A 城镇为起点沿公路到 B 城镇的里程距离，即商圈半径）；

d——城镇 A 和 B 之间的里程距离；

P_a——A 城镇的人口；

P_b——B 城镇的人口。

【例 9.1】　A 城镇人口 9 万人，B 城镇人口 1 万人，A、B 之间 20 千米。代入公式中则两城镇的商圈分别为 15 千米和 5 千米（图 9-1）。

$$D_{ab}=20/[1+\ (1/9)^{\frac{1}{2}}]\ =15\ （千米）$$

$$D_{ba}=20/[1+\ (9/1)^{\frac{1}{2}}]\ =5\ （千米）$$

图 9-1　中介点位置图

根据计算结果可知：A 城镇吸引与中介点距离为 15 千米内的顾客，B 城镇吸引与中介点距离为 5 千米内的顾客。即 A 城镇商店的商圈限度近似为 15 千米，B 城镇商店的商圈限度近似为 5 千米。这就帮助零售商划定了 A 城镇中的商店和 B 城镇中的商店的商圈范围。此外，顾客之所以被吸引前往人口较多的城镇，主要由于当地的商店设施和商品种类较多，值得多花时间前往。

微课：雷利法则

雷利法则既可用于不同城市商业区之间的定量分析，又可用于同一城市内不同商业区之间的定量分析。雷利法则的优点是计算简便，特别是在资料不全时尤为适用。其局限性是不适合某个具体商店的商圈估算；只考虑到两地商店的里程距离，只考虑一地的主干道而不考虑支路，广告、顾客忠诚及某些商店有特殊吸引力时，会减弱雷利法则的有效性。

2. 赫夫法则

赫夫法则是美国零售学者戴维·赫夫于 20 世纪 60 年代提出的对城市区域内商圈规模预测的空间模型。赫夫法则是从不同商业区的商店经营面积、顾客从住所到该商业区或商店所花的时间及不同类型顾客对路途时间不同的重视程度这 3 个方面出发，来对一个商业区或商店的商圈进行分析。赫夫认为，一个商店的商圈取决于它的相关吸引力，每个商店在一个地区对顾客的吸引力都能够被测量。在数个商业区（或商店）集中于一地时，顾客利用哪一个商业区（或商店）的概率，是由商业区（或商店）的规模和顾客到该区（或商店）的距离

决定的，即一个商店对顾客的相关吸引力取决于两个因素：商店的规模和距离。商店的规模可以根据营业面积计算，距离为时间距离和空间距离。大商店比小商店更有吸引力，近距离商店比远距离商店更有吸引力。

赫夫法则的数学模型为

$$P_{ij}=\frac{S_i / T_{ij}^{\lambda}}{\sum\limits_{j=1}^{n}S_j / T_{ij}^{\lambda}}$$

式中，P_{ij}——i 地区的消费者在 j 商业区或商店购物的概率；

S_i——j 商店的规模（营业面积）或 j 商业区内某类商品总营业面积；

T_{ij}——i 地区的消费者到 j 商店的时间距离或空间距离；

λ——通过实际调研或运用计算机程序计算的消费者对时间距离或空间距离敏感性的参数；

S_j / T_{ij}^{λ}——j 商店或 j 商业区对 i 地区消费者的吸引力；

$\sum$——同一区域内所有商业区或商店的吸引力。

【例 9.2】 某区域内有 3 个超市，其店铺规模与某消费者到这 3 家店购物的时间距离如表 9-2 所示。如果 $\lambda=1$，试分析该消费者到每个超市购物的概率。

表 9-2 店铺规模与时间距离

超市	店铺规模/平方米	时间距离/分钟
A	50 000	40
B	70 000	60
C	40 000	30

【解】 3 个超市对该消费者的吸引力分别为

A 超市的吸引力＝50 000÷40＝1250

B 超市的吸引力＝70 000÷60≈1166.67

C 超市的吸引力＝40 000÷30≈1333.33

该消费者到每个超市购物的概率分别为

到 A 超市的概率＝1250÷（1250＋1166.67＋1333.33）≈0.3333

到 B 超市的概率＝1166.67÷（1250＋1166.67＋1333.33）≈0.311

到 C 超市的概率＝1333.33÷（1250＋1166.67＋1333.33）≈0.356

由此可以推导出概率公式为

i 地区消费者光顾 j 商店的人数＝i 地区消费者的数量×i 地区消费者光顾 j 商店的概率

i 地区消费者在 j 商店购物的金额＝i 地区消费者光顾 j 商店的人数

×i 地区消费者平均每人在 j 商店的购买金额

赫夫模型是一个很实用的模型，国外在调查大型零售店对周边商圈的影响力时也经常使用这一模型。赫夫法则对预测新设商店的销售非常有意义。零售商在进行新店址策划时，可以借助赫夫法则的数学模型评估新店址的潜在商圈，预测销售额。

3. 参照法

参照法即参照某一类似的市场或地区已有的店铺的商圈规模大小确定自身商圈的大小。这种方法在使用上为了尽可能地接近本店铺所在地区的实际情况，可根据参照市场或地区店铺在经营规模、经营特色上的不同，以及居民人口分布、城市建设、交通设施状况、商业布局等方面的差异，进行合理的修正，以取得较为准确的商圈区域范围。

4. 调查法

调查法即通过填写问卷调查的方法，把握在所定商圈范围上最远的而且愿意到预定地址购物的消费者的信息，以确定商圈。问卷调查的内容应包括住址、来店频率（次/周或次/月）等信息。根据收回的调查表进行统计，将所收集的最远的消费者的住址在地图上画线连接起来，商圈范围就自然展现出来了。

（五）商圈分析的要点

商圈分析从单一网点来看，可将其商圈构造归结为"点、线、面、流"4个方面。"点"即网点，"线"即网点可以辐射到的最远距离，"面"即辐射的范围，"流"即商圈的市场动态。商圈划定以后，企业就可以根据商圈的性质、大小及特点来确定在该区域有无开店价值。商圈分析主要有以下几个要点。

1. 人口统计分析

人口统计分析是对商圈区域内人口增长率、人口密度、收入情况、家庭特点、年龄分布、民族、学历及职业构成等方面的现状和发展趋势做调研。通过这些统计资料，可以把握商圈内未来人口构成的变动倾向，并为市场细分和企业定位提供有用的第一手信息。有很多渠道可以收集这些人口变动信息，如我国每10年进行一次人口普查，普查结果会以各种形式公布。除了对每个家庭进行基本的人口统计外，还要对一定比例的家庭进行深入的问卷调查，如统计有关区域家庭住房情况、家庭财产、就业情况和家庭收入等。此外，连锁企业也可从各地统计年报中得到一些相关信息，也可以请专门的市场调研公司帮助收集相关信息。需要注意的是，在商圈分析中，要注意分析有没有人口增加的潜在趋势。在一个人口逐渐增加的新区开店较易成功，相反在一个人口逐渐减少的老区开店较易失败。

2. 经济基础和购买力分析

在进行商圈分析时，企业应该考察以下一些经济因素：各行业或各类行业从业人员的比例，运输网络，银行机构，经济周期波动对地区或行业的影响，某些行业或企业的发展前景等。商圈内经济状况好，居民收入稳定增长，则市场就会随之增长；商圈内产业多元化，则销售市场一般不会因对某产品市场需求的波动而发生大的波动；商圈内居民从事同一行业，则该行业波动会对居民购买力产生相应影响，商店营业额也会相应受到影响。在分析中，要对购买力指数引起足够重视，因为比较不同商圈的购买力指数，可以为发现潜在的消费市场提供依据。购买力指数的计算公式为

$$购买力指数＝A×50\%＋B×30\%＋C×20\%$$

式中，A——商圈内可支配收入总和（在收入中去除各种所得税、偿还的贷款、各种保险费和不动产消费等）；

B——商圈内零售总额；

C——具有购买力的人口数量。

3. 竞争状况分析

商圈饱和度是判断某个地区商业竞争激烈程度的一个指标，饱和理论通过计算零售商业市场饱和指数测定特定商圈内某类商品销售的饱和程度，用以帮助新设店铺经营者了解某个地区同行业供应是否过多或不足，以决定是否选择在此开店。零售饱和指数高，意味着该地区零售潜力大；反之，饱和指数低，则意味着该地区零售潜力小。一般来说，在饱和指数高的地区开设店铺，其成功的概率必然高于饱和指数低的地区。商圈饱和度指标（IRS）的计算公式为

$$IRS＝（H×RE）/ RF$$

式中，IRS——某地区某类商品零售饱和指数；

H——某地区购买某类商品的潜在顾客数量；

RE——某地区每一顾客购买该类商品的平均购买额；

RF——某地区经营同类商品的商店营业总面积。

分析这一公式可知：

1）IRS 高，表明该市场尚未饱和，存在较大获利空间，成功概率大；IRS 低，表明该市场已经饱和，获利空间有限，不易成功。

2）企业能否进入某一市场，应以供求因素为基础。

3）IRS 是测量现有商业企业销售效益的重要指标。

以我国百货店为例：IRS＜10 000 元/平方米，在大中城市一般均发生亏损；IRS＝15 000 元/平方米，属于保本经营；IRS＞20 000 元/平方米，可实现盈利。IRS 值越高，则利润水平越高。

【例 9.3】　某零售商计划开设一家 5000 平方米的店铺，预选地区有 3 处，相关资料如表 9-3 所示。根据预算，拟建店铺必须实现每平方米 20 元销售额才会盈利。试测算 3 个地区的零售饱和指数。

表 9-3　某店铺预选地区相关资料

预选地区	甲地区	乙地区	丙地区
需要该商品的顾客人数/人	60 000	30 000	10 000
顾客平均购买金额/元	10	12	15
现有销售该商品的店铺面积/平方米	15 000	10 000	2500
现有市场的零售饱和指数/（元/平方米）	40	36	60
含新建店的零售饱和指数/（元/平方米）	30	24	20

【解】　计算过程如下：

甲地现有市场的零售饱和指数 IRS＝（60 000×10）÷15 000＝40（元/平方米）

甲地含新建市场的零售饱和指数 IRS＝（60 000×10）÷20 000＝30（元/平方米）

乙地现有市场的零售饱和指数 IRS＝（30 000×12）÷10 000＝36（元/平方米）

乙地含新建市场的零售饱和指数 IRS＝（30 000×12）÷15 000＝24（元/平方米）

丙地现有市场的零售饱和指数 IRS＝（10 000×15）÷2500＝60（元/平方米）

丙地含新建市场的零售饱和指数 IRS＝（10 000×15）÷7500＝20（元/平方米）

根据以上计算出的甲地、乙地、丙地的饱和指数可知，甲地的商圈饱和度指数高，所以在甲地开店成功概率大。

4．基础设施状况分析

区域内的基础设施为商店的正常运作提供了基本保障，如交通状况、车站的性质、自建与租借连锁店机会的大小、区位规划限制等。连锁零售企业需要相应的物流配送系统，这与区域内交通通信状况密切相关，有效的配送需要良好的道路和顺畅的通信系统。商圈内交通的顺畅程度，公交车的路线安排、站位设置、道路过往限制等，均会影响客流量大小。此外，税收、执照、营业限制、劳动力保障等，也是影响店铺生存的重要条件，都需要认真分析。

二、市场调查

连锁店为准备开店所做的市场调查，一般可分成两个阶段：第一阶段主要是针对开店的可能性作较大范围的调查，其结果可以作为备选新店意向的参考，重点在于备选新店预定营业额的推算及商店规模的概要决定；第二阶段主要是对消费者和竞争对手做深入的调查和研究，以便对商店的商品构成、定价及销售促进策略的确定提供依据。这里重点对消费者调查和竞争对手的调查进行阐述。

（一）消费者调查

1．消费倾向调查

消费倾向是指消费者在不同时期对商品需求的变动趋势，该项调查主要是针对居住地消费者的年龄、职业、收入、购物倾向的调查。调查人员可以采用调查表的方式依据居住点进行家庭抽样调查。调查的项目主要包括居住地点、家庭结构、成员年龄、职业、工作地点、商品购物倾向等。

2．消费者购物动向调查

该项调查主要是调查备选地址消费者的购物动向，以调查该地区的商业发展潜力。调查人员可以调查预设地的通行人数，并通过面谈的方式调查目标顾客的购物动向。调查的项目主要包括居住地、年龄、职业、逛街目的、使用交通工具情况、逛街频率和商品的购买动向等。

3．消费者客流量调查

一般在评估地理条件时，应认真测定经过该地点行人的流量，这也就是未来商店的客流量。人流量的大小同该地上下车乘客人数有较大关系。上下车乘客人数的调查重点为各站上下车乘客人数历年来的变化。上下车乘客人数越多的地方越有利。在上下车乘客人数若减少，又无新的交通工具替代的情况下，商圈人口也会减少。

4．其他调查

调查人员可以利用各种座谈会的机会，或利用各种合适的场合进行各项有关资料的收集与调查。

（二）竞争对手调查

1．竞争店构成调查

调查商圈内主力竞争店的销售场所及特征，以此作为新设店铺构成的参考。调查方法主要由销售人员进行，针对营业面积、场所、销售制度等进行调查。

2．竞争店商品构成调查

对竞争店的商品种类和数量进行详细的调查，尤其要侧重于主力商品的深入调查和研究，以作为新设店商品类别构成的重要参考。

3．竞争店价格水平调查

调查竞争店的价格策略，重点对常备商品及在一定营业额或毛利率以上的商品进行调查，以作为新设店该类商品定价的参考。

4．竞争店客流量调查

重点调查竞争店 15 岁以上的消费者的数量，如在竞争店现场记录客流量，尤其注意特殊日期或各楼层客流量的情况，以作为新设店营业体制的参考。

竞争对手调查表如表 9-4 所示。

表 9-4　竞争对手调查表

调查项目	竞争对手 1	竞争对手 2	竞争对手 3
店铺地址			
店面面积			
店铺类型			
开业时间			
员工人数			
营业额（预计）/（元/月）			
服务特色			
距离意向店铺的距离/米			
顾客认知度			
是否经常进行宣传、促销活动			
其他			

任务三　连锁门店的选址

【知识目标】　了解连锁门店的选址原则，掌握门店位置选择因素分析。

【能力目标】　培养对新开设连锁门店的位置进行选择的能力。

【素质目标】　能够运用相关知识从事连锁门店的选址工作。

拓展阅读

便利店的选址秘诀

任何行业的门店选址都很注重地段，而便利店投资，地段的选择是重中之重。在进行便利店选址时，并非一定是闹市区、商业区就是好，而是应该遵循"合适就好"的原则。那么应怎样按照不同地段选址开店？可以依照以下几点要求进行。

1. 如何在居民区附近开社区便利店

一般情况下，人们习惯到大中型的商场或繁华市区去购买时尚流行商品，或是一些较为高档的耐用品，但是对于一些休闲食品、烟、酒、生活日用品、个人护理用品之类的日常消费品，就喜欢到离家比较近的社区便利店购买。如果社区便利店经营者能够保证销售的商品拥有良好的质量和服务，便利店就能很快同此地的居民融合在一起，便利店的生意也就会越来越兴旺。

在居民区开店，应该考虑到人们心理上的消费偏好。不仅如此，便利店经营者还应该考虑为社区消费者提供日常生活的各种便民服务，如免费热水、免费加热、免费针线、免费充电、免费充气、免费送货上门、雨具租借等，以满足和提升社区消费者的生活质量，并明显区别于其他商户，建立起更加温情、亲民的商业优势。

在居民区开店，房屋租金一般不会太高，这就说明便利店经营者开店的投资不会太大。在居民区，学生的消费水平也是不可低估，经营者也可在学生消费上下功夫，寻求更高的利润。

2. 如何在写字楼办公区开便利店

当前，在大中城市，写字楼林立，还有各种形式的高科技园区，这些区域都是公司聚集较多的地段。在这些地段开便利店，主要消费者是上班族，而这类消费者的消费档次、消费水平较高，消费者年龄也不大，以二三十岁的年轻人为主。上班族有一个特点，那就是日常工作生活的节奏快，只有中午短暂的用餐和休息时间，因此他们不会走得离办公地太远，附近的便利店成了他们用餐、休息之处。因此，便利店选址最好以写字楼底商或上下班路线为主。

在写字楼办公区开便利店，最好以休闲食品、饮品饮料、日常生活用品、个人护理用品为主，同时还为快节奏生活方式的城市白领们提供甜点、面包、咖啡、多种馅料包子、烤肠等即食服务，为他们提供时间和空间上的便利。

3. 如何在学校附近开便利店

如果选择在学校附近开店，那么学生就是便利店的主要服务对象。因此，经营者在进行店铺定位时，应针对学生的一些特定需求（如衣、食、住、行、文化娱乐等）进行销售。一般情况下，这里所指的学校主要是指大中专学校。大中专学校又分两种，一种是位于交通不便利的城市的郊区（如大学城），另一种是位于交通便利的市中心。前者，学生大部分需求依靠周围的店铺，而后者由于其处于市中心位置，学生的需求不一定依赖周围的店铺。因此，一种风险小而又有盈利的投资方式，就是在地处郊区、比较偏僻的大中专学校附近开设便利店。店址最好在学校周边，以顺道为最佳。除寒暑假外，便利店的收入一般较稳定。经营此类店铺，关键一点是商品要经济实惠。

4. 如何在车站（地铁）附近开便利店

开店的地址应该在离车站100～200米左右最为适合，便利店的方向如果能够选择正对车站的出入口或是可以顺利进出车站的交通便利的路线，那么就是最好的。便利店的经营者应该重视车站附近的有利地形，千万不要小看车站，因为这里聚集了天南海北的旅客，所以车站附近一直被看作是开店的"黄金口岸"。另外，在人流量大的地铁入口、出口沿线也是比较理想的开店地段，但特别要注意两个事项：一是人流量大的地铁站点；二是若在地铁站附近开店，要选择在地铁站点出入口的顺道沿线。无论是在车站还是地铁周边开店，经营的商品须具备价位不高、生活必需、易于携带的特点。

（资料来源：根据相关资料整理。）

连锁门店选址是连锁企业规模扩张的基础，直接关系到连锁体系的生存和发展。合理选择连锁门店的地址是连锁经营管理的重要内容，必须认真对待。

一、连锁门店的选址原则

1. 方便顾客购买

满足顾客需求是商店经营的宗旨，因此商店位置的确定，必须首先考虑方便顾客购物，为此商店要符合以下条件。

1）交通便利。车站附近是过往乘客的集中地段，人群流动性强，流动量大。如果是几个车站交会点，则该地段的商业价值更高。商店店址如选择在这类地区就能给顾客提供便利购物的条件。

2）靠近人群聚集的场所，可方便顾客随机购物。例如，影剧院、商业街、娱乐场所等，这些地方可以使顾客享受到购物、休闲、娱乐、旅游等多种服务的便利，是商店开业的最佳地点选择。但此种地段属经商的黄金之地，地价高，竞争性也强。因而并非适合所有商店经营，一般只适合大型综合商店或有鲜明个性的专业商店的发展。

3）人口居住稠密区或机关单位集中的地区。这类地段人口密度大，且距离较近，顾客购物省时省力，比较方便。商店地址如选在这类地段，会对顾客有较大吸引力，很容易培养忠实的消费群体。

2. 方便商品运送

连锁企业的经营目标是追求规模效益，而要达到规模效益的关键是统一配送。因此，在网点设置时要考虑是否有利于商品的合理运送，是否有利于降低采购成本和运输成本，并以此合理规划运输路线。在商店位置的选择上应尽可能靠近运输线，这样既能节约成本，又能及时组织货物的采购与供应，确保经营活动的正常进行。

3. 有利于竞争

"货比三家"是很多人经常采取的购物方式，选择同类店铺集中的街区，更容易揽到较多的目标消费群体。不要担心竞争激烈，相关店铺聚集有助于提高相同目标消费群的关注度。专业化程度较高的市场或商场，也是开设店铺的不错选择。需要注意的是，选择专业市场或商场开店，要考察这些市场和商场的管理水平、规模大小、在当地的影响力等因素。对于规模较小、开业时间较短、管理水平差的市场或商场，要谨慎入驻。大型百货商店可选址在区域性的商业中心，提高市场覆盖率。而小型超市或便利店宜选址在居民区，这样可避免与大型超市正面竞争。

4. 有利于网点扩充

连锁企业的经营要取得成功，需要不断在新的区域开拓新的网点。在网点布置时要尽量避免商圈的重叠，以及在同一地区的重复建设。否则相距太近，势必会导致内部商圈的相互竞争，影响各自的经营业绩，最终影响连锁总部的发展。在加盟经营中尤其要注重连锁分店商圈的独立和保护，否则容易激化连锁总部和加盟商的矛盾。

二、门店选址类型的设计

（一）孤立店

孤立店是指独立开设的商店，不与其他竞争对手比邻相设。

1）优势。无竞争对手；租金较低；具有灵活性；开店费用低；能见度高；有选择和扩大规模的潜力；有利于顾客一站式购物或便利购物。

2）劣势。如果商店规模不够大，不易吸引远距离顾客，商圈较小；广告费可能较高；在多数情况下，建筑物不能租用而必须新建；通常情况下，顾客更愿意去多功能的商业中心区购物。

（二）经规划的购物中心

经规划的购物中心是经过仔细规划设计并集中管理的商店群，通常由房地产公司事先规划设计，兴建完工后再把各铺面出租或出售给零售商等。一个典型的购物中心有一家或数家主力商店，以及各种各样较小的商店，还包括餐馆、邮局、银行及一些游乐场所。

1）优势。协调规划，商品和服务品种组合合理，拥有完善的设施、宽敞的停车场，各具特色又统一规划的购物中心形象，有较大的商圈，适合家庭购物及休闲。

2）劣势。这些地方通常租金较贵，营业管理易受限制，竞争也较激烈。

（三）自然形成的商业中心

自然形成的商业中心是指未经规划自然发展起来的商业中心。这种自然形成的商业中心可以分为中心商业区、次级商业区、邻里商业区和商业街。

1）中心商业区（central business district，CBD）是一座城市商业网点最密集的购物区，吸引着来自整个市区的消费者，包括所有阶层的人。在此开店，可以借商业群体效应吸引较多较远的顾客，但开店费用一般较高，新建店址难以寻找，这种商业繁华区是百货商店或专卖店的首选地址。

2）次级商业区（secondary business district，SBD）是分散在一座城市的多个繁华程度较低的购物区域，通常位于两条主要街道的交叉路口，至少有一家百货商店或大卖场和几家专业店或专卖店，此外周围还聚集许多小商店，这一商业区主要面向城市的某一区域消费者，以销售家庭用品和日常用品居多。在这里设店，交通比较便利，人员不太拥挤，店址也相对好找，但供应的商品和服务不均衡，难以吸引较远的顾客。

3）邻里商业区（neighborhood business district，NBD）是为了满足住宅区居民购物和服务方便而自发形成的一个小型商业区，主要由若干小商店组成，如标准超市、便利店、冲印店、快餐店、干洗店、美容院等。在邻里商业区开店竞争程度低，最接近顾客，能保持良好的顾客关系，但商圈小，价格通常也不优惠。

4）商业街是由若干经营类似商品的商店聚集在一起形成的一条商业街。在许多历史悠久的城市往往会自发形成一条条特色商品街，这是城市发展积淀下的商业文化，极大地丰富和活跃了城市居民的消费生活。例如，上海的南京西路、苏州的观前街、哈尔滨的中央大街等。在这里设店，可以与同类商店一起分享"商业集聚效应"所带来的大范围商圈，是小型专业店重要的位置选择之一；缺点是竞争程度高，能见度低。

三、门店选址影响因素分析

（一）客流规律

客流量大小是一个零售店铺成功的关键因素。客流包括现有客流和潜在客流，商店选择开设地点总是力图处在潜在客流最多、最集中的地点，以便多数人就近购买商品，但客流规模大，并不总是带来相应的优势，应具体分析。

1．分析客流类型

客流是商店经营成败的关键，一家商店若要获得成功，必须有足够的顾客来源。一般来说，客流可以分成以下 3 种类型。

1）自身客流，是指那些专门为购买某商品的来店顾客所形成的客流。这是商店客流的基础，是商店销售收入的主要来源。因此，新设商店在选址时，应着眼评估自身客流的大小及发展规模。

2）分享客流，是指一家商店从邻近商店形成的客流中获得的，而不是自身产生的客流。

这种分享客流往往产生于经营相互补充商品种类的商店之间，或大商店与小商店之间。例如，顾客购买了主商品后，可能会附带到邻近补充商品商店去购买供日后进一步消费的补充商品；又如邻近大型商店的小商店，会吸引一部分专程到大商店购物的顾客顺便到毗邻的小店来。不少小商店邻近大店而设，就是利用这种分享客流。

3）派生客流，是指那些顺路进店的顾客所形成的客流。这些顾客并非专门来店购物的，如电影院附近的便利店、体育馆附近的体育用品店。在一些旅游点、交通枢纽、公共场所附近设立的商店主要利用的就是派生客流。

2. 分析客流目的、速度和滞留时间

不同地区客流规模虽可能相同，但其目的、速度、滞留时间各不相同，要具体分析，再选择最佳地址。例如，在一些公共场所附近，车辆通行干道，客流规模很大。虽然顾客也顺便或临时购买一些商品，但其目的不是购物；同时客流速度快，滞留时间较短，也不利于形成有效的消费客流。

3. 分析街道两侧的客流规模

同样一条街道，两侧的客流规模在很多情况下，受交通条件、光照条件、公共场所设施等影响而有所差异。另外，人们骑车、步行或驾驶汽车都会靠同一方向，往往习惯光顾行驶方向的商店。鉴于此，开设地点应尽可能选择在客流较多的街道一侧。

4. 分析街道特点

选择商店开设地点还要分析街道特点与客流规模的关系。交叉路口客流集中，能见度高，是最佳开设地点。有些街道由于两端的交通条件不同或通向地区不同，客流主要来自街道一端，表现为一端客流集中，纵深处逐渐减少的特征，这时候店址宜设在客流集中的一端。还有些街道，中间地段客流规模大于两端，相应地，店址应设在中间地段。

（二）潜在顾客数量

长期的经营实践表明，并非只是人流量大的地方适于开店，还要分析一下是哪些人来往。首先要了解过往行人的年龄和性别，因为有些过路者是儿童，他们可能是快餐店的顾客，但肯定不会是服装店的顾客；其次要了解行人来往的高峰时间和稀少时间；最后要了解行人来往的目的及停留时间。

在商业集中的繁华区域，客流一般以购物为主，特点是速度缓慢，停留时间长，流动时间相对分散。因此，可以把那些经营挑选性强的商品的商店设在这里，如服装店等。有些地区虽然有相当规模的客流量，如车站、码头、学校、公共场所等，其客流的主流目的不是购买商品，而是以其他目的为主，只是顺便购物。一些地区的客流一般速度较快，停留时间短，流动时间比较集中，因此可以把那些经营挑选性不强和携带方便的商品的商店设在这里，如烟酒副食店、冷饮店、快餐店等。

（三）交通地理条件

交通的便利性也是选址要考虑的重要因素。方便的交通要道，如邻近车站、码头的地方及公共汽车的停车站点，由于行人来往较多，客流量大，具有设店的价值。交叉路口的街角，由于四通八达、能见度高，也是设店的好位置。但有些地区，其道路中间隔了一条很长的中央分向带或栏杆，限制行人、车辆穿越，则会影响设店的价值。

由于交通条件、公共场所设施、行走方向习惯、居住区范围及照明条件等影响，一条街道两侧的客流往往不均衡，或者同一侧街道也可能因地段不同而客流量不同。因此在选址时要分析街道客流特点，选在客流较多的街道一侧或地段。

（四）竞争程度分析

如果商店经营的是挑选性不强、购买频率较高的日常用品，且在同一地区已有过多的同行业在竞争，则势必影响商店的经济效益，除非新设的商店有特殊的经营风格、能力或不寻常的商品来源，否则难以成功。但在某些环境中，上述情况并不完全如此。有些行业，因同行集中在一起，反而会形成一个别具特色的商业街。例如，很多城市里的"美食街""电脑城"等，由于竞争对手比较集中，相邻而设，商品品种繁多，有利于顾客广泛比较、挑选，能吸引更多远方来客，促进经营，形成非常有利的集聚效应。

（五）城市规划和周围环境

店址一旦选定，一般就不会轻易迁移，因为迁移必须付出极大代价。这就要求在选址时，一开始就应从长远、发展的角度着眼。因此，要详细了解该区的街道、治安、卫生、交通、市政、绿化、公共设施、住宅及其他建设和改造项目的规划，使选定的店址既符合近期环境特点，又符合长期发展规划，以避免造成损失。

从近期来看，有些地点可能是店址的最佳选择，但可能随着城市改造和发展出现新的变化而不适合设店；相反，有些地点近期看可能并不理想，但从规划前景看又可能很有发展前途。此外，有些地方附近有许多空建筑，会令人感到景象衰落而不愿涉足，有些地方被传闻治安状况欠佳，无论是否属实，都会妨碍顾客前来。另外，诸如散发出不良气味、有噪声、灰尘多、外貌破旧、交通条件差的环境，都会降低开店的价值。

▌拓展阅读

上海南京路的永安百货

坐落在上海南京路的永安公司，其创办者郭氏兄弟当年在选择永安公司的店址时，是下了一番功夫的。1915 年，香港永安公司经理郭泉，携港币 50 万元来到上海筹建永安公司。在上海繁华的闹市区南京路选好地方后，却又因把店址建在路南还是路北而犹豫不决。于是便派了两个人分别坐在路南和路北，只要各自身边走过一个人，就往口袋里放一粒豆子。结果，路南的行人多于路北，郭氏兄弟再也没有犹豫就把永安的店址选在路南。由于店址选得正确，之后该店虽历尽沧桑，但至今仍然生意兴隆。

（资料来源：根据相关资料整理。）

任务四　店　址　评　估

【知识目标】　掌握新建门店店址评估的基本方法，学会判断连锁门店的经营状况。

【能力目标】　培养对连锁门店业绩评估和盈亏平衡预测的能力。

【素质目标】　能够运用相关知识对连锁门店的营业额进行预测，准确合理评估店址。

拓展阅读

选择零售店位置时所考虑的问题

当确定选择某地为备选商店的地址时，可以考虑如下问题，对商店的店址做一次综合性的分析和评估。

1）关于商店的位置。①商店位置距离目标市场近吗？②该位置适合开设商店吗？③商店位置的新旧程度和条件如何？

2）商店的可利用性。①在商店位置周围的交通便利性如何？②商店附近有天然的和人为的地理障碍吗？③从街上看，商店位置有良好的标志可见吗？④车流量之间有良好的平衡，不会导致拥堵吗？⑤停车场的车位数量足够吗？

3）商店附近的位置优势。①商店位置靠近重要的大型商店吗？②相邻的商店和本店之间是竞争/互补关系？

4）租房条款。①租约中的条款有利于房主还是有利于零售商？②租约的期限是多少？租约类型有利于零售商吗？

（资料来源：迈克尔·利维，巴顿·A.韦茨，张永强，2009. 零售学精要[M]. 北京：机械工业出版社.）

一、新店营业额估算法

连锁企业在某地是否可以开设新店，取决于这个地区市场规模的大小，或者市场规模是否在将来能够迅速扩大，保证新店开张以后能够获利。因此，企业通过对各重要区域潜在需求量的定量分析，可以发现各区域的预计需求量及门店设立后的获利可能性，从而有助于企业选定具体的商店地理位置。此外，通过营业额预测，还可以了解顾客的偏好和心理，进一步分析市场商品需求的特性，作为日后经营中掌握商机的依据，因此营业额预测是新店开发计划过程中必须考虑的因素之一。

新店营业额是新店开张后可能吸引的顾客数与区域内顾客的客单价的乘积。这里的顾客数等于商圈区域内的居住总人口数与顾客对商店支持率（即该商店的商圈市场占有率）的乘积。营业额的估算应考虑的因素包括：商圈范围内常住居民的购买量；商圈范围内企事业单位的购买量；流动顾客群的购买量；零售店在商圈范围内的市场占有率等。新店营业额的估计，可采用下式计算：

新店营业额估计＝户数×客单价×市场占有率

【例9.4】　某商圈有3个层次，核心商圈内有2000户居民，次级商圈内有4000户居民，边缘商圈内有6000户居民。该地区每户居民每月购物平均花费为500元，该店的商圈市场占有率为核心商圈30%，次级商圈10%，边缘商圈5%。计算该店铺的预期营业额。

【解】

$$核心商圈购买力＝2000×0.05×30\%＝30（万元）$$
$$次级商圈购买力＝4000×0.05×10\%＝20（万元）$$
$$边缘商圈购买力＝6000×0.05×5\%＝15（万元）$$
$$新开商店预计的销售额＝30＋20＋15＝65（万元）$$

二、损益平衡点分析法

损益平衡点又称盈亏平衡点或者保本点，是指预设商店收益与支出相等时的销售量或营销售额。此时销售收入等于成本，利润为零。如果销售额达不到该指标，商店就会出现亏损，表明该连锁分店没有建立的必要，必须放弃或者另择地点。否则必须想方设法使销售额增加或者使成本降低。如果预测的销售营业额能超过该指标，则店铺盈利。利润-销售量盈亏如图9-2所示。

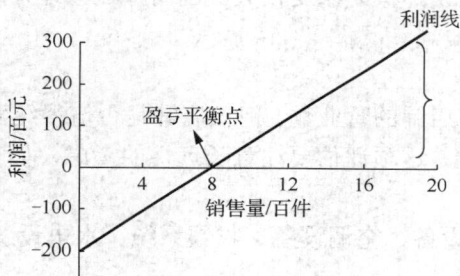

图9-2　利润-销售量盈亏

1. 损益平衡点的计算

1）按产品销售量计算，计算公式为

损益平衡点销售量＝固定成本/（产品销售单价－单位产品变动成本）

2）按产品销售额计算，计算公式为

损益平衡点销售额＝固定成本/（1－变动成本/产品销售收入）

＝固定成本/（1－变动成本率）

例如，企业产品销售收入1亿元，企业的固定成本为3200万元，变动成本为6000万元，则企业损益平衡点销售额＝3200/（1－6000/10 000）＝3200/0.4＝8000（万元）。

2. 经营安全率

经营安全率是衡量连锁店铺经营状况的重要指标，一般测定的标准如下：经营安全率在30%以上为优秀店；经营安全率在20%～30%为优良店；经营安全率在10%～20%为一般店；

经营安全率在 10%以下为不良店。计算公式为

$$经营安全率＝\left(1-\frac{损益平衡点销售额}{预期销售额}\right)\times100\%$$

三、其他方法

1．商店业绩比较法

商店业绩比较法即将本店的各种条件与销售业绩良好的同类型商店进行比较，找出其优于本店的条件和劣于本店的条件。在此基础上，合理地估算出新开店的预期营业额。同时，商店经营者还可以通过取长补短，逐步改善经营状况，提高本店在市场上的竞争地位。

2．市场占有率法

对于任何一个店铺来说，都有一个损益平衡点销售额的估计，若此销售额所要求的商圈市场占有率比较低，则风险不高；反之，要求的市场占有率越高，则风险越高。假设预选地的商圈规模为 100 万元，只要销售额达 30 万元即可达到损益平衡点，即 30%的商圈占有率，风险便不高。若销售额需达 70 万元才可达到损益平衡点，即 70%的商圈占有率，这非常高难度的指标，万一有任何失误，极易蒙受损失。因而，在该地开店的风险就过高。

3．投资收益调查法

通过商圈调查可以估算店铺的营业额，但该店铺是否值得经营，还必须把营业额与投资额相比较，评估出损益状况。这项评估要注意长远性的考虑，如 10 年以上。

（1）开店投资预估

1）设备，如冷冻冷藏设备、空调设备、收银系统、水电设备、车辆、后场办公设备、内仓设备、卖场陈列设备等。

2）工程，如内外招牌制作、空调工程、水电工程、冷冻冷藏工程、保安工程等。

3）包装材料，如营业性和保护性消耗品等。

4）设计费用，连锁企业总部应事先确定设备及工程投资项目、供应厂商、数量及金额。

（2）开店后经营费用

1）固定费用：工资、福利、折旧、水电、管理费用等。

2）变动费用：运杂费、包装费、损耗、利息、保险、税费。

3）商业建筑和停车场费用。

店铺选址评估表如表 9-5 所示。

表 9-5　店铺选址评估表

地点		评估内容	记分
选址地点交通概况	交通状况	□主干道　□次干道　□支道　□有隔离带　□无隔离带 路宽＿＿＿米，距站牌＿＿＿米，公交车＿＿＿路	
	地址属性	□商业区　　□半商半住区　　□住宅区	

	地点	评估内容	记分
店铺结构概况	室外	主楼高____层，楼龄____年，店铺____楼，门面宽____米、高____米，招牌宽____米、高____米，门前空场____平方米	
	室内	室内平面形状　□正方形　　□长方形　　□不规则 使用面积____平方米，深____米，宽____米，高____米 卷闸门：□有　□无，玻璃门窗：□有　□无，洗手间：□有　□无	
租赁条件概况		先前租户从事_____行业，租期____年，租金____元/月，押金____元、免租期____天 租金调幅：□租期内不调　□每年上调____%；转手费____元	
商圈分析概况	邻铺概况	左右两边五家店铺依次为：左_____、_____、_____、_____、_____；右_____、_____、_____、_____、_____； 晚上关门时间平均为____时，空铺左____家、右____家	
	第一商圈 （半径500米）	约有住户____户，约____人，人均收入____元。16～40岁居民约占____%，上班族约占____%，从商人员约占____%，当地居民约占____%，学生约占____%，游客约占____%	
		人流量统计（以每5分钟计算）： 9:30～11:30：周一至周五____人，双休日____人 13:30～15:30：周一至周五____人，双休日____人 17:00～19:00：周一至周五____人，双休日____人 20:00～22:00：周一至周五____人，双休日____人	
	第二商圈（半径500～1000米）	约有住户____户，约____人，人均收入____元。16～40岁居民约占____%，上班族约占____%，从商人员约占____%，当地居民约占____%，学生约占____%，游客约占____%	
	第三商圈（半径1000～1500米）	约有住户____户，约____人，人均收入____元。16～40岁居民约占____%，上班族约占____%，从商人员约占____%，当地居民约占____%，学生约占____%，游客约占____%	
第一商圈内店铺营运分布概况、竞争对手分析（半径500米内）	店铺营运分布概况	大型超市：□有　□无，日平均客流约____人，距选址店____米， 学校：□有　□无，有____家（其中小学____所，学生约____人，距选址店____米；中学____所，学生约____人，距选址店____米；大学____所，学生约____人，距选址店____米）	
	竞争对手分析	竞争店：□有　□无，有____家 第一家距选址店____米，营销模式____，规模____平方米，经营品种____，营运状况：□优　□一般　□差 第二家距选址店____米，营销模式____，规模____平方米，经营品种____、营运状况：□优　□一般　□差	
SWOT分析	优势（S）： 机会（O）：	劣势（W）： 威胁（T）：	

项 目 小 结

连锁企业的规模扩张主要是指门店的扩张。实现连锁企业网点扩张战略的条件有资金条件、人才条件、管理基础和市场机会。零售企业网点开发的第一步是商圈分析。商圈分析为选择店址，制定、调整经营方针和策略提供依据。商圈划定的方法有雷利法则、赫夫法则、参照法和调查法。

连锁店为准备开店所做的市场调查主要包括两个方面内容：消费者调查和竞争对手调查。新设连锁店店址评估的方法有新店营业额估算法、商店业绩比较法、损益平衡点分析法、市场占有率法和投资收益调查法。

═══ 案 例 分 析 ═══

实体书店复兴：选址一线商圈购物中心

从 2007 年开始，受网上书城的影响，实体书店的经营每况愈下，每年都有书店倒闭，其中不乏一些知名书店。在一片肃杀的气氛里，亏损了 15 年的台湾诚品书店在 2004 年开始盈利，到 2007 年，其图书业务也开始盈利。这让其他书店看到了转型的希望，在参考诚品书店模式的道路上，书店行业和以前完全不一样了。

1. 选址

以前书店多开在街边，以几十平方米的小店为主，而现在的书店则更愿意开在人流量更集中的地方，如很多书店选在一线城市商圈的购物中心，而且面积多为 500 平方米以上。这并不是因为书店足够有钱到支付商圈店面昂贵的租金，而是商业地产市场对于实体书店的青睐：购物中心为了吸引书店入驻，有时只收很低的租金。现在的商业竞争比较激烈，商场需要考虑吸引客流，以及如何将客人更久地留在商场里，而书店可以帮助它做到这一点。

客流量对于书店来说同样重要，即使不是开在商场，书店也会选择开在人多的地方。南京的先锋书店就选择在景区开店。先锋书店此前也选择过在商场开店，但是因为成本过高，后来选择在旅游景区开设书店，目的都是获得更多的人流。目前，先锋书店五台山门店已经成为景点，不少游客会专门过来参观。

书店能够成为地标，还有一个重要原因：书店越来越重视设计感。先锋书店五台山门店出现在不少游客的照片中。一个书店的特色设计，是给人留下深刻印象的重要元素，它是提高品牌知名度的一个渠道。另外，被称为"中国最美书店"的钟书阁的照片也曾经在微博上刷屏，这家书店以其唯美的设计成为一家"网红店"，在远离上海市区的泰晤士小镇的门店，每天也能吸引到不少客流。

2. 趋势

拥有良好的场景感和设计感，是目前很多书店努力的方向，只有这样才能够让消费者喜欢上书店，从而花更长时间留在书店里。以往不少书店似乎并不欢迎读者长时间停留在书店里阅读，而新兴的书店很欢迎读者留在书店里长时间阅读，如果有必要，甚至会拆开新书的包装给读者看。其中最大的原因在于，书已经不再是这些书店里唯一的商品了，而且图书销售的占比开始变小，给书店带来盈利的是其他商品。

目前，很多书店参考的是诚品书店的复合型门店模式，即在一个门店中，除图书以外，还引进文创、服饰、美容、餐饮、家居等多种业态。几年前，书店里卖咖啡已经成为一个标配，而现在，越来越多的书店将空间让给其他业态。例如，方所书店在其 1800 平方米的空间里，只有 500 平方米左右是图书销售区域，其他则用来卖衣服、销售设计品，还开辟餐饮区域。这使书店看上去更像是一个商店，而不是书店。究其原因，是这些商品的利润远高于图书销售的利润。在很多复合型书店内，图书的销售额占比在 40%~50%，文创产品和咖啡饮料的销售额占比分别是 28% 和 22%。但图书的利润率只有 10%~30%，而文创产品的利润率在 40%~50%，咖啡、饮料的利润率则在 75%。

复合型书店的定位，其实早就不是书店，而是一个新生活方式的空间，更多的是销售生活方式。门店里除了咖啡、文创产品外，还尝试将餐饮、美发、照相馆、陶艺、超市等业态融入其中。这其中，一部分是自营，一部分是找合作方合作。而选择合作方的标准是比较有品质的，能够代表新生活方式的门店。

增强空间的文化属性，图书的种类很重要。在诚品书店里，大部分的书并不是畅销书。在总量达 25 万种的图书里，超过 90% 的书是每年销售 99 本以下的图书。在先锋书店，图书的选择也不是以畅销来决定，更多是人文社科类的图书。

举办活动也是书店作为公共空间的特点之一。稍微大点的书店，都会开辟一块区域出来承办活动，它吸引人流的效果立竿见影。活动形式多数是图书分享及一些艺术类的活动。通过举办活动，书店能够与读者形成互动，还可以搭建会员体系，并且运营社群。这些原本在酒店、快消领域的玩法，在书店领域也越来越流行了。

（资料来源：http://www.linkshop.com.cn/web/archives/2017/390108.shtml.）

问题：

1）复合型书店与传统型书店有何不同？

2）复合型书店为何现在大多数选在购物中心设立？书店的入驻对购物中心有何利处？

自　测　题

一、单项选择题

1.（　　）是连锁企业成功的必要条件。

　　A. 商圈的设定　　　　　　　　　　B. 商圈分析

　　C. 商圈确定　　　　　　　　　　　D. 商圈划分

2.（　　）不是商圈划定的方法。

　　A. 雷利法则　　　　　　　　　　　B. 参照法

　　C. 赫夫法则　　　　　　　　　　　D. 经验法

3. 邻近大商店的小商店，顾客主要目的不是到小商店来选购商品而是专程到大商店购买顺便进入邻近的小商店逛逛，这些客流是小商店的（　　　）。

    A．派生客流   B．本身客流

    C．分享客流   D．潜在客流

4．设在交通枢纽附近及旅游点附近的商店其客流属于（　　　）。

    A．派生客流   B．本身客流   C．分享客流   D．潜在客流

5．以下连锁企业门店扩张的途径中，（　　　）可以使连锁企业较快地进入和占领一个新的市场。

    A．自建   B．并购

    C．加盟   D．合作

6．以下连锁企业的经营安全率中，代表优良店的指标是（　　　）。

    A．50%以上   B．30%以上

    C．20%～30%   D．10%～20%

7．下面公式中，A 表示商圈内可支配收入总和，B 表示商圈内零售总额，C 表示具有购买力的人口数量，则购买力指数公式为（　　　）。

    A．购买力指数＝A×30%＋B×50%＋C×20%

    B．购买力指数＝A×50%＋B×20%＋C×30%

    C．购买力指数＝A×50%＋B×30%＋C×20%

    D．购买力指数＝A×20%＋B×50%＋C×30%

8．以下关于商圈饱和度的分析，正确的是（　　　）。

    A．潜在顾客是 4 万人，每人每周平均购买额是 50 元，该地区现有经营食品及日用品的营业面积为 50 000 平方米，则商圈饱和指数是 50 元/平方米

    B．商圈饱和指数越高表示竞争越激烈

    C．商圈饱和指数越低零售店进入的可能越大

    D．潜在顾客是 4 万人，每人每周平均购买额是 50 元，该地区现有经营食品及日用品的营业面积为 50 000 平方米，则商圈饱和指数是 40 元/平方米

9．下面关于雷利法则的说法，错误的是（　　　）。

    A．雷利法则中顾客在中介点处可能前往任何一个城镇购买

    B．前提条件是两个地区的零售商经营能力一样

    C．前提条件是两个地区同样接近主要公路

    D．雷利法则需要考虑顾客对时间的敏感度

10．下面关于赫夫法则的说法，错误的是（　　　）。

    A．赫夫法则中需要考虑商店的经营面积

    B．赫夫法则中需要考虑商店经营的商品

    C．赫夫法则中需要考虑顾客从住所到商店所花的时间

    D．赫夫法则需要考虑顾客对时间的敏感度

二、多项选择题

1．零售店的扩张速度取决于（　　　）。

A．资金实力　　　　　　　　　　B．人才条件

C．管理基础　　　　　　　　　　D．市场机会

2．影响商圈大小的主要因素有（　　）。

A．店铺的经营业态　　　　　　　B．店铺的经营规模

C．店铺的设计和布局　　　　　　D．竞争对手的位置

3．中心商业区能够吸引大量顾客，是在于其具有（　　）的优点。

A．商品丰富　　　　　　　　　　B．公交便利

C．停车场地较多　　　　　　　　D．新建店址容易寻找

4．雷利法则主要考虑邻近城市或商圈的（　　）。

A．人口数　　　　　　　　　　　B．等候时间

C．里程距离　　　　　　　　　　D．营业面积

5．赫夫法则主要考虑（　　）。

A．人口总数　　　　　　　　　　B．营业面积

C．时间距离　　　　　　　　　　D．对路途的重视程度

三、简答题

1．连锁门店开发的原则是什么？

2．举例说明城市规划对连锁门店开发的影响。

3．什么是商圈？它是如何构成的？

4．影响商圈形成和大小的因素有哪些？

5．商店位置的类型有哪几种？

6．可以从哪几个方面分析客流规律？

自测题部分
参考答案 9

━━━ 项 目 实 训 ━━━

以小组为单位，选择当地有代表性的几家连锁企业，对其现有的门店进行商圈分析与市场调查，并运用所学知识为该连锁企业进行新设门店的选址工作；对新设门店未来的业绩进行模拟评估，根据评估结果判断新店开设的可行性。

项目十

连锁企业组织结构设计

项目十课件

案例导入

区域家电连锁零售企业的组织结构设置

组织结构是对企业的组织模式选择、机构和岗位设置状况，以及工作标准界定等内容的概括，它是企业组织的骨骼和骨架。如果没有建立起骨骼、骨架作用的组织结构，企业组织也就立不起来，不能称为企业组织。很多区域性家电连锁零售企业是从小型私营企业发展起来的，在企业组织结构的建设上较弱，因为没有建立起一个符合企业自身情况、相对完善的组织结构，使企业不能通过责任和权力的分配，对不同成员个人相互之间的关系进行界定，并让所有成员，都各安其位，各出其力。因此，虽然企业的规模上去了，但还不能成为具有特定经济功能的企业组织。

对于区域家电零售企业来讲，应该如何画组织结构图呢？

企业的组织结构图分为两种：部门结构图和岗位结构图。部门结构图中仅有部门，表达企业的部门设置及上下级关系。岗位结构图在部门结构图中，各个部门内部标注本部门的各岗位。部门结构图和岗位结构图分别如图 10-1 和图 10-2 所示。

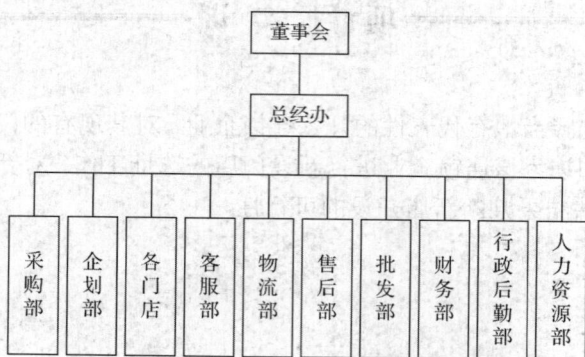

```
                      董事会
                        │
                      总经办
                        │
  ┌────┬────┬────┬────┬────┬────┬────┬────┬────┬────┐
 采购部 企划部 各门店 客服部 物流部 售后部 批发部 财务部 行政后勤部 人力资源部
```

图 10-1　部门结构图

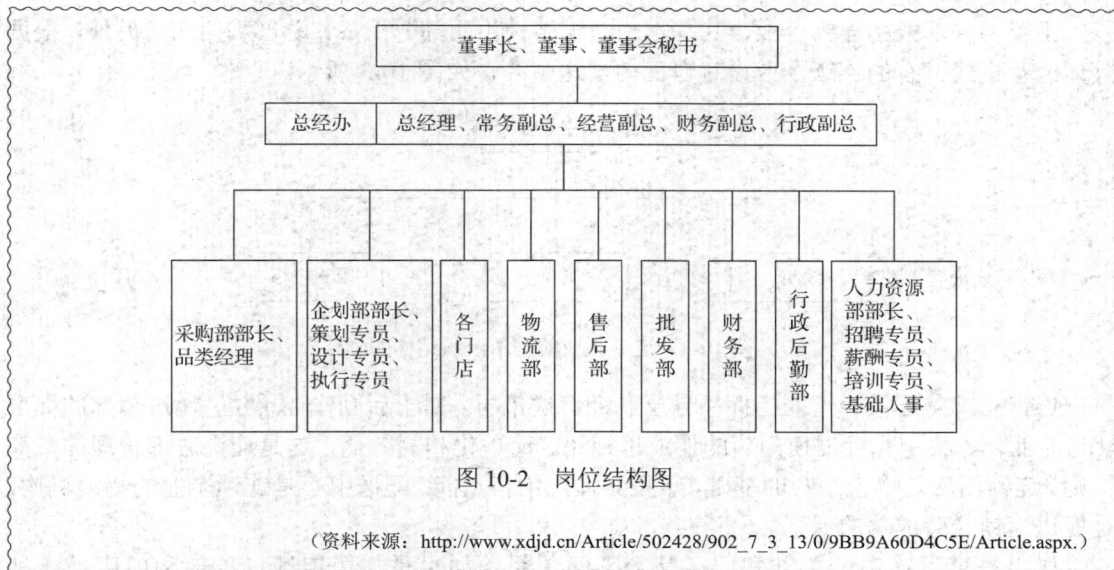

图 10-2 岗位结构图

（资料来源：http://www.xdjd.cn/Article/502428/902_7_3_13/0/9BB9A60D4C5E/Article.aspx.）

任务一 组织结构设计的内容

【知识目标】 熟悉连锁企业的组织结构设置及功能。

【能力目标】 培养组织与协调能力，以及连锁企业组织结构的设计能力。

【素质目标】 能够运用组织结构的知识分析连锁企业的组织结构设计并进行改进。

一、组织与连锁企业组织结构

组织是指人们为实现一定的目标，互相协作结合而成的集体或团体，如党团组织、工会组织、企业、军事组织等。组织是可以充分发挥成员不同的能力及优点，从而相互弥补自己的缺点，以最少的资源得到最大效果的一种"分工架构"。

组织结构是指组织内各种构成要素，以及它们之间的相互关系，主要涉及工作任务如何进行分工、分组和协调合作，具体有部门构成、基本岗位设置、权责关系、业务流程、管理流程及内控机制等。归纳而言，组织结构的本质是职工的分工协作关系；组织结构的核心内容是权责关系的划分；组织结构设计的出发点与依据是企业目标。

连锁企业组织结构是指连锁企业为实现企业目标而形成的分工协作，在职务范围、责权利方面所形成的结构体系和相互关系。组织结构是否合理直接关系到连锁经营系统的生存与发展，这是因为科学合理的组织结构能适应市场经济规律和连锁经营的客观要求，能充分调动员工和门店的劳动积极性和创造性，提高劳动效率，促进经济效益的提高，为连锁企业在激烈的市场竞争中生存和发展打好基础。因此，连锁企业经营管理者必须十分重视企业组织结构的构建。

不管哪种形式的连锁企业，其基本的组织结构由两部分组成：总部和门店。另外，根据具体经营模式，有的连锁企业设有自己的配送中心，如图 10-3 所示。

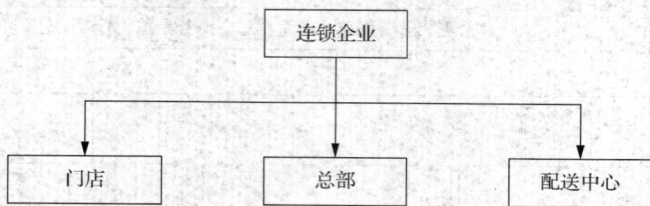

图 10-3　连锁企业的基本组织结构图

连锁总部是连锁经营的指挥领导层和经营决策层，属于后勤作业单位，通过总部的标准化、专业化、集中化管理使门店的作业单纯化、简单化和高效化，这是连锁总部管理的最高原则。连锁门店是连锁经营的基础，承担具体的销售功能。配送中心是连锁企业的物流机构，是促进连锁经营成功的保证。

如果是直营连锁，总部和门店是上下级关系；如果是加盟连锁，总部和门店是一种经济合同关系，在法律上是平等关系，在业务上是合作关系，在运营上是指导与被指导的关系。

二、连锁企业组织结构设计的原则

1．职能化原则

具体来说，职能化就是同类职务合并，不相容职务分离。这是科学管理原理的基本要求，要保证"事事有专人管，人人有明确的事做"，权责一致，同时要在专业分工的基础上保障协调配合。职能化原则是现代连锁企业在组织结构设计时需重点考虑的原则。

2．信息化原则

连锁企业经营的成败在很大程度上取决于信息的采集、处理和利用水平，组织结构的设计应充分考虑便于迅速传递真实的信息，通常连锁企业的组织结构是趋于扁平化的：纵向命令的阶层减少，效率提高，成本降低；而在横向上部门增加，分工明确，各司其职。

3．统一化原则

连锁企业里每个环节责任人应明确。下级部门只能接受一个上级的命令和指挥。一个部门不能受到多头指挥。上下级之间的上报下达，都要按层次进行，一般情况下，不得越级。执行者负执行之责，指挥者要负指挥之责，在指挥和命令上，严格实行"一元化"的联系，避免多头领导、责任不清。

4．适度化原则

连锁企业的管理层次应采取适当的扁平化管理，设计适度的管理层次。管理层次太多，可能会造成沟通不畅；管理层次太少，又可能管理幅度过宽，从而影响管理力度。在确定连锁企业不同领导的管理幅度时，不同职位应有所不同。一般来讲，职位越高，管理幅度越窄；职位越低，管理幅度越宽。

5．高效化原则

连锁企业应以提高效益、效率为前提和标准设置部门及岗位，设计有效的管理幅度，集权与分权相结合，并根据不同时期经营业务的发展情况，以及组织规模的发展变化对组织结构及时加以修订和调整，使连锁经营组织结构逐步趋向合理和完善。为确保经营的高效性和高质量，连锁企业要以最少的人完成经营管理的工作量，做到人人有事做、事事有人做。因此，在组织结构设计时应根据企业组织目标和需求来设计组织结构，并力求做到分工合理、权责明确。

6．规范化原则

连锁企业在设计组织结构时，不仅要确定设置多少机构、各机构的职能和责权范围，以及应设置的岗位数，还要详细制定每个岗位的规范。岗位规范应明确该岗位的业务范围、职权范围、工作量、上岗条件、工作标准和职业道德等方面的内容，并根据岗位规范的要求实行岗位责任制，以调动员工的积极性和创造性。

三、连锁企业组织结构设计的要求

没有一个适合所有企业及所有发展阶段的组织结构，不同企业在不同的发展阶段都应有相适应的符合企业战略要求的组织结构设计。因此，组织结构的设计必须与企业所处环境、企业战略、企业规模，以及采用技术相匹配，只有这样才能更好地发展。

（一）与经营环境相匹配

环境因素对连锁企业组织结构的影响是通过企业经营战略的调整和变化实现的。处于动荡多变环境中的企业与处于相对稳定环境中的企业相比，其组织结构应具有更强的弹性和适应性；而处于相对稳定环境中的连锁企业通常要求组织较为正规，相对集权。例如，连锁经营百货商店因各地消费差异较大而不得不采取更大程度的分权组织；连锁经营便利店、超市、快餐店因地区之间消费差异不大而可以更大程度集权。此外，环境不确定还影响企业是否与其他组织建立战略联盟、控股或参股、业务外包等。

（二）符合企业的战略要求

企业战略描述与确定了企业的经营宗旨、市场定位、基本竞争战略和发展战略，企业组织结构设计时必须考虑到企业战略所决定的企业业务类型是什么。不同行业连锁经营组织设计是不同的，如服务业连锁、零售业连锁和餐饮业连锁的组织结构设计都会有区别。

连锁企业的发展战略还决定了企业所采取的经营模式。直营连锁、特许经营、自由连锁等不同的连锁模式或混合模式的组织结构设计应有所不同。发展战略还确定了企业是多元化发展还是专业化发展。多元化发展的连锁企业组织结构通常采取分权的事业部形式，以利于各业务模块积极性的发挥；而专业化发展的连锁企业组织结构通常采用集权的直线职能制形式，以加强控制。

（三）与企业规模发展相一致

连锁企业的发展规模对组织结构的设立有直接影响。当企业规模较小时，所设立的机构不多，管理职能也较单一。企业规模扩大以后，活动内容越来越多，范围也越来越大，就有必要调整企业的组织结构，需要进一步分工细化，增加部门与岗位数量，增大协调与沟通的工作量；在管理层次上也需要相应增加，分权增多。当门店数量发展到一定程度时管理也要发生根本性变化。例如，当连锁企业发展到 100 家或者 1000 家以上门店时，企业必须对组织结构进行重新调整。

（四）与科学技术发展同步

连锁企业的技术特性与组织结构关系密切，连锁经营技术是以现代科学技术发展为基础的。现代科学技术的发展必然会影响到连锁企业组织结构的设计和选择。例如，沃尔玛采用全球卫星信息系统及持续补货系统后，新的商业流程促使沃尔玛变革相应组织结构，减少管理层次，更加扁平化。此外，在网络化基础上，信息传递不再是一种垂直的金字塔模式，而是一种网络互联模式。连锁企业组织结构会由纵向垂直模式向横向互联模式转变，呈现出一种扁平化特点。

四、连锁企业组织结构设计的程序

连锁企业组织结构的设计是连锁企业发展的重要环节，只有设计良好、运转高效的组织结构才能保障连锁经营的优势。组织结构设计是一项复杂的系统工程，应该按照科学的程序进行。

连锁企业的组织结构一般是由总部、分店和配送中心 3 个部分组成，连锁企业组织系统的设立，一般情况下是先设立总部，再设立分部，配送中心则是连锁企业发展到一定规模时，逐步建立的。对于组织具体的运作部门，一般依照以下 5 个步骤设立。

第一步：明确任务。组织战略所描述的组织目标是组织设计的基本出发点，组织设计应围绕组织战略目标的实现而进行。一个连锁企业通常要面对的任务包括：开店与选址；商品采购、运输、配送、库存、标价、陈列；门店维护、清洁、防损、安全；顾客调查、接待顾客、顾客跟踪调查、处理顾客投诉；商品维修与调换、收银、财务记录处理；商品包装、退货、销售预测、预算等。

第二步：任务分解工作，并确定对象。工作分类可通过职能、商品类型、地理区域等划分，或者综合采用以上参数来划分。按职能划分将工作划分为不同业务领域，如采购、营销、门店营运等；按产品类型划分则以商品或服务类型为基础划分；按地理区域划分则以不同性质商圈进行划分。大型连锁企业则可综合使用以上分类方法。

工作分类后则要确定任务分工，确定是由企业自己独立完成还是由第三方物流、生产商共同完成或是各自分担；同时还要包括企业内部专业化分工，确定具体岗位以及应承担的具体工作。

第三步：设立组织结构。根据连锁企业的战略目标建立满足任务完成的且有一定灵活性的组织结构。根据工作职能分别设计连锁总部的职能部门、门店的职能部门、配送中心的职能部门，并确立各个部门的管理层次和管理幅度。

第四步：组织定型，即通过组织图整合各岗位。进一步梳理各部门的职责范围，并进行相应授权，明确相互的管理与汇报关系，建立畅通的信息沟通渠道，设计业务流程、管理流程，建立与企业使命和愿景相适应的组织文化，以保证组织结构有效运转。

第五步：连锁企业经过整合、协调，明确管理层次、管理幅度、管理岗位及职责等，使其组织结构得以稳定下来，形成连锁企业组织结构图。然后，企业根据各部门的工作性质，确定任职人员的素质要求，再通过招聘等方式为各个部门配备人员，并明确其职务、职称和职责。

在具体运营过程中，随着企业经营规模不断扩张、技术升级和公司战略的调整，组织不断整合与协调，形成相对较为稳定的组织结构。

连锁企业组织结构和运作流程如图 10-4 所示。

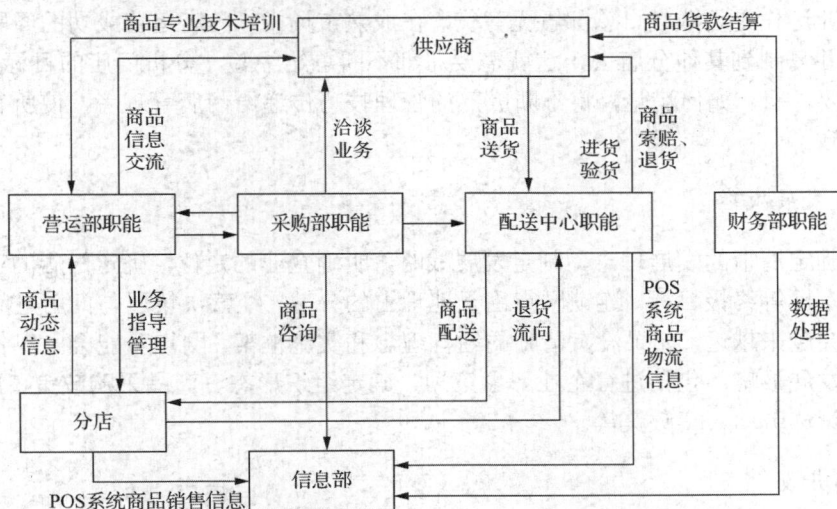

图 10-4 连锁企业组织结构和运作流程

任务二 连锁总部及其组织结构设计

【知识目标】 熟悉连锁企业总部的组织结构设置及功能。

【能力目标】 培养连锁企业总部组织结构的设计能力。

【素质目标】 能够运用组织结构的知识分析连锁企业总部的组织结构设计并进行改进。

总部运作是连锁企业经营成败的关键，通过总部的监督管理服务使顾客无论光临体系内哪一家直营分店或特许加盟店，都能感受和购买到同样品质的服务与商品，从而使体系内各分店都获益。有一个健全而强大的总部，才能指挥门店有良好的业绩，才能保证连锁企业正常、健康地发展。

一、连锁总部的主要职能

当营业网点增加后，除了门店销售运作外的其他功能就需要借助一个专业的后勤支持管理系统来进行，从而形成管理总部。连锁总部是对重大问题进行战略决策并为门店提供服务使其顺利运作的后勤支持管理系统，通过总部的标准化、专业化、集中化管理使门店作业单纯化、高效化。

总部的规模和职能取决于连锁店数量的多少及所采用的连锁模式，店数越多，总部的规模越大，职能越齐全。另外，与直营店相比，特许加盟店对总部管理职能齐全程度要求更高。一般而言，总部需承担以下9种职能。

1．积累成功经验

连锁企业运作是否成功，总部责无旁贷。在成熟市场中，门店运营成功的经验和标准可以积累下来并复制到其他分店去，这就需要总部不断总结经验，分析门店的目标顾客是谁、在哪里、需要什么、如何满足，将不断成熟的管理技巧传递给门店管理者，使所有门店管理水平接近一致。

2．制定发展战略

总店要确定清晰的发展理念，制定发展战略，明确企业的定位，确定门店的业态，确立企业使命与宗旨等终极目标。连锁网点由于地理上的分散，经营决策层与门店之间的距离随着网点发展会越来越远，如果没有清晰的经营理念和实施框架，网点可能会出现各自为政的现象。制定发展战略，包括进行企业形象策划、确定组织形态、商品采购政策、配送模式、商品销售政策、劳动人事政策等。

3．门店开发

连锁企业实际上销售的是连锁经营运作体制，如何将其推销成功，使总部与分店双方获利，是总部的首要任务。总部必须设计出自己的开店规范和流程，包括新店拓展计划、市场潜力分析与计算、商圈调查与评估、选址决策、开店流程制定与执行、投资评估、选派管理人员、划分部门责任、制定操作规则及表单等。

4．商品采购管理

商品采购是连锁企业经营管理的重要工作。连锁总部除了制定采购政策以外，还必须特别注意采购经理、采购部工作人员的选择与配备。另外，连锁总部还要制定门店选择供应商、商品的条件，制定采购作业规范，制定供应商管理、新商品开发和淘汰的程序，选择与培养主力商品，通过控制商品适销率来提高商品周转率，强化门店采购计划的准确性等。

5．商品促销管理

连锁总部除了制定促销政策以外，还要做好促销管理工作，选择和利用适当的促销手段，是增加连锁经营企业销售额的重要方法。促销效果的好坏关键在于促销管理，只有通过有效的促销管理，才能确保促销效果，达成促进销售的目的。促销管理主要分为 3 个步骤。①设定促销目标：提高营业额、提高毛利率、提高来客数、提高客单价等。②拟订促销计划：应充分考虑顾客购买特征、季节、气候、节令、商品、促销主题、促销方式、宣传媒体、预算、法规和预期效益等。③执行计划及最后评估：依据促销方案告知各有关部门人员配合执行，并于促销活动结束后进行评估。

6．物流服务管理

连锁企业总部物流配送服务一般是以配送中心为核心，集中采购、统一配送，高效率地将门店所需的商品送达各连锁门店。连锁企业总部对物流进行统筹规划以降低物流成本，是连锁经营的重要优势之一。连锁企业的规模不同，总部的物流服务功能也有所差异，通常小型的连锁企业可以依靠社会配送，或建立单一的配送中心，但大型连锁企业则需要建立多个配送中心，要考虑配送中心是按区域划分，还是按商品划分，或是两者结合。

7．营运督导管理

要使连锁企业门店的顾客享受到一样的服务，总部必须对门店的运营过程进行监督、指导。总部应建立督导员制度，运用一批经过专门培训的优秀督导人员对门店进行常规指导和监督，由他们实现总部与门店的信息沟通、门店的常规指导、门店商品管理和门店经营状况的分析等工作。

8．资金运作管理

连锁企业在资金管理上采取统一管理政策。连锁总部应时刻安排好进货资金、在途商品资金、库存商品资金、货款结算资金和发展资金的比例，重点保证好进货资金的使用；控制销售款回笼总部的时间；严格履行对供应商货款结算制度，做好准时定额，以树立企业良好资信。

9．信息管理

信息管理是连锁企业技术性工作的重要组成方面。连锁企业要负责总部与门店之间、总部与配送中心之间和各职能部门之间的信息管理，以及企业与外部生产商、批发商、消费者、社区、金融机构、连锁协会、政府等的信息管理。总部有必要对有用的信息数据进行汇总处理和分析，以便为制定或调整相应的策略提供依据。

二、连锁总部各部门的职责

连锁总部的基本职能确定之后，可以根据工作性质的不同划分成各个职能部门，并为每个职能部门确定相应的职责范围。连锁总部通常都会设有开发部、运营部、采购部、财务部、管理部（行政部）、营销部、信息部等职能部门。

1．开发部的主要职责

1）开设新店或发展加盟店时进行商圈调查，包括人口（户）数、消费收入、竞争状况。

2）新开分店是自行建设（或是租，或是买），所需投资预算及租金方面的决定。

3）新开分店的投资效益评估、加盟分店销售能力评估。

4）如果建设新店，还要负责工程设计审核、工程招标、监督、验收。

5）新开分店的开店流程与进度控制。

6）新开分店所需经营设备的采购与各分店设备的维修保养。

2. 运营部的主要职责

1）制定连锁企业总的营业目标和各分店的营业目标，督促营业目标的执行。

2）对分店的经营进行监督和指导。

3）编制连锁店营业手册，并检查与监督营业手册中各标准的执行情况。

4）指导分店改善现场作业，派出指导人员对不同连锁店指导并考察其工作情况。

5）门店经营情况及合理化建议的反馈与处理。

6）调查、搜集、分析竞争对手的信息，制定相应对策。

3. 采购部的主要职责

1）采购方式的制定。

2）商品货源的把握、新商品开发与滞销商品淘汰。

3）商品采购谈判与采购价格的谈判与制定，商品销售价格的制定。

4）制定与实施不同区域不同产品大类的商品组合策略。

5）商品储存、商品配送制度的制定及作业流程与控制。

6）供应商的管理。

4. 财务部的主要职责

1）融资、用资、资金调度。

2）编制各种财务报表、会计报表。

3）审核进货凭证，进行进货财务处理，与供应商货款对账并付款。

4）统计每日营业额。

5）发票管理。

6）税金申报、缴纳，年度预决算。

7）会计电算化及网络管理。

5. 管理部（行政部）的主要职责

1）日常对外接待工作，办公用品的采购与管理。

2）人事制度的制定及执行。

3）员工工资福利制度的制定与执行。

4）人力资源规划，人员招聘、培训。

5）奖惩办法的制定及执行。

6）企业合同管理及公司权益的维护。

6. 营销部的主要职责

1）分店商品配置、陈列设计及改进。

2）商品销售分析、利润分析与改进措施。

3）促销策略的制定，促销活动的计划与执行。

4）企业广告、竞争状况调查分析。

5）店铺形象策划及推出。

6）公共关系的建立与维护。

7. 信息部的主要职责

1）连锁企业信息的收集与处理。

2）连锁计算机网络系统的维修与养护。

3）商品代码、企业代码、条形码的打印处理。

4）各种数据、影像资料的存储与保管。

5）数据资料的加密与解密。

三、连锁总部的组织结构设计

连锁总部的组织结构根据规模与发展阶段不同，通常分为以下 3 种模式。

（一）总部管理模式

总部管理模式是一种由连锁总部直接管理门店的结构模式，一般适用于连锁企业发展的初创时期。此时经营尚未突破地区界限，或者是商店规模大但门店数量较少或分布较为集中。总部管理模式具体可分为以下两种管理方式。

1. 直线型组织结构

直线型组织结构是连锁企业最早和最简单的组织结构形式，其组织结构如图 10-5 所示。此时，连锁企业各行政单位从上至下实行垂直管理，下属部门只接受一个上级的指导。连锁总部作为门店的服务与管理机构，直接管理门店。由于门店分布不多，总部不另设职能部门，由总经理室完成各项总部职责。

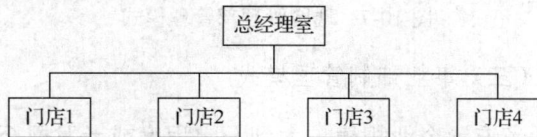

图 10-5 直线型组织结构

2. 直线职能型组织结构

随着连锁企业规模的扩大，分店数量逐渐增多，经营管理的事务将会越来越多，也越来越复杂。此时，总经理室已经无法独立完成所有管理职能，需要增设职能管理部门来协助总经理室进行管理，其组织结构如图 10-6 所示。此时，总部职能部门将协助总经理室进行职能管理，并对各分店进行专业指导。

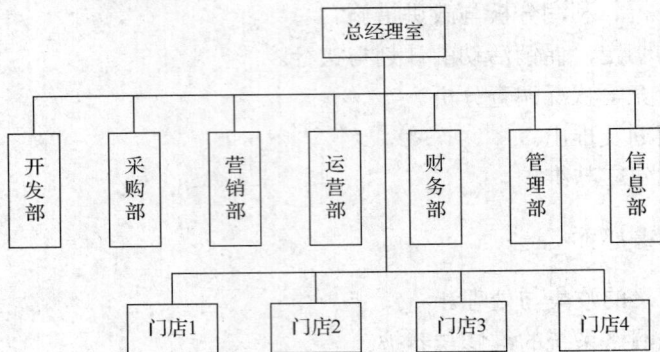

图 10-6　直线职能型组织结构

（二）地区管理部管理模式

地区管理部管理模式是指连锁企业总部按地区设立若干个地区管理部，由地区管理部管理门店，而总部不直接管理门店的管理模式。这种模式适用于连锁企业的发展已有一定规模、门店数量多、分布地区广的连锁企业。其组织结构如图 10-7 所示。

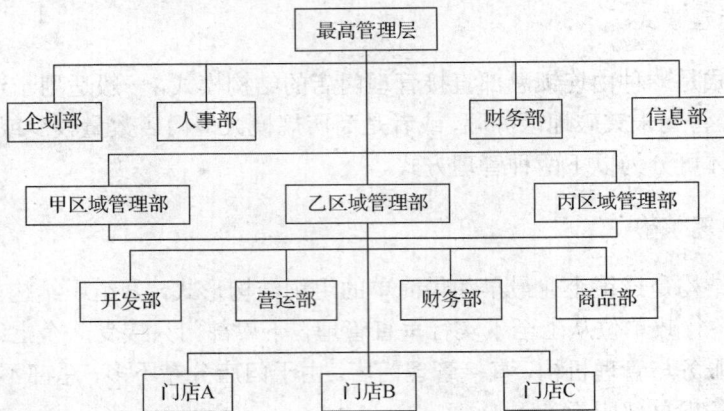

图 10-7　地区管理部管理模式

（三）事业部制管理模式

当连锁企业规模扩大到一定程度或者发展至多元化时，连锁企业经营管理的范围越来越大，内容越来越复杂，许多运作已很难由总部进行直接控制。为了适应企业扩张的需要，许多大型连锁企业通常会采用事业部制的组织结构方式对分店进行管理，如图 10-8 所示。

微课：连锁总部的组织结构设计

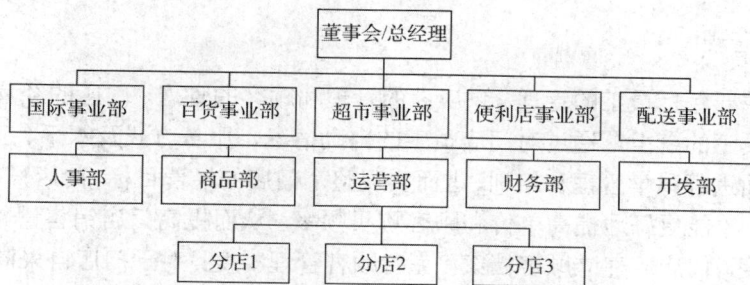

图 10-8　事业部制管理模式

　　事业部是总部为促成某专项事业的发展而设置的，它拥有一定的经营管理权，并独立核算，具有法人地位。这种模式的主要优点：有利于调动部门积极性，便于事业部内部的协调，适应力和竞争力加强；有利于培养综合管理人才；有利于高层领导集中精力研究企业发展的战略问题。但也存在着易滋生本位主义，资源调动困难，易产生短期行为，机构重复设置，总编制与管理费用增加和控制困难等问题。多元化经营连锁企业的各项事业发展到一定规模时，每个事业部下面还要设区域管理部来管理门店的运营工作，即形成四级到五级制。事业部制模式主要适用于环境变化快、多元化经营和地域分散的大型连锁企业。

任务三　连锁门店及其组织结构设计

　　【知识目标】　熟悉连锁企业门店的组织结构设置及功能。
　　【能力目标】　培养连锁企业门店组织结构的设计能力。
　　【素质目标】　能够运用组织结构的知识分析连锁企业门店的组织结构设计并进行改进。

　　门店是总部政策的执行单位，是连锁企业直接向顾客提供商品及服务的单位。其基本职能是按照总部的指示和规范要求，承担日常的销售任务。连锁门店一般实行店长负责制。规模较小的门店可实行直接管理，规模较大的门店可设一些职能部门协助店长进行管理。

一、连锁门店的主要职能

（一）环境管理

　　环境管理主要包括门店的外观管理和卖场内部的环境管理。门店运用统一规划的外观设计、招牌、橱窗、内部设计来吸引顾客。注重门店的外观形象是连锁门店的基本工作，外观明亮干净的店头会对顾客有较强的吸引力。在内部环境方面，门店应创造干净整洁的购物环境，让顾客舒适购物，同时注重安全管理，保障顾客的购物环境。

（二）人员管理

人员管理主要包括员工的管理、供应商的管理和顾客的管理。门店的经营目标归根结底要落实在每个员工的身上，通过对门店员工的出勤情况、服务方式及水平、工作效率高低、作业守则等方面进行科学管理和培训，进而实现整个门店的经营目标。门店只有服务好顾客，维系好老顾客，才能更好地提高单价和顾客购买频率，从而提高门店销售量。为了提高顾客满意度和忠诚度，门店应建立顾客档案，完善顾客管理制度；对于门店自采商品的供应商同样要做好管理，可以较好地降低采购成本，提高门店效益。

（三）商品管理

商品管理主要是管理好有关商品的包装、验收、订货、损耗、盘点等作业，以及对商品清洁、缺货等的监督。门店商品管理的重点是商品质量管理、缺货管理、陈列管理及损耗管理。商品质量管理的重点是做好商品验收与包装商品在货架上陈列期间的质量变化和保质期的控制。另外，缺货会影响门店销售，被称为"营业的最大敌人"，门店应时刻统计缺货率，及时供应，将缺货率降至最低水平。商品陈列是门店促销的利器，门店应根据商品的不同属性及顾客调查的结果，按照不同陈列方式来陈列商品。商品包装破坏、变质、失窃等可能造成的损耗也是门店的成本，损耗率的高低也成为门店获利多少的关键之一，门店应非常重视损耗管理，损耗率是运营效率非常重要的指标。

（四）现金管理

现金管理主要包括收银管理和进货票据管理。现金是连锁企业经营的命脉，收银作业中的每一个步骤及每一个环节，都是为了让门店在现金管理上能有良好的制度与规范。进货票据是付款的凭证。在进货接收过程中，票据出现差错可能会给门店带来损失。

（五）信息资料管理

信息资料管理主要包括门店的经营信息管理、顾客投诉与建议信息管理、竞争者信息管理等。门店经营管理信息主要通过各种销售报表、费用明细表、盘点报表来了解，门店通过对各种报表及时进行统计与分析，了解门店经营效率的高低，及时改进问题，总结经验教训，不断提高门店整体管理水平。顾客投诉与建议等信息则可以有效提高门店对顾客的服务水平，迎合顾客需求，吸引更多顾客，提高销售额。及时掌握竞争者情报并进行分析，有助于门店及时做出正确的决策如调整促销方案等，形成更强的竞争力。

二、连锁门店的组织结构设计

连锁门店的组织结构相对较为简单，门店性质、业态、规模大小及商品结构等不同，组织结构也略有不同。通常，规模较小的门店由店长直接管理店员；具有一定规模的门店有明确分工，店长下设副店长、课长、组长等职务进行管理；特许加盟店店主可能直接管理，也可能聘请职业店长管理。规模较大的门店组织结构如图 10-9 所示。

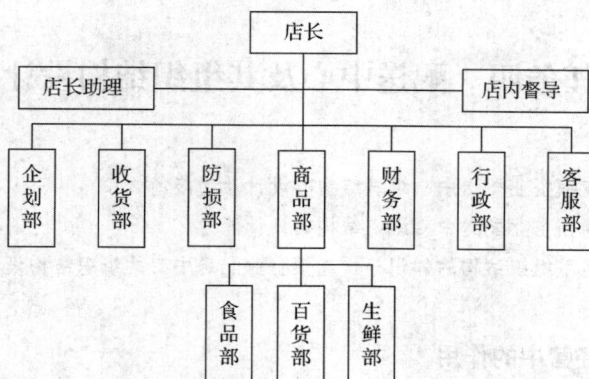

图 10-9　规模较大的门店组织结构

拓展阅读

国美零售门店的组织结构设计

国美零售控股有限公司（简称国美）原名"国美电器"，成立于 1987 年 1 月 1 日。国美在我国大中型城市拥有零售门店 1600 多家，年销售额 1500 亿元以上。作为具有卓越竞争力的民族连锁零售企业，国美坚持"薄利多销，服务当先"的经营理念，依靠准确的市场定位和不断创新的经营策略，引领家电消费潮流，为消费者提供个性化、多样化的服务，国美品牌得到广大消费者的青睐。本着"商者无域、相融共生"的企业发展理念，国美与全世界知名家电制造企业保持紧密、友好、互惠的战略合作伙伴关系，成为众多知名家电厂家在中国的主要的经销商。

由于我国家电连锁店独特的经营模式，门店中大量的导购人员均由厂家或者经销商派驻，其组织结构设计也较为简单。图 10-10 所示为国美电器的某社区门店的组织结构图。

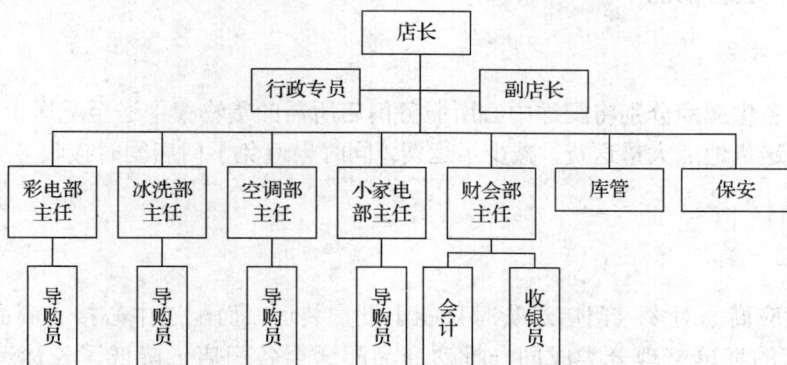

图 10-10　国美电器某社区门店组织结构图

（资料来源：根据相关资料整理。）

任务四　配送中心及其组织结构设计

【知识目标】　熟悉连锁企业配送中心组织结构的设计及功能。

【能力目标】　培养连锁企业配送中心组织结构的设计能力。

【素质目标】　能够运用组织结构的知识分析连锁企业配送中心的组织结构设计，并进行改进。

一、配送中心在连锁经营中的作用

连锁企业的配送中心是汇集连锁门店的订货信息进行采购，将供货商送来的多种、大量商品进行储存、配货、分拣、流通加工，按各门店的需求配齐货品，以令人满意的服务迅速、及时、准确、安全、低成本地进行配送的物流部门。

随着我国连锁企业稳定持续的发展，配送中心的作用越来越明显。在连锁经营中，如果不根据用户需求不间断地供货，连锁企业就无法生存发展。配送中心对连锁经营的主要作用如下。

1）通过汇集所有门店订货信息实现大批量采购，获得批量采购的优惠，降低进货成本。

2）供货商只对配送中心送货，不必向各门店送货，降低了不同供货商重复送货的物流费用。同时，配送中心根据门店要求将商品拆包、组合，直接配送给同一分店，提高了效率。另外，配送中心将分散库存变为集中库存，降低了库存成本。

3）配送中心通过进行流通加工，提高商品的附加值，而门店只需将配送中心送来的货物接货、验货、直接上架销售，从而可以更专注于销售，降低了门店的成本。

4）传递商品流通信息，更好地满足消费需求。

二、配送中心的基本功能

（一）集中收货

连锁企业各供应商分别将配送中心所服务门店所需的货物集中送至配送中心，这样供应商只面对一个送货地点大量送货，减少了运费，同时也避免了门店同时接收多家供应商货物的拥挤现象。

（二）整理分类

大多数供应商面对多家门店送货时只能小批量装运，而配送中心接收商品后将不同商品按照各门店的订单整理分类成同一批次商品配送至各门店，降低了长途运输的运输成本，从而降低了连锁企业的进货价格。尤其是连锁零售店通过交叉站台作业快速补充、快速转移门店的存货，通过配载达到车辆的合理容积送至门店，商品不需额外存储，降低搬运与储存成本。此外，车辆充分装载也提高了运输的效率。配送中心的整理分类流程如图 10-11 所示。

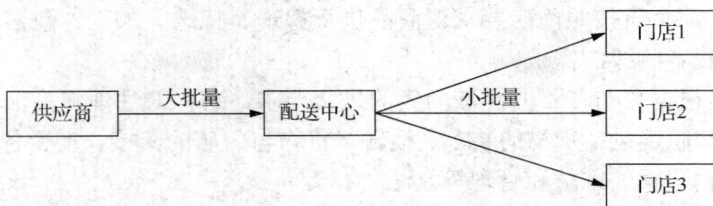

图 10-11 配送中心整理分类流程

（三）拣选加工配送

配送中心将商品按照门店要求对所订购的商品进行拆装、分拣、配装，进行商品组合，并安排运输部门负责将订货商品配送到各个门店，可大大减轻门店的工作量。例如，商品从供应商处直接运送到门店时，门店需要花费大量时间验货、交接，而配送中心可以把验货、交接等工作承担下来，以减少门店的工作量和成本。有些商品还可以根据顾客需求和销售的需要进行流通加工，以提高商品的附加值和配送水平。例如，生鲜商品超市的配送中心可以对蔬菜、水果、鱼、肉、畜禽等商品进行清洗、分装、切分等预处理，并采用冷链供货系统，提高连锁企业的经营效益。

（四）保管储存

不同商品有着不同的储存要求，如季节性生产的商品（如水果、农产品等）需要特殊、专业的保鲜储存，才能实现全年销售；有些季节性销售的商品又需要提前大量备货，如玩具是全年生产的，但销售的旺季却在儿童节或春节期间，为防止缺货，通常需要在节日前就要开始储存。因此，对连锁企业的正常经营来说，商品的保管储存很重要。这些功能门店无法承担或者运作起来费用很高，而利用配送中心的储存职能，可以调节商品的进货与销售之间的时间差，保证销售需求及配货、流通加工等环节的正常运转。

（五）其他

快速消费品等商品的进货价格随市场供需会有较大变化，同时由于促销频繁会经常调价，通过配送中心可适当调整变化过快的商品价格。

连锁零售门店特别是便利店店铺多、订单频率高，又有时间要求，配送中心可以缓冲这种频繁送货订单，保证店面商品保持在合理水平，既不占用太多空间又能够不间断供货。其他诸如处理赠品、退换货等问题，对不同保质期商品进行有针对性的保质期管理等。

三、配送中心的组织结构设计

配送中心一般设有检验部、仓储部、理货加工部、配送部、信息部、技术部，由配送中心经理直接管理。

1）检验部负责检验进入连锁企业货物的型号、数量、质量并记录相关信息。

2）仓储部负责所有货物出入库管理及在库储存管理，主要工作包括收货、安排货位、货物保管、库存盘点、库存管理、仓库设备的维护与修理等。

3）理货加工部负责按照门店要求对商品进行整理、拣选、加工、包装等，使之适应门店销售需要和消费者购买的需求。

4）配送部是根据分布在不同区域门店的进货要求，有针对性地将商品分拣配装后，再送到各门店去，其职责包括货物的装车、运输、货物与门店的交接、接受各门店退货、交接单证及物品，运输车辆的维护和管理等。

5）信息部负责采集、处理、发布库存及货物配送信息。

6）技术部负责到货的技术鉴定，售前技术安装、调试、验机等。

配送中心的组织结构如图 10-12 所示。

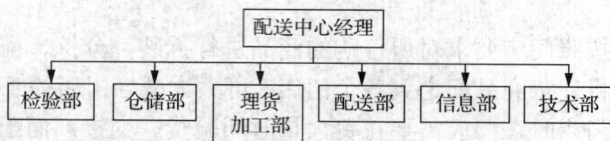

图 10-12 配送中心的组织结构

四、配送中心的构建程序

配送中心的构建程序如下。

1）配送中心的设计。根据配送中心的类型和规模大小进行技术方面的设计和投资方面的预算。

2）配送中心的选址。寻找地价合适、交通便利、距离门店位置比较合理的区域进行建设。

3）购买和安装设备。配送中心的设备主要有货架、搬运设备、分拣设备、空调通风设备、防火安全设备、托盘、容器、信息管理系统设备及包装设备等。

4）安装调试。对配送中心的各类设备及运行程序进行安装调试。

▌拓展阅读

沃尔玛的配送中心

沃尔玛共有 6 种形式的配送中心。第一种是"干货"配送中心，主要用于生鲜食品以外的日用商品的进货、分装、储存和配送，该公司目前这种形式的配送中心数量最多。第二种是食品配送中心，包括不易变质的饮料等食品，以及易变质的生鲜食品等，需要有专门的冷藏仓储和运输设施，直接送货到店。第三种是山姆会员店配送中心，这种业态批零结合，有 1/3 的会员是小零售商，配送商品的内容和方式同其他业态不同，使用独立的配送中心。由于这种商店 1983 年才开始建立，数量不多，有些商店使用第三方配送中心的服务。考虑到第三方配送中心的服务费用较高，沃尔玛已在合同期满后，用自行建立的山姆会员店配送中心取代。第四种是服装配送中心，不直接送货到店，而是分送到其他配送中心。第五种是进口商品配送中心，为整个公司服务，主要作用是大量进口以降低进价，再根据要货情况送往其他配送中心。第六种是退货配送中心，接收门店因各种原因退回的商品，其中一部分退给供应商，一部分送往折扣商店，一部分就地处理，其收益主要来自出售包装箱的收入和供应商支付的手续费。

由以上内容可以看出，沃尔玛的配送中心都是为适应不同的商品或连锁店的需要而成立的。对于不同商品和连锁店严格区分配送方式，实行标准化管理，不仅大大提高了配送效率，还节约了采购成本，降低了管理和物流成本。

（资料来源：根据相关资料整理。）

项目小结

连锁企业组织结构的合理性和高效性是其核心竞争力之一。本项目主要介绍了连锁企业组织结构的定义、设计原则、要求和程序，重点阐述了连锁企业基本框架中总部、门店及配送中心的基本职能及各自组织结构的设计。通过本章学习，学生可以深入了解连锁企业组织结构的设计原则及类型，更加全面掌握连锁企业各职能部门的工作职责，并能够根据连锁企业的发展阶段和规模进行组织结构的设计。

案例分析

永辉超市的集群制组织结构

超级物种（永辉云创着力打造的优质生鲜餐饮+零售+体验式消费的零售新物种）的推出在某种程度上代表永辉超市正在构筑一个从生产制造到零售终端，即从民生保障到中产消费，从商品零售到整合金融、物流、商贸服务多项周边业务的生态圈。永辉超市内部将其称为"大生鲜食品全产业链共享经济生态圈"。

为此，永辉超市成立三大产业集群来对标上述业务。首先是第一事业集群，核心业务是永辉超市红标店，对标民生保障类消费；然后是第二事业集群，核心业务是绿标店、食品加工、永辉云创（包含超级物种），对标的是中高端消费；最后是第三事业集群，对标一些诸如种植、生产、物流、金融等零售业周边服务。

从永辉超市的布局来看，第一事业群是最成熟的板块，它是过去的永辉超市；第二事业群是永辉超市这两年正在发力的板块，它代表了现代的永辉超市；而第三事业群给予永辉超市未来巨大的畅想空间。从目前的进度来看，金融、物流、种植等业务已经逐渐成熟。

按照永辉超市的上述规划，这将是一个非常宏大的布局。那么，作为一个传统超市起家的零售企业，永辉如何来驱动数万名员工一起完成这项"宏图伟业"？永辉超市的答案是合伙人计划。永辉超市这几年花了大力气在内部推行合伙人计划。从最开始的生鲜合伙人开始，到现在基本上实现了几乎所有岗位的合伙制模式，为此企业架构也进行重大调整，具体如下。

1）改变原有多级管理、层层传达的职务级别，支持扁平化、平台化的组织架构，将职务级别进行简化，从原来的9个层级转变为4个层级，实行简单、高效、扁平化的职务体系。

2）采用同行业内较高的薪酬水平，并且加大薪酬级别之间的差距，大幅提升薪酬的竞争力，通过高激励的措施和手段提升员工的积极性。合伙人以盈利分红作为报酬收入，在盈利水平还达不到要求时，公司发保底分红，当实际盈利分红高于保底分红时按实际盈利分红发放。

3）全职员工实行时薪制，视同为合伙人团队雇用的计时工。为了确保全职的每个小时都是有事可做，有相应的产出，合伙人团队应充分沟通、确认好全职员工的具体工作内容，并做好工作分工和安排。合伙人团队自行决定团队内每位成员的保底分红、全职员工的时薪标准，以及调整时间，所产生的费用由各团队自己承担。

（资料来源：http://www.linkshop.com.cn/web/archives/2016/366795.shtml.）

问题：
1）永辉超市有几个事业集群机构？各自有哪些职能？
2）为推行合伙人模式，永辉超市的组织架构做了哪些调整？

自 测 题

一、单项选择题

1. 连锁企业经营管理的核心部门是（　　）。
    A. 财务部门　　　　B. 连锁总部　　　　C. 配送中心　　　　D. 门店
2. 连锁企业经营管理的执行部门是（　　）。
    A. 财务部门　　　　B. 连锁总部　　　　C. 配送中心　　　　D. 门店
3. 多元化发展的连锁企业组织机构通常采取（　　）的事业部形式。
    A. 专业化　　　　B. 分权　　　　C. 标准化　　　　D. 集权
4. 在总部职责中，编制营业手册是（　　）的主要职责。
    A. 管理部　　　　B. 运营部　　　　C. 开发部　　　　D. 营销部
5. 门店职能中，收银管理和进货票据管理属于（　　）。
    A. 人员管理　　　　　　　　　B. 商品管理
    C. 现金管理　　　　　　　　　D. 信息资料管理
6. 商品陈列属于门店职能中的（　　）。
    A. 环境管理　　　　　　　　　B. 人员管理
    C. 商品管理　　　　　　　　　D. 信息资料管理
7. 当连锁企业发展到一定规模，门店数量较多，店型小且分布地区广时，通常会通过设置（　　）来管理门店。
    A. 事业部　　　　B. 连锁总部　　　　C. 分公司　　　　D. 地区管理部
8. 由连锁公司总部直接管理下属所有门店的组织模式，一般适用于（　　）。
    A. 小型连锁公司　　　　　　　B. 区域性连锁公司
    C. 大型连锁公司　　　　　　　D. 全国型连锁公司
9. 配送中心通过（　　），提高了商品的附加值。

A. 整理分类　　　　B. 流通加工　　　　C. 保管储存　　　　D. 分拣配货

10. 配送中心中的（　　）负责到货的技术鉴定，售前技术安装、调试、验机等。

A. 检验部　　　　　B. 配送部　　　　　C. 技术部　　　　　D. 理货加工部

二、多项选择题

1. 连锁企业基本的组织结构一般是由（　　）组成。

A. 总部　　　　　　B. 供应商　　　　　C. 配送中心　　　　D. 门店

2. 连锁企业组织结构设计的要求有（　　）。

A. 与经营环境相匹配　　　　　　　B. 与经营业态相一致

C. 与企业规模发展相一致　　　　　D. 符合企业的战略要求

3. 连锁总部中营销部的主要职责有（　　）。

A. 商品配置　　　　　　　　　　　B. 陈列设计

C. 销售分析　　　　　　　　　　　D. 店铺形象策划

4. 连锁门店的环境管理包括（　　）。

A. 外观设计　　　　B. 内部设计　　　　C. 销售分析　　　　D. 顾客管理

5. 连锁总部的主要职能有（　　）。

A. 店铺开发　　　　B. 制定发展战略　　C. 销售管理　　　　D. 商品采购

三、简答题

1. 什么是连锁企业组织结构？合理的组织结构设计对连锁企业的经营有何作用？

2. 连锁企业组织结构设计的要求有哪些？

3. 连锁企业总部的主要职能有哪些？

4. 连锁企业总部的组织结构有哪几种类型？

5. 连锁门店的主要职能有哪些？

6. 连锁企业配送中心主要由哪些部门组成？

自测题部分
参考答案 10

──────── 项 目 实 训 ────────

以营业面积为 600 平方米的连锁生鲜商品超市为例，根据所学知识设计门店的组织结构，并描述其工作职责。

项目十一
连锁企业人力资源管理

项目十一课件

案例导入

沃尔玛升级人力资源管理体系，提倡工时管理模式

2016年7月，"沃尔玛中国零售大学"成立并正式开课。大学将采用标准化培训框架和学习流程，从业务能力及领导力两方面培养合格的员工和未来的领导人才。其培养对象主要是商场管理层和一线员工。沃尔玛还将进一步优化门店组织架构，全国购物广场增设门店见习总经理、高级主管和员工指导等岗位，为一线员工提供更丰富的职业发展通道，为公司未来的业务拓展储备管理人才。

此外，沃尔玛还在全国购物广场提倡灵活工时管理模式。这一举措开创了中国零售行业的先河，将根据员工个人的家庭生活需要和门店的繁忙程度进行更加灵活、合理的排班。全新的小时化管理模式更加符合零售行业时紧时松的工作节奏，在更好地服务顾客的同时，也让员工实现了工作、生活的平衡。新的管理方式不但给予了员工充分自主选择的自由，还承诺员工的现有福利待遇和收入完全不变，进一步鼓励员工多劳多得。

未来，沃尔玛将全面启用一套国际先进的人力资源管理系统，简化人力资源管理流程，并给予一线管理层更多的人员管理自主权，以真正实现"我的员工我发展""我的事业我做主"的目标。同时，沃尔玛还将进一步提高基层员工福利，包括为全国商场员工提供工作餐用餐折扣等。

（资料来源：http://www.linkshop.com.cn/web/archives/2016/349671.shtml?sf=wd_search.）

任务一　认识人力资源管理

【知识目标】　理解连锁企业人力资源管理的含义和作用；掌握连锁企业人力资源管理的内容。

【能力目标】　培养人力资源管理的工作能力和人力资源管理工作流程的设计能力。

【素质目标】　能够运用人力资源管理的知识分析连锁企业的人员管理活动。

一、连锁企业人力资源管理概述

（一）人力资源管理的概念

人力资源是指在一定范围内人口中所有具有劳动能力的人的总和，是能够推动经济和社会发展、具有智力劳动和体力劳动能力的人的总称。人力资源是企业各项资源中最重要的资源，它直接决定着企业的核心竞争力。对连锁企业而言，无论是现有总部、门店，还是计划中要开设的新店，都存在人力资源的管理问题。

连锁企业人力资源管理就是为了提高工作效率、实现人力资源的最优化而实行的对企业人力资源的科学、合理的配置与管理。连锁企业人力资源开发是指企业通过学习培训、激励机制，合理使用人才，合理安排报酬（建立完善的薪资体系）等方法，提高员工工作能力，充分调动员工的工作积极性及创新能力，并最终达到提高连锁企业整体活力的活动。

（二）连锁企业人力资源管理的特征

由于连锁企业集中分布的行业特性及其组织结构、产权关系、制度安排等方面都具有特殊性，其人力资源管理就需要适应、体现这些特殊性的要求，从而具有不同于一般人力资源管理的特点。

1. 空间分散性

连锁经营的特征和目的决定了其空间分散性的特点。连锁企业要完成目标市场的覆盖和品牌知名度的提升，就必须在尽可能远的地方建立尽可能多的网点。连锁经营空间分散性特点决定了连锁企业人力资源管理的其他一些特点和难点，如管理的集中与分散、管理权向加盟店的倾斜、统一与多样性的平衡，以及沟通手段的现代化等。

2. 高顾客接触性

连锁经营企业大多分布在服务行业，给顾客传递高质量的服务和价值传递是其业务获得生命力的关键。高顾客接触性这一特点决定了连锁模式下人力资源管理的其他环节，如人员选聘、培训、考评等环节的特殊性。在人员选聘方面，情感态度方面的特征可能要比智力水平更重要，热情勤恳的员工比才思敏捷的员工更符合企业的需要。在员工培训方面，除了一般的操作技能培训外，连锁企业更应强调心理情绪调节、沟通技巧方面的培训。相应地，在绩效考评上，工作结果量所占比例相对下降，而员工的情感态度、顾客的心理感受、操作过程的标准规范等，则成为考评的重要内容。

3. 劳动密集型

一般来说，劳动力成本是连锁经营成本的主要部分，同时也是经营效果最直接、最关键的影响因素，对人的管理也成了日常经营管理的主要内容和关键环节。连锁企业人力资源管理面临的劳动密集型这一特点，决定了它必须强调基层管理和企业文化建设。另外，这一特点也导致连锁企业薪酬设计、培训开发等方面与其他行业有着明显的差异性。

4. 管理对象复杂性

连锁模式下人力资源管理的对象比较复杂，从整个连锁体系来看，至少存在 3 类不同的管理对象：总部管理者、加盟店员工、加盟商。由于他们的身份地位不同，彼此的利益追求也不完全一致，针对不同类别的管理对象和管理内容，管理手段相应的也存在差异。总部员工既是加盟店的服务者、支持者，又承担着管理、规范、监督的职能，能否有效地协调平衡两方面的关系，将影响到对总部员工的管理和考评。加盟商既是产权独立的合伙人，又是特许体系中一个业务单位的管理者，这就要求针对加盟商的激励、约束手段要有特殊性。加盟店员工在面临双重管理者时的态度及行为选择也会增加管理的复杂性。

5. 管理对象的自主能动性

与一般的人力资源管理相比，连锁经营模式下人力资源管理的对象有着更大的自主能动性。首先，作为被管理者的分店经理（即加盟商），由于其独立的产权地位和收益安排，拥有比一般基层管理者更大的自主管理权限。其次，工作环境的开放多变性、高顾客接触性，要求员工应拥有更多的自主决策权。例如，麦当劳通过让一般员工轮流担任值班店长来提高员工的主动性，同时又节省了劳动成本。

6. 管理主体多样性

在特许经营中，有加盟商和总部两个管理主体。尽管两个管理主体总体利益上有一致性，而且有前期的加盟契约的安排，两者在经营观念和管理行为上会大体一致。但二者在经营环境判断、未来预期和利益诉求上都可能会产生分歧，并影响到其经营策略，进而会在人力资源管理策略上发生分歧。例如，在人力资源开发投资上，加盟商可能会倾向于短期行为，而特许商更追求长期利益。就各加盟店员工而言，他们面临着双重管理主体，即加盟商和特许总部。加盟店员工面对双重管理者的态度及行为选择也会增加管理的复杂性。

7. 管理手段的局限性

加盟商既是产权独立的合伙人，又是特许体系中一个业务单位的管理者，也相当于是整个特许体系的员工，这就要求针对加盟商的激励、约束手段要有特殊性。对于加盟商，有些管理手段，如调任、降职、免职等管理措施会失去作用。对于加盟店员工而言，总部和加盟商的利益、出发点的差异会导致一些管理手段不能顺利实施，如对员工的激励、培训等。

二、连锁企业人力资源管理的内容

企业人力资源的管理是一项十分复杂的工作，它受企业内外诸多因素制约。为此，在实施人力资源管理的过程中必须综合考虑、全面衡量，建立和完善科学的人力资源管理体系。一般来说，连锁企业人力资源管理主要包括以下几个方面。

（一）人力资源规划

人力资源规划是连锁企业根据公司战略目标，科学地预测公司在未来环境变化中人力资源的供给与需求状况，制定必要的人力资源获取、利用、保持和开发策略，确保企业在人力资源的数量和质量上的需求，使企业和个人获得长远利益的谋划。人力资源规划的基本目标是确保连锁企业在适当的时间和适当的岗位上能有适当的人选。

（二）工作分析

工作分析也称职位分析，由工作描述及工作说明书两部分组成。工作分析是人力资源管理的基础，能为企业的招聘使用、职务升降、业绩考核、培训教育，以及工资奖金的合理制定提供科学依据。工作分析是一个对工作进行全面评价，并形成职务说明书的过程。这个过程一般可以分为准备、调查、分析、描述、运用和反馈 6 个阶段。其中，准备阶段的主要任务是了解情况、确定样本、建立关系、组成工作小组。调查阶段的主要任务是对整个工作过程、工作环境、工作内容和工作人员等做一个全面调查。分析阶段的主要任务是对有关工作特征和工作人员特征的调查结果进行全面深入的总结分析。描述阶段的主要任务是根据工作分析规范和信息编制职务说明书。运用阶段的主要任务是对工作分析的验证。反馈阶段的主要任务是对工作分析文件进行反馈，并根据反馈修改其中不适用的部分。

（三）员工招聘

员工招聘是连锁企业根据人力资源规划和工作分析的要求，从组织内部和外部吸收人力资源的过程。一般来讲，连锁企业总部及各分店经理、业务骨干等重要职位人员的招聘要由连锁企业总部的人力资源管理部门进行，而分店的一般员工则由各分店的店长或经理进行招聘，招聘后再由总部人力资源管理部门审核。

（四）员工培训

员工培训是连锁企业根据企业发展和业务需要，通过学习、训练等手段进行旨在改变员工的价值观、工作态度和工作行为，提高员工的知识水平、业务技能和工作能力，并最终实现组织整体绩效提高的一种有计划、有组织的培养训练活动。连锁企业员工培训开发包括培训需求分析、制订培训计划、实施培训活动、评估培训效果等步骤。

（五）绩效考核

绩效考核是连锁企业人力资源管理工作中的重要手段之一。通过绩效考核，企业可以切实考查员工与岗位的要求是否相称，可以评价员工的工作业绩，提高员工满意度，改进员工的工作方式，激励员工的工作积极性。同时，绩效考核还可以为人力资源的任用、调配、培训、提升及奖励等管理活动提供依据，确保员工工作效率和企业经济效益的提高。

（六）薪酬管理

薪酬是吸引员工进入企业并积极工作的一种激励手段，薪酬管理也是连锁企业人力资源管理工作重要的工具之一。加强薪酬管理不仅可以吸引高质量的人才进入企业，而且还可以激励员工的工作积极性、激发员工的潜能，从而提高工作效率和企业效益，有效降低成本。

（七）员工职业发展

连锁企业员工的职业发展是指连锁企业关心员工的个人发展，帮助其制订个人发展计划，并及时进行监督和考核。这样有利于促进企业的发展，使员工有归属感，进而激发起工作的积极性和创造性，提高企业绩效。

（八）劳动关系管理

劳动关系是指劳动者与用人单位在劳动过程和经济业务过程中发生的关系。连锁企业的劳动关系管理关系到连锁企业人力资源管理与开发活动能否有效展开，直接关系到组织的人力资源能否正常发挥作用。

（九）奖励和惩罚

奖励和惩罚也是连锁企业人力资源管理的重要内容，公开、合适的奖励办法能极大地调动企业员工的积极性和创造性；适当的处罚能够规范员工行为，改变员工的不良行为，提高员工的自觉性。奖励和惩罚对企业人力资源所产生的激励作用对整个企业的管理工作具有十分重要的影响。

任务二　连锁企业人力资源规划

【知识目标】　理解连锁企业人力资源规划的含义和作用；掌握连锁企业人力资源规划的内容。
【能力目标】　培养职业岗位分析的能力；能进行相关岗位的职位分析。
【素质目标】　能够运用岗位分析的知识分析连锁企业相关岗位。

> **┃ 拓展阅读**
>
> ### 麦当劳的全职业生涯训练规划
>
> 对于连锁企业来说，规模效益是业内公认的制胜之道，实现快速扩张的关键在于实现市场空间和区域空间的双重占领。麦当劳的汉堡大学模式为其他连锁零售企业提供了一些经验：零售规模扩张与人才培养双举并重是连锁零售企业成功的关键战略举措。
>
> 麦当劳成功的关键在于其各家分店的经理或主管经过一系列的职业素质培养之后，能够掌握麦当劳成功的经验和运作模式，并将这种经验和模式在全球各地不断进行复制。他们凭借的这一套训练过程，被麦当劳称为"全职业生涯训练规划"，不同职级有着不同的训练课程。
>
> 麦当劳的门店经理在进入汉堡大学前，在各自的分店内就必须通过 BOC（基本营运课程）、IOC（中级营运课程）、BMC（基本管理课程）、AEC（应用设备讲习）等"必修课程"；在进入汉堡大学后，根据不同职级，分别接受员工开发与餐厅管理的培训；若是升到部门主管与顾问，则进一步参加中级管理与高阶主管开发两类课程训练。培训课程包括食品安全、房地产经营、开店训练、广告行销、

沟通技巧、时间管理、危机处理，甚至尊重他人等。根据经理或主管的级别，每一级培训课程又分为初级、中级、高级 3 个档次。可以说，麦当劳汉堡大学的人才培养是贯穿其员工职业生涯通道的全职业生涯培养。将员工培养与企业发展战略统一起来，将员工个人职业生涯目标的实现与企业发展目标的实现连成一体，这样才是真正的人才培养，这样培养出来的人才也才能够较好的将企业的成功经验和模式完美的复制。

（资料来源：根据相关资料整理。）

一、连锁企业人力资源规划概述

人力资源规划是指连锁企业根据本企业的战略目标，对组织未来人力资源的供求状况进行科学的预测和分析，制订必要的人力资源获取、利用、保持和开发等计划，确保企业对人力资源在数量和质量上的需求，使连锁企业和个人获得长远利益的谋划。人力资源规划是连锁企业人力资源管理的重要内容，其基本目标是确保连锁企业在适当的时间和不同的岗位能获得合适人选。它的作用主要体现在两个方面：一是满足不断变化的企业对人力资源的需要；二是最大限度地开发利用企业内现有员工的潜力，使员工的需求得到最大满足。

（一）制定人力资源规划的基本原则

制定人力资源规划的基本原则如下。

1）人力资源规划的制定必须与企业的经营战略相一致。企业的经营战略规划是人力资源的依据，连锁企业要根据本企业的经营目标和任务来制定人力资源规划，人力资源规划是企业总体规划的有机组成部分。

2）人力资源规划的人员供给要与企业各个发展时期的人员需求相平衡。连锁企业人力资源的工作内容是对企业各个发展时期人力资源的需求状况进行科学预测与分析，制定相应的政策和措施。

3）人力资源规划必须要确保组织获得所需要的人力资源。在组织实施其经营战略目标和工作任务过程中，要保证组织在时间上、岗位上，以及人员质量和数量上获得所需要的人才。

4）人力资源规划的制定必须符合企业组织内外部环境变化的动态要求。由于组织环境的不断变化，企业对人力资源供需要求也应相应变化，因此，连锁企业人力资源规划的制定应该是一个持续不断修正的过程。

（二）人力资源规划的分类

人力资源规划可分为以下几类。

1）长期规划。长期规划是指人力资源管理部门为了配合企业经营发展战略，保证企业持续经营所需的优秀人力资源的供应所进行的职务轮换、人员晋升的延续计划及员工发展计划等长远性规划。其规划期限为 3～5 年。

2）中期规划。中期规划是指人力资源管理部门为了配合企业中期经营战略，预测未来

245

3 年内人力供需状况做出的人力资源开发与管理规划。其规划期限为 1～3 年。

3）短期规划。短期规划是指人力资源管理部门针对企业现有运营实际，解决短期性的人力资源需求及配置问题所做的规划。其内容主要有人员招聘、任用、考勤、薪酬、培训、考评和升迁等。

（三）连锁企业人力资源规划的内容

连锁企业人力资源规划主要包括两个层次，即总体规划与各项业务计划，如表 11-1 所示。人力资源总体规划是计划期内人力资源开发利用的总目标、总政策、实施步骤及总体预算等方面的安排。各项业务计划包括人员补充计划、人员使用计划、接替与提升计划、教育培训计划、薪资计划、劳动关系计划、退休解聘计划等。各项业务计划是总体规划的展开和具体化，这些业务计划的结果应能保证人力资源总体规划目标的实现。

表 11-1　连锁企业人力资源规划的内容

计划类别	目标	政策	步骤	预算
总体规划	总目标：绩效、总量、素质、员工满意度等	基本政策：扩大、收缩、改革、稳定	按年制定	总预算：××万元
人员补充计划	类型、数量、层次，对人力资源结构及绩效的改善等	人员标准、人员来源和起点待遇等	拟定标准，广告、考试和录用	招聘、选拔费用：××万元
人员分配计划	部门编制、岗位确定、结构优化、绩效改善、职务轮换等	任职条件，职位轮换的范围及时间	略	按使用规模、差别及人员状况决定工资福利
人员接替与提升计划	后备人员数量保持，改善人才结构、提高绩效目标等	选拔标准、资格、试用期、提升比例、未提升人员的安置等	略	职务变动所引起的工资变动
教育培训计划	素质及绩效改善、培训数量类型、提供新人力、转变工作态度	培训时间的保证、培训效果的保证	略	教育培训投入、脱产培训损失
薪资计划	离职率降低，士气提升，绩效改进	工资政策、激励政策、激励重点	略	增加的工资、奖金额的预算
劳动关系计划	降低非期望离职率、改善雇佣关系、减少员工投诉和不满	让员工参与管理、加强沟通	略	仲裁费、诉讼费
退休解聘计划	编制、劳务成本的降低及生产率的提高	退休政策及解聘程序等	略	安置费、人员重置费

资料来源：郑光财，2007．连锁经营管理[M]．杭州：浙江大学出版社．

二、连锁企业职位分析

（一）职位分析的概念和内容

1．职位分析的概念

职位分析是指对一个企业组织在营运过程中所发生的工作进行研究分析的活动，以确定各个环节工作的差异性或相似性，为职位的设定提供资料。职位分析的目的是确定组织中的职务及履行职务所需的行为。其成果主要包括两种：一种是职位说明书（工作任务及职责清单），另一种是职位分析报告。

通过职位分析，企业可确定某个职位或某项工作的任务和性质，以及应寻找具备何种资格条件的人来承担这一工作，由此可预估企业将来需要什么样的人力资源。基于对企业发展目标和经营规模的估计，管理者就可以估算出为达到预定的目标和经营规模所需要相应配备的人力资源的规模和素质状况。

2．职位分析的内容

职位分析无论是由直接管理人员来做还是由人力资源管理专业人员来做，都以组织结构设计为依据。岗位职位工作分析的主要内容有以下几点。

1）职位名称。它是指企业对从事一定工作活动所规定的工作名称或工作代号，以便于对各种工作进行识别、登记、分类，以及确定组织内外的各种工作关系。

2）工作活动和工作程序。它是工作描述的主体部分，包括所要完成的工作任务与负担的责任；执行任务时所需的条件，如使用的原材料和机器设备；工作流程与规范；与其他人的正式工作关系；接受监督及进行监督的性质和内容等。

3）工作环境与条件。职位分析要完整地描写个人工作的物理环境，包括工作地点的温度、光线、湿度、噪声、安全条件等。工作条件包括该岗位完成工作任务需要哪些工具、机器和设备等，如秘书所用的打印机、复印机、计算机、一般文具等。

4）社会环境。社会环境的说明是一个新趋势，它包括工作群体中的人数及相互关系；工作群体中每个人的个人资料，如年龄、性别、品格等；完成工作所要求的人际交往的数量和程度；与各部门之间的关系；工作点内外的公益服务、文化设施、社会习俗等。

5）聘用条件。聘用条件主要描述工作人员在正式组织中的有关工作安置等情况，它包括工作时数、工资结构、支付工资的方法、福利待遇、该工作在组织中的正式位置、晋升的机会、工作的季节性和进修机会等。

拓展阅读

工作岗位的设计之误

某超市里有营业员不小心把酱油瓶掉在地上。酱油和酱油瓶的玻璃碎片泼洒在过道的地板上，超市部主管让这位营业员把散落物清扫干净，营业员拒绝执行，理由是职务说明书里并没有包括清扫过道的条文。该超市部主管顾不上去查职务说明书上的原文，就找来一名勤杂工来做打扫。但勤杂工同样拒绝，他的理由是职务说明书里也没有包括这一类工作。超市部主管威胁说要把他解雇，因为勤杂工是分配到门店来做杂务的临时工。勤杂工勉强同意，但是干完之后立即向总部投诉。

有关人员看了投诉后，审阅了三类人员的职务说明书：营业员、勤杂工和清洁工。营业员的职务说明书规定营业员有责任保持柜台和货架整洁有序，但未提及清扫过道地面；勤杂工的职务说明书规定勤杂工有责任以各种方式协助店里工作，如领取货物和工具，随叫随到，即时服务，但也没有明确写明包括打扫工作；清洁工的职务说明书中确实包含了各种形式的清扫，但是其工作时间是从正常工人下班后开始。

（资料来源：http://www.doc88.com/p-401540415386.html.）

（二）职位分析的基本程序

1. 职位梳理

职位梳理是职位分析的基础。职位梳理的第一步是对目前各部门的职位现状进行梳理，列出各部门现有的职位，以及具体的岗位编制；针对目前的职位现状，结合目前部门职责的情况，以及相关工作量，对部门内所有的职位进行重新设计整理。在职位梳理的同时，也应遵循以战略为导向的原则，根据连锁企业职位分析的要求面向未来，结合公司战略目标，思考公司在未来 1～2 年的人力资源规划。例如，该职位是否要增加人员，具体什么岗位增加等，以进一步实现战略要求与职位实际紧密互动的过程。

2. 编写部门职责分配表和职位说明书

在部门职责确定之后，我们需要将部门职责进一步分解到具体岗位，形成部门职责分配表。职责分配表提供了整个部门进行职责梳理的便捷方式，该表强调的是职位的职责上下左右都不重叠，且需要穷尽部门的所有职责。

当然，得出部门职责分配表并不是一件很容易的事情，需要花费大量的时间和精力，先进行职位分析的培训、宣讲，然后由各部门主管领取职位说明书和职责分配表模板。需要强调的是，职责分配表的填写是部门主管和员工双向沟通的过程。

3. 评审职位说明书

职位说明书是职位分析的一个直接结果。在职责分配表完成之后，职位说明书编写的工作也就完成了 30%，只是岗位具体人员需要根据职责分配表按职位说明书编写的要求做适当的整理，我们需要按重要性先后顺序整理出 4～8 项重要的工作作为职位的主要职责。在职位说明书整理完成之后，再根据职位分析的目标导向原则，有针对性地对职位说明书内容进行评审。例如，是要以考核为导向，还是要以薪酬为导向，或者两者兼顾等。根据职位分析的结构，确定连锁企业各项工作的开展都需要哪些人员，这些人员需要具备什么资格条件。分析连锁企业现有人力资源的供应情况，以便确定人力资源上的供应差距。

三、员工职业生涯规划

（一）员工职业生涯规划

员工职业生涯规划是指个人和组织相结合，在对一个人职业生涯的主客观条件进行测定、分析、总结、研究的基础上，对自己的兴趣、爱好、能力、特长、经历及不足等进行综合分析与权衡，结合时代特点，根据自己的职业倾向，确定最佳的职业奋斗目标，并为实现这一目标做出行之有效的安排。简而言之，员工职业生涯规划就是员工个人在企业组织中的发展计划。

从人力资源开发需要出发，制定有益于员工成长和发展的职业生涯规划，可以帮助员工确认自己的职业兴趣并制订明确的职业发展计划，还有利于对员工、职位进行管理。对于以促进员工成长或发展为己任、注重人力资源开发的企业来说，管理者要有针对性地开展人力资源管理工作，就必须了解员工的职业发展阶段，将企业人力资源规划的制定和员工职业生涯的发展阶段结合起来统筹考虑，并据此制定合理的人力资源管理策略，形成行之有效的综合性的职位管理方案。

（二）职业生涯规划的准备

研究自己适合从事哪些职业/工作，是职业生涯规划的关键和基础。回答这个问题，要考虑以下各方面的因素。

1）自己所处的职业发展阶段。一般可分为成长期、探索期、确立期和维持期。

2）本人的职业性向。不同的人有不同的人格特征，不同的人格特征适合从事不同的职业。一般可分为 6 种职业性向（类型）：实践性向、研究性向、社会性向、常规性向、企业性向、艺术性向。每一种职业性向适合于特定的若干职业。如果确定了自己的职业性向，就可以从对应的若干职业中选择。

3）本人的技能，即自身的本领，如专业、爱好、特长等。本人具有的职业技能不能忽略，如果具有某项突出的技能，而这项技能可以为其带来收入，做职业生涯规划时就应当将其作为一个重要因素加以考虑。

4）本人的职业锚。职业锚（动机）是职业生涯规划时另一个必须考虑的要素。当一个人不得不做出职业选择的时候，他无论如何都不会放弃的那种职业中至关重要的东西或价值观就是职业锚。职业锚是人们选择和发展职业时所围绕的中心。每个人都有自己的职业锚，影响一个人职业锚的因素有天资和能力、工作动机和需要、人生态度和价值观。天资受遗传因素的影响较大，而其他各项因素虽然受先天因素的影响，但更受后天努力和环境的影响，因此，职业锚是会变化的。这一点，有别于职业性向。

5）本人的职业兴趣。在做职业生涯规划时，还要考虑本人的职业兴趣，如喜欢旅行（适合于经常出差的职业）、喜欢温暖湿润的气候（适合在华南地区工作）、喜欢自己做出决定（应该自己创业）、喜欢住在中等城市、不想为大公司工作、喜欢穿休闲服装上班、不喜欢整天在办公桌前工作等。

（三）职业生涯规划的原则

1. 利益整合原则

利益整合是指员工利益与组织利益的整合。这种整合不是牺牲员工的利益，而是处理好员工个人发展和组织发展的关系，寻找个人发展与组织发展的契合点。每个个体都是在一定的组织环境与社会环境中学习发展的，因此，个体必须认可组织的目的和价值观，并把他的价值观、知识和努力集中于组织的需要和机会上。

2. 公平、公开原则

在职业生涯规划方面，企业在提供有关职业发展的各种信息、教育培训机会、任职机会时，都应当公开其条件标准，保持高透明度。这是组织成员的人格受到尊重的体现，也是维护管理人员整体积极性的保证。

3．协作进行原则

职业生涯规划的各项活动都要由组织与员工双方共同制定、实施并参与完成。职业生涯规划本是好事，应当有利于组织与员工双方。但如果缺乏沟通，就可能造成双方的不理解、不配合以至造成风险。因此必须在职业生涯开发管理战略开始前和进行中，建立相互信任的上下级关系。建立互信关系的最有效方法就是始终共同参与制定和实施职业生涯规划。

4．动态目标原则

一般来说，组织是变动的，组织的职位是动态的，因此，组织对于员工的职业生涯规划也应当是动态的。在"未来职位"的供给方面，组织除了要用自身的良好成长加以保证外，还要注重员工在成长中所能开拓和创造的岗位。

5．时间梯度原则

由于人生具有发展阶段和职业生涯周期发展的任务，职业生涯规划与管理的内容就必须分解为若干阶段，并划分到不同的时间段内完成。每一时间阶段又有"起点"和"终点"，即"开始执行""完成目标"两个时间坐标。如果没有明确的时间规定，会使职业生涯规划陷于空谈和失败。

6．发展创新原则

发挥员工的创造性这一点，在确定职业生涯目标时就应得到体现。职业生涯规划和管理工作，并不是指制定一套规章程序，让员工循规蹈矩、按部就班地完成，而是要让员工发挥自己的能力和潜能，达到自我实现、创造组织效益的目的。还应看到，一个人职业生涯的成功，不仅是职务上的提升，还包括工作内容的转换或增加、责任范围的扩大、创造性的增强等内在质量的变化。

7．全程推动原则

在实施职业生涯规划的各个环节上，对员工进行全过程的观察、设计、实施和调整，以保证职业生涯规划与管理活动的持续性，使其效果得到保证。

8．全面评价原则

为了对员工的职业生涯发展状况和组织的职业生涯规划与管理工作状况有正确的了解，要由组织、员工、上级管理者、家庭成员及社会有关方面对职业生涯进行全面的评价。在评价中，要特别注意下级对上级的评价。

任务三　连锁企业员工招聘

【知识目标】　了解连锁企业员工招聘的含义与作用；熟悉员工招聘的流程。

【能力目标】 培养员工招聘的运作管理能力，能组织实施招聘活动。

【素质目标】 在员工招聘中具有较强的判断、选择、整合、获取和使用专业信息的能力。

> ■ 拓展阅读
>
> **失败的面试**
>
> 一周前，张淮参加了某公司人事招聘初选，并被要求在本周四上午参加第二阶段的面试。周四，张淮穿上西服，带着准备好的材料去参加面试。但令张淮意想不到的是，自己遇到了该公司人事部的王平经理——一位工作十分繁忙的考官。首先，王平迟到了30分钟，张淮料到了可能发生这种情况，因为这家公司工作忙、人手少；其次，王平一边翻阅应聘材料一边向张淮提问，问他目前在哪工作、过去在哪上大学等。面试不到2分钟，张淮便意识到王平根本没有看过自己的简历。接下来的1小时，王平一直即兴发挥，东拉西扯，提了一些似是而非的问题，而张淮则始终不得要领，疲于应对。
>
> （资料来源：根据相关资料整理。）

连锁企业的员工聘任包括招聘和任用，是连锁企业寻找、吸收那些有能力、有兴趣、适合到本企业任职的人员，并从中选择最佳人选予以录用的过程。

一、员工招聘的原则

连锁企业在人力资源招聘时应遵循以下原则。

1）量才适用的原则。招聘录用时，必须考虑工作岗位的工作要求和有关人员的专长并量才录用，保持所选择的人员与其任职的岗位相适应。

2）公平公开原则。公开招聘的岗位、数量、时间、条件及考试办法，给所有应聘者公平竞争的机会，从中择优录取。

3）全面考察原则。对招聘的员工的考核应兼顾德、才、体、能等方面，对其职业道德观、知识水平及专业能力等进行全面考察。

4）适合录用原则。在录用员工时要遵循适合录用原则，强调因岗择人，使每个工作岗位能配备到最适合的工作人员，达到人力资源合理配置、组织整体效益的最大化。

二、员工招聘的方法

（一）企业内部提升

内部提升是指连锁企业成员在经过一定时期的磨炼和专门的培训后，其能力增强并得到充分证实后，被委以更高的职务，承担更重大的责任，即向本组织内的人员提供有关岗位的空缺信息，通过选拔或调任等方式选择完全适合空缺职位的人员的做法。

1. 实施内部招聘的方法

1）布告招聘。通过企业内部公告，吸引现有人员应聘。

2）基层组织推荐。由本组织根据工作需要推荐所需人员，报人事部门审核。

3）档案查找。通过对职工档案的查找，选择符合岗位需要的人员。

2. 内部提升的优点

1）有利于被聘任者迅速开展工作。相较于外部聘任人员，从内部成长起来的管理者更熟悉企业组织文化、结构和营运特点，以及各部门工作人员的工作习惯，工作起来更得心应手。

2）有更高的正确性。内部提升的员工有在企业内的工作历史，有利于企业对其实际工作能力进行考评，从而避免误选。

3）有利于刺激员工的工作积极性和吸引外部人才。内部提升制度可以使每位员工知道，只要自己有能力就可以获得发展机会。另外，空缺职位的增加有赖于企业的发展，只要员工积极工作，使企业做大做强，就可以为自己创更多的晋升机会。

3. 内部提升的缺点

1）可能造成同事间的紧张关系。企业中的空缺职位可能同时有几个内部竞争者希望得到，而从中提升一个管理者，可能会使落选者产生不满情绪而消极怠工、不受管理。

2）可能造成被提升者不能胜任的情况。企业内部的员工在自己的岗位上有出色的表现获得提升，并不意味着其必然具备新职位所需的才能，胜任新的岗位。另外，从内部提升的管理者在工作上存在太多的固定思维框架，喜欢模仿上级的管理方法，不利于组织的管理创新与管理水平的提高。

（二）外部招聘

外部招聘是根据一定的标准和程序，通过各种形式从企业外部的众多候选人中选拔引进所需人员的一种招聘方式。

1. 外部招聘的方法

1）校园招聘。掌握高校的专业设置和毕业生情况，定期到高校校园开展招聘活动，是人才招聘的最佳选择。

2）广告招聘。广告招聘是通过各种媒介进行宣传，吸引求职者的招聘形式之一。广告招聘的优点是信息传播范围广泛，有利于广揽人才，优中选优。

3）专业机构招聘。通过人才市场、职业介绍所、劳务市场等专门机构招聘。这种方式快捷方便，但需支付一定中介费。

4）目标招聘。通过多种渠道获得的信息，将符合招聘条件、任职资格的人才争取到企业任职。

2. 外部招聘的优点

1）外部招聘的人员具有"外来优势"。外来人员没有"历史包袱"，只要其确有能力，就可以迅速打开局面。

2）外部招聘人员能够给连锁企业带来新的管理方法和技巧，以及企业发展的新思路，甚至带来新的客户网。

3）外部招聘人员可以使企业内部竞争者得到一定的心理平衡，缓和他们之间的紧张关系。

3．外部招聘的缺点

1）外部招聘的人员不熟悉企业的内部情况和组织结构，尤其是连锁企业这种大型组织，需要一段时间的适应才能有效地工作。

2）企业对于应聘者的情况不能深入了解。虽然经过了多次选拔，但企业仍然无法完全准确、全方位地考察其实际能力。因此，有可能聘用到一些不符合要求的员工。

3）外部招聘有可能挫伤内部人员的工作积极性。员工的晋升机会因外部招聘管理者而减少，会影响员工职业生涯中的升迁之路，从而影响士气。

三、员工招聘的程序

连锁企业人力资源招聘是一项复杂且具有系统化的工作。为了使人力资源招聘工作规范有序地进行，必须要按一定的步骤进行，其基本程序包括以下 5 个环节。

（一）确定招聘计划

招聘计划是依据企业内的部门岗位人员需求申请而编制的，计划内容包括以下几点。
1）确定招聘的岗位和人员数量。
2）成立招聘工作小组。
3）确定招聘渠道和范围。
4）确定招聘规模和标准。
5）制定招聘费用预算。
6）确定具体的招聘策略、方式、时间和地点等。

（二）发布招聘信息

连锁企业需借助新闻媒体或有效渠道发布招聘信息。招聘信息一般包括本企业概况、招聘岗位、福利待遇、报名条件、报名起止时间、报名手续、报名地点及考核内容和方式等。

（三）受理报名

受理报名的主要任务有两条：一是填写报名表和检验有关证件，确认应聘者的报名资格；二是对应聘者进行面试。在审查报名表时应注意以下 3 个问题：一是对报名表进行汇总、分类和整理；二是将应聘者情况与企业职位的任职资格要求相对照，看是否符合任职要求；三是对审查合格者进行复查，检查应聘者提供的背景材料是否真实。

（四）招聘测试

招聘测试的常用方法如下。
1）笔试。由应聘者进行书面答卷，由招聘者评定成绩。这种方法的优点是可以对应聘者的基本知识、专业知识水平、综合能力和素质做测试。

2）面试。由招聘人员与应聘者面对面谈话，了解应聘者的语言表达能力、知识水平、职业素质及仪容仪表等，判断应聘者是否符合录用标准。

3）操作技能测试。对应聘者基本操作业务的能力考核，如收银员、录入员、维修人员、财务人员等的专业能力考核。

4）心理测验。对应聘者进行的测验，主要测验应聘者的人格、智力、性格和兴趣的差异，具体的内容包括人格测验和智力测验。

（五）人员录用决策

人员录用是在招聘工作完成初选、面试和测试等程序后的最后环节，这一阶段的主要任务是对入选者进行录用工作，主要内容包括以下几点。

1）确定录用名单，发录用通知书。

2）签订劳动合同。合同上应明确规定试用期和用工期的相应待遇，明确双方的责任、权利和义务。

3）岗前培训。做好上岗前的专业技能培训。

4）试用与安置。试用期的目的是验证新员工的体力、智力、知识技能与新的职位是否相适应。试用期不合格者不正式雇用，合格者办理正式员工入职手续。

任务四　连锁企业员工培训

【知识目标】　了解员工培训的含义与作用；熟悉员工培训的类型。
【能力目标】　培养员工培训的运作管理能力；能设计员工培训方案。
【素质目标】　能够运用员工培训的知识分析员工培训工作并提出建议。

拓展阅读

海底捞的员工培训

很多企业倾向于将培训标准化，注重资料工具的建设，但是海底捞的培训过程，特别是"海底捞大学"的培训，却更重视训练步骤。教会服务员如何与人沟通比教会服务员如何用几句话应付所有场景更重要，因为与顾客打交道时，状况是不断在变化的。

海底捞的培训机构——"海底捞大学"其实这是一个流动的班级。因为海底捞的门店和学员遍布全国各地，所以当华南地区报名的人达到一定数量时，就去华南地区开班；如果报名集中在华东地区，就在华东地区开班。一次开班，会有30～40个学员，每个月会开1～2次课。

"海底捞大学"开课，讲的内容只有两样：制度和案例。企业大学的负责人会收集学员的需求，组建临时小组来进行课程研发。在每期培训之后，都会对学员进行调研，收集他们的需求，如哪些方面比较弱，需要加强讲解等。学员们的需求也很明确：如何开会、如何沟通、如何排班……这些需求构建成了"海底捞大学"课程最核心的部分：制度。制度虽然是规定好的，但是因为大家的切入角度不同，所以对于制度的理解也会不一样。"海底捞大学"做的第一件事情，就是让学员们将制度融会贯通。

海底捞非常善于与员工进行沟通，将企业文化包装进制度中。换句话说，将要求理解的过程，更偏重于情感而不是逻辑。企业文化与制度相辅相成，自然比惯常的"填鸭式"培训管用。在海底捞，企业文化培训只有在新员工入职时才会进行，但更多的是关于如何做人：过马路要看红绿灯，别人跌倒了要去扶。海底捞盛行的企业文化，更多的时候是由上自下地"带"出来的。最高层的领导、管理者，他们的言行举止都代表、透露着企业文化。基层人员看着领导们这么做，也纷纷效仿，慢慢地就形成了企业文化。

制度虽然是核心，但并没有占去最大块的时间。在"海底捞大学"，更多的是讲案例：如何进行实际操作。来自全国各地的优秀的小区经理、店长，他们会成为内部讲师，来到"海底捞大学"讲解自己平时的工作经验。跟培训基层服务员一样，不会有"应对规则"，更多的是打开学员们的思路。而配合之前已有的制度，以它为核心，再搭配这些案例讲解，这些学员自然而然地就会成为符合海底捞企业文化的管理者。以他们为核心的新门店，即使再远，也能够自上而下地将企业文化与制度贯彻下去。

（资料来源：http://www.linkshop.com.cn/web/archives/2018/399252.shtml?sf=wd_search.）

　　员工培训是连锁企业人力资源管理中的重要工作内容，加强员工培训可以有效地提高企业中人力资源的知识技能和素质。

一、员工培训的目的

连锁企业员工培训的目的如下。
1）提高员工的职业能力。
2）有利于使企业获得竞争优势。
3）有利于改善企业的工作质量。
4）有利于高效工作绩效系统的构建。
5）满足员工实现自我价值的需要。

二、员工培训的特点

（一）系统内"克隆"

在连锁体系内，对各分店店长和其他工作人员的工作范围、工作任务、工作技能等要求是一样的。培训人才的途径就是将新员工送到各分店顶岗见习，或用老店中有能力的员工到新店担任重要角色，指导、培训新员工。

（二）周期性活动

因为连锁企业在经营过程中客流量不是平均分配的，而是有高峰期和淡旺季的，如大型连锁超市的高峰期为11:00左右和17:00左右，这就要求对店面工作人员的工作安排有一定的周期性。培训工作也必须适合这一特点。

（三）层次差异性

不同职位的人才，连锁企业对其工作能力的要求是有差异的。因此在员工培训时，针对不同层次的员工应采取不同的培训方式。例如，理货员培训强调操作，店长培训强调管理，企业高层培训强调决策和行业动向研讨。

（四）战略性投资

培训工作不是短期的，是企业长期人才战略的重要内容。为了企业的长远利益，培训需进行持续培训和再培训工作。企业培训成功的标志，不是短期利益，而是最终效益，所以说企业培训是战略性投资。

三、员工培训的内容

连锁企业员工培训的内容因员工所处的职能部门（如营运、物流、策划、财务、销售门店等）和级别（如上层、中层、基层等）不同而有很大的差异，但一般来说，员工培训的内容主要有以下几方面。

（一）职业道德培训

职业道德培训是最基本的人力资源培训，通常包括工作制度和服务规范的培训；从业观念、服务理念的培训；企业精神、团队意识、责任感的培训。连锁企业大多为零售业企业，这一行业具有区别于其他行业的特殊性。只要员工具有良好的职业道德，就可以做好服务工作，通过有效的职业道德培训和教育可以培养员工树立正确的从业态度，爱岗敬业，自觉做好本职工作。

（二）优质服务培训

向员工提供优质服务意识培训是连锁企业管理内容之一。通过优质服务意识培训，可以有效提高员工的服务质量。通过培训可以使员工自觉养成"顾客就是上帝、顾客永远是对的"等服务意识，自觉处理服务与被服务的关系，在服务中做到主动、热情、周到、快捷。

（三）服务技能的培训

提升服务技能的专业培训包括操作技能培训和心智技能培训两个方面。操作技能指商场服务的专项技能，包括收银技能，商品陈列技能，商品盘点技能，展示、演示商品技能等。心智技能属于服务技巧或服务艺术，包括揣摩顾客心理、介绍商品的技巧，接待不同顾客的技巧，服务语言的技巧，以及处理顾客矛盾与纠纷的技巧等。通过培训可以提高员工服务技能，为顾客提供优质服务。

（四）经营理念和管理协调能力的培训

在让员工掌握工作技能的同时，还要强调让员工确实了解对于他所处的岗位"要做什么""由谁做""什么时候做""为什么这么做""怎么做"等正确的经营理念和企业营运规范，使全体员工树立统一的价值观，提高团队配合和人际交往能力，为连锁企业的持久发展奠定坚实的基础。

不同岗位员工培训的重点如表 11-2 所示。

表 11-2 不同岗位员工培训重点

阶层	培训重点			
	基本沟通技巧	行政运作	人际关系	策略规划
基层	比较重要	重要	非常重要	不重要
中层	不重要	比较重要	非常重要	重要
高层	不重要	比较重要	重要	非常重要

四、连锁企业员工培训的形式和方法

（一）连锁企业人力资源的培训形式

连锁企业的培训按照培训与工作的关系划分，可分为在职培训与脱岗培训；按照培训的组织形式划分，可分为在校培训和公司内部培训；按照培训的层次划分，可分为高层管理人员培训、中层管理人员培训、基层管理人员培训和普通员工的培训；按照培训的范围划分，可分为新员工职前培训和老员工在岗培训等。其中职前培训、在职培训、脱岗培训是主要的培训形式，它们各有优缺点，适合不同的人员。

1．职前培训

职前培训即员工任职前的训练，主要是针对新员工进行的。通常职前培训会采取全日制培训的方式，使新员工在最短的时间内了解整体企业组织和正确操作方法，以便日后担任工作及接受管理时能顺利适应。

2．在职培训

在职培训是指不脱离工作岗位而进行的培训。其主要有两个方面的内容：一是职务转换，进行轮岗培训，即在各个岗位每隔一段时间调动一次，横向交流；二是随着时代进步、环境变迁或工作岗位要求，需要更新知识、技术、观念，如员工晋升职务前的培训，是纵向的，横向的可采取"师傅带徒弟"式的培训方式，进行工作岗位上的培训；纵向的可以在企业内或企业外进修培训，也可由企业派专人进行指导。

3．脱岗培训

脱岗培训是指企业员工暂时离开现职，脱岗到有关学术机构或学校及别的企业参加为期较长的培训。脱岗培训的主要对象是管理人员。脱岗培训的目的主要有两个：一是管理人员理论上得到较高的提高，开阔眼界，了解国内外行业的最新动态，其途径主要是到高等院校和科研机构进修学习；二是得到一些较先进的管理经验、实操技术和专业知识，其主要途径是到其他企业接受培训，开展企业之间的合作与交流。总的来说，通过脱岗培训，可以开拓连锁企业管理人员的思路，提高其管理能力，进而提高其综合素质。

（二）连锁企业人力资源的培训方法

连锁企业人力资源的培训方法是由培训内容决定的，为了确保培训达到良好的效果，必须选择有针对性的培训方法。对于连锁企业来说，培训的方法主要包括如下方法。

1）讲授法。讲授法是指以语言启示、演讲、讨论、讲评等形式进行的培训。讲授法的优点是在培训讲解时不会被打断，可由该领域的专家或专业教育人员进行；缺点是被培训者不能积极参与。

2）操作示范法。操作示范法是部门专业技能训练的通用方法。一般由业务能手担任培训员，现场向受训人员进行简单的讲授，然后进行标准化的操作示范表演。利用演示方法把所要培训的内容传授给被训者，该方法可使被训者积极参与，随时纠正操作中的错误表现，但有时显得单调、枯燥，应结合其他培训方法交替进行。此方法在特许加盟人员培训中广为应用。

3）模拟训练法。模拟训练法是一种侧重于操作技能和反应敏捷度的培训，把受训者置于模拟的现实工作环境中，让受训者反复演练解决实际工作中可能出现的各种问题。培训员可按项目进行，以一定的结构提供信息，要求被训者做出反应，可提供效果反馈，调整被训者的节奏，提高员工的工作能力，但投入相对较高。

4）角色扮演法。角色扮演法是使受训者处于模拟的日常工作环境之中，按照其实际工作中应有的权责来担当与实际工作类似的角色，模拟性地处理工作事务。角色扮演法多用于培训新员工、转岗培训和晋升培训，主要目的是使受训者尽快适应新岗位和新环境。

5）设副职。当员工缺乏职位经验或对该职位情况不熟悉时，可利用设副职的方式，通过其带岗者的言传身教，用"带徒弟"的方式，使其获得实践经验，尽快达到职位要求的水平。

6）部门互动式培训。部门互动式培训是根据部门特点，将培训内容分解到各部门相关人员，各自进行学习。培训由大家共同参与，每位受训者又同时是培训员，各负责主讲部分内容。这种培训方法既可以使大家认真学习、努力掌握培训内容，又可以提高参与者的语言表达和文字组织能力。

▌拓展阅读

沃尔玛的交叉培训

沃尔玛的发展离不开其完整、科学的人力资源体系，也离不开它那世界上独一无二的交叉培训。

交叉培训就是一个部门的员工到其他部门学习，培训上岗，使员工在对自己从事的职务操作熟练的基础上，又获得了另外一种职业技能。通俗地讲，就是一个部门的员工到另一个部门的工作现场接受培训。

交叉培训使员工在整个商场的其他系统、其他角落都能够提供同事或者顾客希望得到的帮助，为他们完美、快速地解决所面临的问题，从而避免同事或者顾客浪费宝贵的时间，提高工作效率和缓解顾客的购物心理压力。用人们常说的一句话就是"一才多用"。

沃尔玛的交叉培训有如下优势。

1）有利于员工掌握新职业技能。

2）有利于提高员工积极性。大多数员工以往只从事一种完全没有创新和变革的单调的工作，现在可以消除这种不利的心理因素。

3）有利于消除员工之间的利益冲突。

4）可以让员工在全国的任何一家店相互支援。

5）有利于不同部门的员工能够从不周角度全方位考虑到其他部门的实际情况，减少公司的损耗，达到信息分享。

6）可以快速地完成公司的"飞鹰行动"。

（资料来源：http://baike.baidu.com/view/1851628.htm.）

任务五　连锁企业员工考核

【知识目标】　了解员工考核的含义与作用；熟悉员工考核的类型。

【能力目标】　培养员工考核管理能力；能简单设计员工考核方案。

【素质目标】　能够运用所学知识评估员工考核方案并处理考核中的问题。

▌拓展阅读

赛特购物中心的绩效考核

赛特购物中心（以下简称中心）以前考核员工是把员工的销售业绩、卫生环境、柜台陈列、账册管理等方面的情况汇总在一起进行考评，根据综合考评的结果来发放奖金。这样就可能出现销售业绩单项突出的个别因素，最后综合评价分数不一定高、奖金不一定拿得多，严重影响了员工的积极性。后来，中心推出了一套新的改革措施。具体地说，就是首先把总奖金的 40%提出来作为销售奖金，按销售业绩排序分档，第一名拿一档，第二名拿二档，以此类推。最后一名，如果因客观原因（如生病、事假等）而排在最后一名，则可以按序拿最后一名的奖金。如果没有客观原因而排在最后一名，则不能按序拿最后一名的奖金，而是直落到底，拿保底奖金 50 元。其次是把总奖金的 20%提出来，作为销售服务奖，按服务态度分档排序。再次是拿出总奖金的 5%作为领班奖，奖励领班分配的一些临时性的、不能进入业绩考核的工作。剩下的总奖金的 35%才按以前的办法进行销售、卫生、陈列、账册综合考评。不难看出，新方案与过去最大的不同是突出了员工的销售业绩，并把每个人的业绩摆在明处。新措施实施后，极大地调动了员工销售的积极性，主动迎客热情服务。改革之后，中心连续两个月实现销售额增长 20%。同时也引出了负面效应，一些员工争抢销售业绩，在一定程度上影响了团结：如来了顾客，两人同时争着上去迎接、介绍情况；顾客要掏钱了，这个说是我先迎上去的，那个说是听了我的介绍他才买的。也有一些员工平时劳动态度好，只因为不善于与顾客沟通表达而销售业绩不突出，被排在末档，感到很委屈。排在后面的员工觉得没面子，心理压力较大。

（资料来源：根据相关资料整理。）

一、员工考核的内容

员工考核是指主管及相关人员用事先制定的标准对员工的工作成绩和效能进行评价，并将评价结果反馈给员工的过程。连锁企业员工绩效考核的主要内容包括德、能、勤、绩4个方面。

（一）职业道德素质

职业道德素质考核的是员工的思想品质和职业道德，如考核员工在日常工作中是否尊重顾客，是否热爱自己的岗位，与同事的关系是否融洽，是否遵纪守法，是否维护企业的利益、保护顾客的合法权益，能否做到廉洁奉公等。

1. 品行端正、诚实、正直

连锁企业人力资源的运转和管理水平直接影响着整个企业的经营效益和形象。除规章制度的监督制约外，连锁企业还必须加强门店员工的品行修养。品行修养在于自觉，各门店员工要自觉按照社会公共准则和职业道德要求不断地完善自我，廉洁自律、廉洁奉公，自觉抵制各种精神污染。

2. 敬业乐业的精神

勤业精业是职业道德的关键环节，也是敬业乐业的落实。忠于职守、认真负责、精益求精是勤业精业的具体要求。

3. 良好的服务意识

员工通过自己的悉心观察，以自己的不懈努力，在第一线为顾客提供优质服务；树立"一切以顾客为中心"的服务意识，能设身处地站在顾客的立场为顾客着想；热情适度，耐心周到，真诚服务，对顾客一视同仁。

（二）能力素质

能力素质考核主要是指考核员工的实际工作能力，即考核工作的业务知识技能和服务技巧，工作经验及具体素质等，如何接待顾客、怎样处理顾客的抱怨和矛盾纠纷等。其要点如下。

1. 员工是否有"征服"顾客的能力

顾客在选购商品的过程中，既有对商品的需求，又有对服务的需求。例如，顾客进店是为了购买商品。但是，有经验的营业员通过一次热情、周到、高效的优质服务，能够使顾客感到买的好像不是商品，而是享受。顾客购买一次商品，就被营业员的优质服务所"征服"，成为这位营业员的忠实顾客。

2. 员工是否有敏锐的观察能力

具有敏锐而深刻的观察能力是优秀员工不可缺少的重要品质，对做好工作具有重要意义。有良好观察力的员工，不会加入任何主观偏见与情感，能全面掌握事物真相。例如，一些善于观察的营业员，不仅能从消费者的言行举止、面部表情和视线上准确地判断消费者的意图与需求，还能由此了解到消费者的兴趣指向和气质特点，从而采取相应的接待方法；同时也能迅速掌握消费者的心理变化，灵活运用各种心理策略诱导购买行为或满足消费者心理欲求。

3．员工是否有吸引顾客的能力

员工应以其优美的姿态、甜美的微笑、文雅的举止、礼貌的用语、热情的招呼、熟练的服务技巧，对顾客产生一种无形而又巨大的吸引力。

4．员工是否有较强的注意力

当顾客流动时，营业员应有目的地分散自己的注意力，把注意的区域尽量扩大，以便掌握顾客的动态，及时捕捉顾客在环视商品或注目橱窗后的各种反应。即使在做售前准备工作，也应把注意力较多地分配在这方面。

（三）工作态度

工作态度考核主要考核员工的工作态度和动机。工作态度直接影响工作的效果，工作态度不好，工作就不会主动，也就不会有好的业绩。考核员工工作态度，具体包括员工的出勤率、纪律性、干劲、责任心和主动性等方面。

（四）业绩能力

业绩能力考核主要考核员工的工作实绩。员工的工作实绩就是工作效率和工作效果。工作效率高，工作就有成效。员工的工作效率直接决定着企业的工作效率，为此，员工的绩效考评是人力资源不可缺少的内容之一。

二、员工考核标准的制定原则

（一）考核标准要公正合理

考核标准应根据工作要求制定，标准的确定要从实际出发，既要有利于企业目标的实现，又能为大多数员工所接受。标准不能定得过高，也不能过低，既要有利于调动积极性，又要有利于鼓励先进。在制定标准时要力求符合现实情况，避免带有感情色彩和个人偏见。

（二）标准要明确具体

明确就是指明确工作成败的界限，使考评标准有利于员工本人自我对照，也有利于组织对员工业绩的评价，达到鼓励员工的作用。具体是指标准的制定要符合可量化的客观尺度度量，如不闲聊、不空岗等，便于测量。

（三）参与公平

参与公平是指在制定考核标准时，要让员工参与操作，使员工有认同感，并得到员工的支持和理解，以助于各项标准的实施。员工能自觉遵守，自觉按标准规范自己的作为，确保工作中的自律。

（四）经常化、制度化原则

员工考核作为一种管理制度必须是常规性的。为了调动和保持员工的工作积极性，激发员工的工作潜力，提高工作质量，有必要使员工考核经常化、制度化。

三、员工考核的方法

（一）图表评价法

图表评价法是一种被广泛采用的考核评价方法，这种方法是通过在设计好的图表中列出考核的项目及评价因素的评价标准，让考核者进行选择评价，如表 11-3 所示。图表评价法的优点是简便、直观、易于量化；缺点是容易出现主观偏差，评价的真实性不能保证。

表 11-3　图表评价考核法

员工姓名		评价要求				
所在部门						
职务		评价时间				
评价因素	优秀	良好	合格	稍差	不合格
工作技能					
工作数量					
工作质量					
工作态度					
工作业绩					
……	……	……	……	……	……

（二）工作标准法

工作标准法也称劳动定额法，是把员工的工作实绩与企业制度的工作标准相对照的一种考核方法。工作标准法可以客观反映出一个被评价者工作的业绩。工作标准法的优点是标准明确、客观性、真实性强；缺点是工作标准的制定较为困难。

> **拓展阅读**
>
> #### 收银考核体系
>
> 收银岗位具有责任的重大性和岗位的固定性两大基本特征。收银员的工作在连锁门店的运营中十分重要，关系着门店营运收入的准确收付。连锁门店应从以下几个方面考核收银员的工作。
>
> 1）收银速率。收银速率检验的是收银员对商品的熟悉程度、对收银系统的了解程度、对系统操作的灵活程度。收银速率的优良与否将直接影响商品的通货率。
>
> 2）收银差错率。收银差错率将直接影响商品的盘点准确率、顾客投诉率、公司效益等情况，收银

差错的产生是因为收银员的失误、顾客的作弊、收银员的作弊、系统错误等诸多因素造成的。控制收银员的收银差错率是控制公司利益的必要手段，公司规定收银差错率必须低于 0.5‰。

　　3）信息反馈。信息反馈指的是在销售过程中，收银员对所接触的商品信息、服务信息、业态信息与工作信息的反馈。一般要求收银员对所接触的信息能进行及时反馈，信息反馈率达到 100%，信息总结率达到 95% 以上，信息分析率达到 85% 以上。

　　4）顾客服务。提高顾客服务质量与服务意识是改变商业企业经营环境的必要条件，收银服务是超市经营的一个全视野的服务平台，如何利用并达到经营目的，需要企业去不断地完善服务。减少服务的投诉、降低企业的商品服务成本是公司经营的一项硬指标，公司对收银员的服务考核与前台相同。

（资料来源：根据相关资料整理。）

（三）排列法

排列法是在企业制定的标准下，将同类人员进行由高到低的排序的评价方法。该方法对评优非常有效。排列法的优点是直观、简便、真实性强；缺点是在被考核的人员业绩水平接近时很难比较出差距，这给考核的评价带来了难度。

（四）叙述评价法

叙述评价法是一种采用文字描述员工业绩的评价方法，一般有工作鉴定或年终考核评语等。这种方法主要是针对被考评者的阶段性评价，而不是日常考核。叙述评价法的优点是总结性强，评价清楚明了；缺点是容易受到评价者主观判断影响，另外很难比较出不同员工之间的差别。

（五）综合考核评价法

综合考核评价法也称 360° 绩效评价法。该方法是目前连锁企业普遍采用的一种全方位、多角度、多层次的评价方法。这种方法的考核不仅来自上级、同级和自己，也来自该员工发生工作关系的所有主体以至同行，这种从上而下到从下而上，再到平级同事及相关人员的评价意见，全方位地形成考核结果。综合考核评价法的优点，体现了绩效考核评价过程的公开、公平的原则，考核的结果客观真实，具有较强的说服力。因此，被连锁企业称为一种全新的人员考核方法。

四、考核结果的反馈及处理

员工绩效考核结束后，应及时将信息反馈给员工，且最好采取面谈的形式，以谋求员工未来有更佳的表现。考核结果是否兑现，是检验考核工作是否有成效的重要标准。考核结果不兑现，就是对前面一切考核工作的最大否定，其结果必然是起不到激励与制约的作用，甚至连奖勤罚懒也做不到，使考核工作形同虚设，更为严重的是使员工失去了对领导、对企业、对制度的信任和信心。因此，连锁企业必须把考核结果与奖惩制度结合起来，做到奖罚分明，以促进各项工作的顺利进行。

任务六　连锁企业薪酬管理与员工激励

【知识目标】　了解薪酬管理与员工激励的含义和作用；熟悉薪酬管理与员工激励的类型。

【能力目标】　培养简单设计连锁企业薪酬管理和员工激励方案的能力。

【素质目标】　能够运用所学知识分析评估连锁企业的薪酬管理制度与员工激励方案。

▌拓展阅读

中国百胜餐饮集团对餐厅经理的奖励

"餐厅经理第一"，这是中国百胜餐饮集团（以下简称百胜集团）树立起来的最重要的企业文化，体现了公司重视生产率的提高，一切围绕一线餐厅服务的思想，同时也鼓励各餐厅积极进取，展开良性竞争。每年，在百胜集团中国区年会上，上百位来自全国各地的餐厅经理会因他们出色的成绩被授予优秀奖牌。百胜集团总裁苏敬轼先生会向取得优异业绩的资深员工颁发刻有飞龙的金牌——"金龙奖"，该奖极富中国特色和激励性。

对于每年在餐厅销售和管理上出色完成公司"冠军检测"考核要求的餐厅经理，公司都会给予特别礼遇，他们会从世界各地"飞"到百胜集团总部，由名贵轿车接送并与总裁共进晚餐。中国苏州地区的一名餐厅经理也曾携新婚妻子前往，受到贵宾般的迎接。席间，总裁和部门主管还会送上特别的塑模食品："烤鸡""巨大的奶酪"，以及表示吃得津津有味的"会说话的牙齿"，以表扬这些员工出色的表现，并以此作为纪念。

（资料来源：邓汝春，2009. 连锁经营管理原理[M]. 北京：电子工业出版社.）

一、薪酬管理

薪酬是吸引员工进入企业并积极工作的一种激励手段，薪酬管理是连锁企业人力资源管理工作重要的工具之一。科学而合理地确定员工劳动报酬并加强薪酬管理不仅可以吸引高质量的人才进入企业，还可以激励员工的工作积极性，激发员工的潜能，从而提高工作效率和企业效益，有效降低成本。

（一）确定薪酬制度的原则

1. 保证生活需要

保证生活需要是指确定的薪酬要能使员工的基本生活需要得到满足，以安定人心，保证各项工作正常开展。一般来说，企业付给员工的基本工资要符合国家相关劳动法规的规定，至少应达到当地政府规定的标准。

2. 公平性原则

1）对内公平。首先，员工工作的努力程度，所做的贡献，取得业绩与所获得报酬要对等；其次，与内部相同工作或能力相当人员之间，报酬要对等。

2）对外公平。员工会将自己的报酬与本地区同行业的其他人相比，从而产生公平感。企业的薪酬要确保对外公平，即要有相应的竞争力。当一定时间内，员工工资待遇高于同行业其他企业时，员工会产生满意感。在这种情况下，企业有利于吸引和留住优秀人才，获得较强的人力资源竞争优势。

3. 遵守法律法规

薪酬政策必须符合国家和当地政府制定的有关法律、法规的要求，如《中华人民共和国劳动法》《最低工资规定》等。

4. 简便易行，灵活有度

薪酬制度的结构和计算要尽量简单易懂，使员工能明确其内容，不致引起误会。薪酬制度还应有适度弹性，对经验不同、技巧不同或能力不同的员工应提供不同的薪酬标准。

5. 竞争力强，有激励作用

与同行相比，本企业的薪酬要高于其他企业，才能吸引人才、减少员工因薪酬低而跳槽，保持员工的稳定性和较高的素质。有一定优势的薪酬标准还能充分调动员工工作的积极性和主动性，具有较强的激励作用。

（二）薪酬的基本构成

薪酬是企业支付给员工的劳动报酬，有货币和非货币两种形式。由于每位员工能力不同，所做的贡献也不一样，获得的报酬也应有所不同。连锁企业薪酬体系主要有以下 5 大部分组成，如图 11-1 所示。

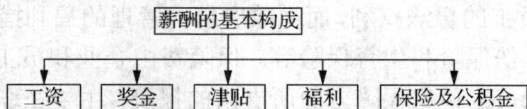

图 11-1 薪酬的基本构成

1. 工资

工资又称基本工资，主要是以员工所在的部门与岗位，或所具备的技能等方面的差异为基准，根据工作定额完成情况而计算的劳动报酬。目前，连锁企业的工资制度可分为职务工资制、职能工资制和结构工资制 3 种。职务工资制是根据员工的职业等级来确定工资，这种工资制度，一般是针对企业的高层管理人员。职能工资制是指根据员工的技术知识、业务水平等自身条件来确定工资等级的一种工资制度，可将工作分为管理工作、技术工作、事务工作等类型，对每个类型的工作进行等级分类，工作等级越高，工资水平越高。结构工资制是指将职务工资和职能工资的优点相结合，同时从工作内容和工作能力两个方面划分工资等级。结构工资制目前被许多企业采用，根据连锁企业的具体情况不同，结构工资制中的工资项目和比例也不尽相同。大体讲，结构工资主要由基础工资、岗位工资、技能工资等项目组成。

2. 奖金

奖金又称绩效工资，是指为员工在完成定额任务的基础上，取得额外的优异成绩而支付的额外报酬。其目的在于对员工进行激励，促使其继续保持良好的工作势头。奖金比起其他报酬形式具有更强的灵活性和针对性，也具有更加明显的差异性。奖金的发放可以根据个人的工作业绩评定，也可以根据部门和企业的效益来评定。

3. 津贴

津贴又称附加工资或补助，是指员工在艰苦或特殊环境下进行工作，企业对员工额外的劳动量和生活费用付出进行补偿。津贴是以艰苦或特殊的环境工作作为衡量的标准。员工具体实施的津贴可分为3类：①地域性津贴，是指员工在艰苦的自然地理环境中花费了更多生活费用而得到的补偿；②生活性津贴是指为了保障员工的实际生活水平而得到的补偿；③劳动性津贴是指在从事特殊性工作而得到的补偿，如夜班工作的夜班津贴、高温环境下的高温津贴等。

4. 福利

福利是指通过建立集体生活设施、提供劳务和实行补贴等方式，解决员工在物质与精神生活上的普遍需求和特殊困难而给予的补助。例如，建立食堂、浴室、健身房、活动室等，也包括员工上下班交通补贴、防寒费、防暑降温费、午餐补贴、探亲假、带薪休假、旅游等内容。

5. 保险及公积金

保险主要是指根据《中华人民共和国劳动法》的有关规定，企业给员工办理的社会保险。社会保险是指为了保障员工的合法权利，而由政府统一管理的福利措施，主要包括养老保险、医疗保险、失业保险、工伤保险和生育保险等。保险费由企业和员工共同缴纳。公积金是指住房公积金，是企业给予员工住房保障方面所支出的报酬，主要在职工购买或装修住房时使用，由企业和员工共同承担。

二、员工激励

科学有效的激励机制能够让员工发挥出最佳的潜能，为企业创造更大的价值。

（一）员工激励的含义与作用

1. 员工激励的含义

激励是激发和鼓励的意思。员工激励是指领导者通过科学的方法来激发人的动机，开发人的潜能，充分调动人的积极性和创造性，使员工焕发出旺盛的工作热情的活动过程。员工激励的根本目的是正确诱导员工的工作动机，调动他们工作的积极性和创造性，使员工在实现企业目标的同时满足自身的需要，提高满意度。

哈佛大学教授威廉·詹姆斯通过对员工激励的研究发现，在按时计酬的制度下，一个人要是没有受到激励，仅能发挥能力的20%~30%；如果受到正确的充分的激励，就能发挥其能力的80%~90%，甚至更高。由此得出一个公式：

$$工作绩效＝能力＋激励$$

2. 员工激励的作用

1）有利于调动工作人员的积极性。激励直接作用于个人，其功能是能够充分调动工作人员的积极性、主动性和创造性，使人的潜在能力得到最大限度的发挥。

2）有利于形成良好的集体观念与社会影响。激励不仅直接作用于个人，还间接影响其他的人和周围的环境。其功能表现在对形成良好的集体观念和社会影响有着非常重要的作用。

3）有利于工作人员素质的提高。通过运用不同的激励手段，在激励方向上对工作人员加强引导，有助于提高个人的道德素养、知识素养、业务素质。

微课：员工激励

（二）员工激励的基本形式

1. 物质激励与精神激励

物质激励是指通过满足员工物质方面的需求，如采用增加工资、发奖金等形式刺激员工努力工作。精神激励是指对员工的精神需要加以满足，如表扬员工，对他们的工作成绩予以肯定，授予荣誉称号等。物质激励是激励的最基本方式，但员工不仅有物质需求，还有精神上的需求。在物质需求得到一定程度的满足后，精神需求就上升为主要需求。因此满足员工的精神需求，能更持久有效地激励员工的工作动机。

物质激励与精神激励是两种不同内容的激励形式，它们相辅相成，缺一不可。随着人们生活水平的提高，低层次的需求逐渐得到满足，高层次的需求日渐强烈，因此，注重精神激励将成为连锁企业员工激励的主要发展趋势。

2. 正激励与负激励

正激励是从鼓励角度出发，通过奖赏方式来支持和强化员工符合企业期望的行为，以达到调动员工工作积极性的目的。例如，企业对按时上下班，从不请假的员工发放全勤奖，以此来调动员工按时上下班的积极性。负激励是从抑制的角度出发，通过惩罚措施来抑制员工与企业期望的方向不一致的行为，以杜绝类似行为的发生。例如，企业对迟到早退者进行惩罚，员工为了避免受惩罚，就会坚持按时上下班。

正激励与负激励是两种性质相反的激励手段，不仅直接作用于被激励的对象，还会产生示范效应，影响其他员工，形成正面或反面的典型。一般来说，正激励对实现企业目标的效果要好于负激励，长期经受负激励的员工将会出现情绪低落、工作积极性减退、自信心消磨、能力受到抑制和工作绩效差等现象。

3. 内激励与外激励

内激励是指通过启发诱导的方式，培养员工的自觉意识，形成某种观念，并在这种观念的支配下，激发员工的积极动机，发生企业所期望的行为。内激励大多数是通过思想教育，让员工通过培训和熏陶形成企业所欣赏的意识和观念。例如，培养员工的集体荣誉感、责任感和成就感，引导员工勤奋工作；帮助员工进行职业生涯规划，鼓励员工向更高职级的岗位奋斗等。内激励的过程比较缓慢，但作用持久，激励质量较高。

外激励是指采取外部措施奖励企业所欢迎的行为、惩罚企业所反对的行为，以鼓励员工按企业所期望的方向努力工作。外激励通常以规章制度、奖惩措施的形式表现，具有一定的强制性。长期的外激励可以帮助人们树立某种观念，产生内激励效应。例如，坚持奖励遵章守纪的员工会使人们形成遵守纪律光荣、违反纪律可耻的观念，从而提高遵守纪律的自觉性。

（三）员工激励的常用方法

1. 物质激励法

物质激励法是指按照按劳取酬的分配原则，对有突出贡献的劳动者实施物质奖励，以满足员工的物质需求来激发其工作积极性的一种激励方法。物质激励时要注意两点：一是要有量化的标准；二是要公平，物质激励的水平要与贡献大小相当。连锁企业可以通过工资、奖金和福利等物质手段的合理运用，充分调动员工的工作积极性和创造性，以实现企业目标。

2. 情感激励法

情感激励法是指企业管理者用尊重、关心、喜爱的心情去感染和帮助员工，引起员工感情上的共鸣，建立和谐的人际关系，从而激发和增强员工积极性的一种激励方法。情感激励能够使员工产生兴奋、愉悦的心理感受，满足员工的精神需求，进而更加持久地激发员工的工作热情。

3. 荣誉激励法

荣誉激励法是指对员工的工作态度和贡献予以荣誉奖励的一种激励方法，主要内容有表扬，授予星级员工、劳动模范等荣誉称号，荣登光荣榜等。荣誉体现了员工在社会中的存在价值，满足其自尊和成就感，在员工的精神生活中占重要地位。因此，荣誉激励法有时会起到物质激励所达不到的作用，尤其是当企业或个人在前进中遇到阻力或处于逆境时，其作用更大。

4. 榜样激励法

榜样激励法是指通过树立先进典型和领导者的行为示范、敬业精神来正面影响员工的一种激励方法。俗话说，"榜样的力量是无穷的""火车跑得快，全靠车头带"，通过树立先进典型和领导者的示范，可使员工对照榜样的先进事迹，找出差距，提出措施，激励员工为实现企业目标而努力奋斗。

5．信任激励法

信任激励法是指企业领导者对下属给予充分的信任，给他们提供显露才干、显示能力的机会，使下属在心理上产生认同感和欣慰感，从而激发下属的自信心和责任感的一种激励方法。例如，管理者在工作中给下属适当放权，而不是事必躬亲、事事督查，能够激发员工强烈的工作责任心和成就感，更加积极而创造性地开展工作，并作出更大的贡献。

6．危机激励法

危机激励法是指企业经营者通过适当地施加压力，使员工产生危机感，从而转变自己的态度、行为，发挥自身潜能，把压力变为动力的一种激励方法。例如，对工作态度不好、不遵章守纪的员工给予警告、通报批评、扣奖金的惩罚；更严格的还有末位淘汰、裁员等措施，来抑制员工的懈怠行为，提高员工的工作责任心和工作效率。

═══ 项 目 小 结 ═══

连锁企业人力资源管理有着与其他行业不一样的特征。人力资源规划的目的是使企业在适当的时间和适当的岗位上有适当的人选。连锁企业人力资源管理的主要内容有人力资源规划工作分析、员工招聘、员工培训及考核、薪酬管理与激励等。做好连锁企业的人力资源管理工作有助于调动员工的工作积极性和创造性，提高企业的整体活力和经营效益。

═══ 案 例 分 析 ═══

西贝的人文关怀

西贝餐饮集团（简称西贝）总裁贾国慧说过一句话："充满人情味的关怀，往往最能俘获人心。"这句话不仅指向了顾客，也指向了员工：要让员工爱你的客人，你得去爱你的员工；要让员工像对待家人一样对待客人，就要像对待家人一样对待自己的员工。因为意识到了员工每天要站很长时间，所以西贝为所有员工定制了舒服的鞋。

西贝的培训是在"西贝大学"完成的。全国一共有4所"西贝大学"，内含干部学院、服务学院、厨师学院。学员在完成学院培训之后，会进入附近门店实习。实习期满，学员才会毕业。毕业后，学员们将会按照不同的学院，被分到不同分店的前厅服务系统、后厨的厨师系统及高层管理组中。"西贝大学"除了培训技能之外，还会对人际关系还有梦想进行培训。

西贝的员工一方面来自社会招聘，从招聘网站到朋友圈招聘，每个渠道都不放过；另一方面来自与西贝有合作的相关院校。不管经验如何，到了西贝都得从底层做起。只不过不同的学历，会拿到不同的水平薪水。

从"西贝大学"到门店入职的第一天，一定会有个拜师仪式，这是硬性规定。晚上下班之后，部长或者经理当主持人，有人放音乐、有人播PPT，全体人员围在一起，新人和师傅在中间。新人先向师傅鞠一躬，说一些感谢师傅努力培训之类的话；师傅向新人鞠一躬，说感谢徒弟助我成长；然后师傅和新人一起再拜在场的所有员工，说我们是相亲相爱的一家人。鞠躬完之后，师傅会给新人一个礼物，可能是象征平安的苹果，可能是西贝的员工手册，也可能是一个精美的笔记本或者一支笔。

只要员工努力，会有各种各样的证书与随之而来的各种奖励。在西贝工作，员工常常都会参加到集体活动当中。今天是拜师仪式，明天可能是员工的生日，后天就是晋升派对。西贝的每位服务员都有3个小牌子：服务员的姓名、星级及带二维码的打赏牌。西贝会定期评级并调整每个人的星级，整个餐厅以一、二星居多，主管以上三星，厨师长四星。

打赏牌既是给顾客看的，也是给店长看的。西贝非常注重管理层与一线员工的交流，因为总经理不是天天能见到的，但是员工每天都要面对顶头上司。一个好领导，能让员工留下来安心工作。常常有服务员干得好，店长会扫打赏码，然后直接给员工发红包，让员工会感觉到来自店长的认可。

虽然西贝的薪资比其他餐厅高出一截，但是真正让西贝人不想离开的，还是通过各种关怀手段与员工所建立的情感联系。在西贝，员工餐也是有菜单的，公司还会定期派人到门店调查大家对员工餐的意见；员工宿舍里面都配有饮水机、电视和清洁员；西贝的员工都有免费的化妆品（在"西贝大学"，训导师还会教大家化妆）；生病了还有免费的病号餐可以吃……

在择业是以"开不开心"为指标的年轻一代眼中，工作环境、工作氛围这些润物细无声的"软件"，可能比任何事情都值得让他们留下来。

（资料来源：http://www.linkshop.com.cn/web/archives/2017/393931.shtml?sf=wd_search.）

问题：

1）西贝的员工招聘途径有哪些？

2）西贝对员工的培训分为哪几个阶段？

3）西贝对员工的人文关怀主要体现在哪些方面？

自 测 题

一、单项选择题

1. "只有真正解放了被管理者，才能最终解放管理者自己"。这句话表明现代人力资源管理把人看成（　　）。

A. 资源　　　　　　B. 成本　　　　　　C. 工具　　　　　　D. 物体

2. （　　）不属于人力资源管理者应具备的素质。

A．心理状态   B．专业知识   C．实施能力   D．思想素质

3．企业的兴旺与发展取决于人力资源管理的开发程度，这是因为（   ）。

A．企业的一切工作靠人   B．人是软件

C．人有感情   D．人是世界的主人

4．（   ）不属于人力资源管理的职能。

A．薪酬管理   B．劳动环境   C．绩效管理   D．员工招聘

5．一个单位或组织中能级最低的层次是（   ）。

A．决策层   B．操作层   C．管理层   D．执行层

6．（   ）是指考核员工的实际工作能力，即业务知识技能和服务技巧、工作经验及具体素质等。

A．业绩能力   B．职业道德素质   C．能力素质   D．工作态度

7．工作性质相同，且工作繁简难易程度、责任轻重程度及所需人员的资格条件高低都十分相近的职位群，构成一个（   ）。

A．职级   B．职等   C．职系   D．职类

8．岗位分析为企业员工的考核、晋升提供了（   ）。

A．坚实基础   B．必要条件   C．基本依据   D．必要前提

9．企业对新录用的员工进行的集中培训，这种方式称为（   ）。

A．岗前培训   B．在岗培训   C．离岗培训   D．业余自学

10．人员报酬中最重要的部分是（   ）。

A．工资   B．奖金   C．津贴   D．超时奖

二、多项选择题

1．人力资源和其他资源不同，它的主要特征是（   ）。

A．社会性   B．共享性   C．能动性   D．可开发性

2．媒体广告招聘的优点有（   ）。

A．信息传播范围广   B．应聘人员数量大

C．组织的选择余地大   D．招聘时间较长

3．同一企业内部不同员工薪酬水平不同，是由于（   ）因素的影响。

A．员工的绩效   B．员工的岗位

C．员工的能力   D．工会的力量

4．人力资源规划的总目标有（   ）。

A．企业在适当时机，获得适当人员

B．最大限度地开发和利用人力资源的潜力

C．有效地激励员工，保持智力资本竞争的优势

D．实现人力资源的最佳配置

5．工作说明书内容主要包括（   ）。

A．任职人员的详细信息   B．岗位名称

C．工作岗位评价与分级   D．工作时间

自测题部分

参考答案11

三、简答题

1. 连锁企业人力资源管理有哪些主要内容？
2. 简述连锁企业人力资源管理的特征。
3. 职位分析的内容有哪些？
4. 连锁企业人力资源规划有何作用？
5. 简述连锁企业员工薪酬的构成。
6. 连锁企业员工激励常用的方法有哪些？

项 目 实 训

以小组为单位，模拟一次连锁企业（如连锁超市、连锁便利店、连锁餐厅、连锁服装品牌店、连锁快捷酒店等）的员工招聘活动。

参 考 文 献

蔡改成，李虹，2009．采购管理实务[M]．北京：人民交通出版社．

蔡中焕，鲁杰，2010．连锁企业商品采购管理[M]．北京：科学出版社．

操阳，2010．连锁经营原理与实务[M]．北京：高等教育出版社．

陈宏威，2009．连锁经营管理概论[M]．北京：清华大学出版社．

陈新玲，2009．连锁经营管理原理[M]．北京：电子工业出版社．

高道友，2015．特许经营实务[M]．北京：教育科学出版社．

胡启亮，霍文智，2008．连锁企业门店营运管理[M]．北京：科学出版社．

蒋祥龙，2010．连锁经营管理实务[M]．北京：化学工业出版社．

刘春梅，2011．零售学[M]．上海：立信会计出版社．

刘子龙，王新盈，2008．连锁企业人力资源管理[M]．北京：科学出版社．

迈克尔·利维，巴顿·A.韦茨，张永强，2009．零售学精要[M]．北京：机械工业出版社．

沈珺，2009．特许经营管理概论[M]．北京：清华大学出版社．

宋瑛，2017．零售案例教程[M]．成都：西南财经大学出版社．

宋之苓，2009．连锁经营管理[M]．北京：中国科技出版社．

孙开庆，2009．连锁企业物流管理[M]．北京：科学出版社．

孙前进，孙静，2010．连锁企业门店经营管理[M]．北京：中国发展出版社．

王吉方，2010．连锁经营管理：理论·实务·案例[M]．北京：首都经济贸易大学出版社．

王琴，王振，2010．连锁经营管理[M]．北京：北京理工大学出版社．

文志宏，2009．特许经营实务[M]．北京：电子工业出版社．

肖怡，2017．零售学[M]．4版．北京：高等教育出版社．

张倩，2008．连锁经营管理原理与实务[M]．北京：机械工业出版社．

赵越春，2010．连锁经营管理概论[M]．北京：科学出版社．

郑光财，2007．连锁经营管理[M]．杭州：浙江大学出版社．